百家文学馆

# 忠 诚

一个农民企业家的心路

陈培元 著

中国文联出版社

图书在版编目（CIP）数据

忠诚：一个农民企业家的心路／陈培元著．－－北京：中国文联出版社，2016.7（2023.3重印）

ISBN 978-7-5190-1863-4

Ⅰ.①忠…　Ⅱ.①陈…　Ⅲ.①顾宝玉—生平事迹　Ⅳ.①K825.38

中国版本图书馆 CIP 数据核字（2016）第 180315 号

著　　者　陈培元
责任编辑　王柏松
责任校对　李海慧
装帧设计　中联华文

出版发行　中国文联出版社有限公司
地　　址　北京市朝阳区农展馆南里 10 号　　　邮编　100125
电　　话　010-85923025（发行部）　　　85923091（总编室）
经　　销　全国新华书店等
印　　刷　三河市华东印刷有限公司

开　　本　710 毫米×1000 毫米　　1/16
印　　张　19.5
字　　数　300 千字
版　　次　2023 年 3 月第 1 版第 2 次印刷
定　　价　89.00 元

# 目　录

　　千百年来，山泾村历经风雨。它和其他普通的村落一样，从刀耕火种的洪荒时代走来，经历了无数次社会变迁和自然灾难的洗礼，逐渐地开创了今天的文明。

## 青春篇·金色年华

　　青春是一颗划破天宇的流星，虽然短暂，却绚而多彩；青春是用意志的血滴和拼搏的汗水酿成的琼浆，是用不凋的希望和不灭的向往编织的彩虹。青春，又是一首纵情奔放的歌。

## 创业篇·蓬勃岁月

　　创业是一种坚持、一种信念，一种生活方式的选择，是建设时期实现人生价值的最佳途径。创业，就是燃烧自己，照亮大家，光明社会。

**奉献篇·责无旁贷** ⋯⋯⋯⋯⋯⋯⋯⋯⋯⋯⋯⋯⋯⋯⋯⋯ 167

奉献要有蜡烛精神，它以自焚的痛苦将自己化为光和热去照亮别人；奉献要有粉笔精神，它以牺牲自己来为别人传播知识。奉献，是一份多么美好的情愫、一种多么高尚的境界。

**发展篇·华丽转身** ⋯⋯⋯⋯⋯⋯⋯⋯⋯⋯⋯⋯⋯⋯⋯⋯ 213

发展是硬道理，这是一个颠扑不破的真理。匆匆地追赶时代的脚步，这是当今社会的特征。如果我们的思想仍偏安于一隅，滞留在原有的领地，那么，整个心灵将会窒息。

人活着，绝不只是一个寿命数字的增加。经历，其实一种独有的财富，应该学会总结，学会品味，学会提炼，懂得人生的意义。踏踏实实做事，坦坦荡荡做人，才无怨无悔。

他从那个年代从容走来，身后留下一串不可磨灭的长长足迹。在这些足迹里，包含了主人对生活的认知，闪耀着时代的光辉。

奖杯口碑兼备，这是对顾宝玉人生的高度概括。"忠诚"两字，是对他五十多年企业家生涯和一名基层领导干部的深刻提炼。

# 引　子

在江苏常熟这方神奇的土地上，有个地方叫白茆。

据说上古年代这里是长江与东海的交汇处，一片长满茅草的沼泽地带。茅草盛开白色丝状的花穗，人们把它叫成白茅。白茅是一种经济作物，用处很多，既可生食、入药，又可酿酒，还可作牧草盖草房。唐代大诗人杜甫《茅屋为秋风所破歌》云："八月秋高风怒号，卷我屋上三重茅。"那"茅"，指的就是此种茅草。"茅"与"茆"相通，后来人们就把生长这种草地这个地方称为"白茆"。

离白茆不远有一方圆八百里的浩淼太湖。梅雨季节，湖水漫溢，久而久之在白茆这片沼泽地上形成一条河流，太湖水通过这条河流汇入滔滔不绝的长江。这条在沼泽地上形成的河流叫"白茆塘"

白茆塘又称白茆港、白茆浦，系太湖流域最古老的河流之一。如果从飞机上俯瞰，它像一条银色的带子，飘飘悠悠，从常熟古城一直往东北方向飘去，飘向波涛汹涌的长江。

濒海滨江的"白茆塘"并非笔直划一，而是随意伸展，曲曲弯弯，河面宽窄不一。随着时光的流逝和气候条件的变化，河塘时常淤塞，特别是在梅雨季节洪水泛滥，危及两岸作物的收成，甚至影响百姓的生命财产安全，因而历代官府都非常重视这条攸关常熟东乡数十万黎民安居乐业的黄金水道，几乎每隔数十年就都要疏浚一次。宋代曾写下"先天下之忧而忧，后天下之乐而乐"的苏州知府范仲淹，反元盖世功臣、吴王张士诚，明代户部尚书夏元吉、巡抚周忱、知府况钟、巡抚金都御史海瑞，清代"经世自励、廉洁奉公"、虎门销烟震撼世界的林则徐和巡抚丁日昌等，都曾主持疏浚白茆塘，为水利建设做出过重要贡献。

白茆乡（后称白茆镇）位居白茆塘中游，东接支塘镇，南邻任阳和昆山石牌，西南与唐市接壤，西连古里，北邻董浜。它和白茆塘互为得名，以地得河名，以河得地名。2003年白茆镇并入古里镇，现名为常熟古里镇白茆管理区。

这里土地肥沃，气候温润，民风淳朴。

白茆历史悠久。四千五百多年前，一支从北方迁徙过来的良渚部族，定居在一片荒凉的白茆坞丘山附近。他们开垦田地，繁衍生息，表现出极强的生命力。今天的白茆人，大多是这支良渚部族的后裔。

近代和当代的白茆名闻遐迩，甚至在海外也有影响，原因有四：

——以正直清廉而著名的明代宰相严讷出自白茆。严讷是白茆坞丘山人，幼时隐居于坞丘增福禅院发愤读书，明嘉靖二十年（1541年）考取辛丑科二甲第8名进士，后升任礼部、吏部尚书，世宗嘉靖四十四年（1565年）三月任武英殿大学士。他善文章、书法，工花鸟画，为人正直，关心百姓生活，秉公执政。他从礼部尚书转任吏部尚书后，严肃官场，改革朝政，与朝士"约法三章"：有事直接在朝廷上讲，不得谒见私邸，以杜绝任用干部中的拉关系、走后门现象。他任人唯贤，曾破格提拔、重用海瑞，时人称誉为"严青天"。严讷一生命运坎坷，儿时差点丧命，科举中曾两次受挫，刚踏上仕途，又遇上奸臣严嵩，好不容易当了大臣，又偏偏遇上整天烧香求仙的昏君。后患病乞求回归乡里，孝养父母。这位名震四海的"严青天"被引为白茆人骄傲。

——白茆有座红豆山庄，明末东林党领袖、时称"东南文宗"的钱谦益和秦淮八艳之一的才女柳如是，曾在这里留下了无数佳话。钱谦益才高八斗，5岁时写下《留侯论》《伍子胥论》，受到长辈高度评价。万历三十八年（1610年）参加会试，被主考官定为第一名，本应以状元及第，因为党争，发榜时的状元却成了浙江人韩敬，钱谦益仅以探花及第，授翰林院编修。钱谦益仕途三起三落，但学问渊博。柳如是是明清易代之际的著名歌妓才女，当年她一叶轻舟，一袭乔装，书生模样慕名踏访钱谦益书斋"半野堂"。此时的钱谦益官场失意并已丧偶，正心神寂寥、满腹悒郁，柳如是从天而降，令其大喜过望，感动莫名，遂邀柳留宿"半野堂"。为答谢柳如是相慰之情，钱谦益特地在白茆红豆山庄为柳如是建"我闻室"一楼。此后，两人移居庄内，白发红颜，朝夕相对，流连于红豆树下长达十多年，为白茆这方土地增添无上文采风流。

——20世纪50年代末，白茆在常熟第一个成立人民公社（初称和平人民公社），白茆人民以大无畏姿态投入大荡坪为标志工程的水利建设，经过几年努力，境内粮田全部连片成圩，并建成配套完善的机电排灌体系，实现旱涝保丰收。被国务院授予白茆人民公社"社会主义建设先进单位"荣誉称号。白茆，一跃成为全国农业战线上的一面鲜艳旗帜。

——白茆拥有享誉中外的白茆山歌，它与名士的高雅文化相得益彰。白茆人爱唱山歌，从汉代以前唱起，一直唱至今日。他们在长期的劳动生活实践中，用智慧和艺术才能创造了这份极其珍贵的口头文学。从明代文学家冯梦龙辑录的《挂枝儿》《山歌》两部书中可以看出，许多山歌在白茆广为流传。白茆人不仅不拘形式随时演唱山歌，还多次举办声势浩大的万人歌会。当年刘少奇主席来到白茆视察，在田埂上听到了白茆山歌，也情不自禁地跟大家哼唱起来。国内外许多著名大学和研究所以及联合国教科文组织、日本国立博物馆、欧亚等地的学者多次专程赴白茆实地考察。1995年，白茆建成全国第一家山歌馆，将白茆山歌的历史源渊、现状、内容形式和深刻内涵进行归纳概括，整理展示。白茆歌手曾十上北京城，二进中南海，为中央领导和专家们演唱。2000年5月，白茆镇被国家文化部命名为"中国民间艺术之乡"。

有歌曰：

白茆塘水哗哗流，
一朵浪花一支歌！
流经白茆入长江，
两岸稻花十里香。

滔滔白茆塘全长40里，自西往东奔腾不息。流经藕渠、鲸五口，来到白茆一个叫"转河口"的地方突然打弯转向，经支塘、董浜、徐市、何市、东张，匆匆直奔长江。

转河口有"转"的内容。从毗邻昆山石牌的文化古镇李市伸展而来的山泾河，兴冲冲地在转河口与白茆塘交汇，不时冲刷周边岸堤，使得转河口河面越来越宽阔，水波浩渺，而且和白茆塘水汇集在一起，逆时针转动，泛起一个个漩涡。潮涨潮落时，河中心的漩涡又急又大，行船一不小心会卷入湍急的漩涡中打转，陷入危险境地，吨位小的船只因此而沉没。船民到此，都不敢怠慢，小心翼翼掌舵驾船。

这里的乡民有"天曲任阳转河口"的说法，意思是说，船只路经这里一定要谨慎小心。据说当年日寇从长江野猫口登岸，先遣部队来到白茆一带探路，听到"天曲任阳转河口"就被震住，不敢往前走了，误认为"天曲"就是前面的转河口，是个天大的缺口，人掉进去都要消洋（任阳）的呢！其实，"天曲""任阳"和"转河口"一样，都是地名。

在离转河口几百米的山泾河畔，有个自然村落叫山泾村，本书主人公顾宝玉就出生在这个名不见经传的村子里。

说山泾村"名不见经传"，原因在于这一村子未在历史上留下多少痕迹。在当代倒是有两位名人，一位是江育仁，另一位是高德康。

1916年出生的江育仁，毕业于上海中国医学院，为南京中医药大学教授、博士研究生导师，江苏省中医院主任医师，并兼任国务院学术委员会中医专家评议组成员、中国中医儿科学会名誉会长、《中国中医儿科杂志》名誉主编、全国高等中医药院校教材编审委员会委员、江苏省中医管理局专家咨询委员。他的主要成就在急性热病及脾胃系统、癫痫、哮喘的治疗和运用热、痰、风的理论指导"乙脑"的治疗。

高德康是江苏康博集团公司、波司登股份有限公司董事长，系全国劳动模范，第十届、十一届、十二届全国人大代表。他从事服装生产经营30多年，以对服装市场的敏锐洞察力和永不满足的进取精神，使其创立的波司登成为亚洲规模最大、技术最先进的品牌羽绒服装制造商，成为国内消费品领域唯一统揽"中国世界名牌产品""全国质量奖""中国工业大奖"的企业。

2002年4月出版的《白茆镇志》，对山泾村有这样表述：

山泾村位于白茆市镇1.5公里处，，泾河贯穿南北。东邻支塘新庙村、阳桥村，南接任阳陈泾村、白茆大闸村，西与上塘村为邻，北靠白茆塘。

中华人民共和国建立初期属常熟唐市区白茆乡，1954年属白茆乡胜利初级社。1956年属支塘区白茆和平第二高级社，1958年属白茆和平公社一大队，1959年划分为二大队！980年更名为，泾大队。1983年7月政社分设，是年9月建立，泾村村民委员会，1999年8月更名为康博村。全村有410户农户，总人口1740人。有顾家湾、百步泾、大，泾、南行大、华家宅基、吴家宅基、王成坏、水管渗、小泾、横塘、李泾、城隍浜、谭家坏、高家宅基等13个自然村落！4个村民小组。总面积3.7平方公里，折合5568.7亩……

千百年来，山泾村历经风雨。它和其他普通的村落一样，从刀耕火种的洪荒时代走来，经历了无数次社会变迁和自然灾难的洗礼，逐渐地开创了今天的文明。善良的村民为了生存和生活，以农耕为生，日出而作，日落而归。在这世代村民中，也出现了众多不仅是为了自身生存，而且是为了全村百姓谋幸福的奉献者，因而加速了这一村子的进步和发展。新中国成立后，特别是国门的打开，改革开放步子的加快，山泾村出现了巨变。如今，昔日十年九涝、水灾频发、血吸虫病肆虐、家庭年收入仅百余元的贫困村、"光棍村"，已成为名声显赫的"中国十佳小康村""国家级生态村""江苏省文明村""江苏省生态村""江苏省卫生村""江苏省村镇文明住宅小区示范点""苏州市先锋村""苏州市农村现代化建设示范村"。

如果你驾车从常熟出发，沿204国道往上海方向前行，过白茆镇跨过白茆塘大阳桥，你就会在右侧看到一条通往康博村的"康博大道"。从这条绿树浓郁、鸟语花香的康博大道向村中进发，亮丽、惊艳的"康博苑"就会跃入眼帘。这是一个融现代与古典于一体的花园式小区，一栋栋亮丽的别墅坐落其中，里面小桥流水，景致万千。看着那一排排错落有致的红顶漂亮别墅，一棵棵随风摇摆的翠绿细柳，一条条缓缓流淌的潺潺溪流，一座座仿佛守候千年的古朴堤桥和楼台香榭，人们不禁会想起唐代大诗人白居易的诗："江南好，风景旧曾谙。日出江花红胜火，春来江水绿如蓝。能不忆江南？"

康博苑是一幅油画、一首诗、一曲歌。行走在林荫道上、依山傍水之间，宛若置身仙境，别有一番韵味。

生活在这里的山泾人整天乐开怀。你听这位阿婆眯着眼说："我们生活在天堂里呀！"一位外来参观者说："我到过欧美、澳洲，参观过不少那里的家园，这里的生活环境已超过了他们，是全世界一流的。"

山泾村的巨变，当然得力于共产党的好政策，得力于全村人民团结奋进，同时也得力于谭三、严妹金、许小兴、顾根兴、顾浩、徐兴保、谭祖荣、李炳元等历届村当家人的付出，更有现任康博村党委书记高德康心系村民的家乡情怀，还有本书主人公顾宝玉所做出的辛勤努力和无私奉献。

顾宝玉出生于 1945 年。岁月无情，人生苦短，真是弹指一挥间，整整 70 年就这么过去了，可他小时候和小伙伴摸爬滚打，私塾学堂里念方块字，困难年饿肚皮，和大哥一起偷偷挖地瓜等情景还历历在目。

如今，岁月的风霜已染白了顾宝玉的两鬓，逝去的时光已在他的额头上留下了深深的履痕。但他身体还是那么硬朗，步伐还是那么矫健，目光炯炯、精神矍铄、思维敏捷。见到顾宝玉的人都说，他哪像一个古稀老人？魁梧健壮的身材，说话嗓门洪亮，言行举止颇具风度，给人的印象爽直、开放、厚道，是个可以信赖的人。他的眼睛不大，眉宇间却透着英气，时时闪烁着智慧的光芒。他待人和善亲切，知识丰富，话语中显露出江南农民特有的幽默和企业家的不凡气度。他那爽朗的笑声往往和幽默同步，笑声如河流，话声如河里的船，船拍水动，水推船走，一路荡漾起层层涟漪。

也许，是由于他高雅的情趣、开朗的性格、活跃的思维和长久的锻炼所致。

时光会积累能量，经历是一种财富。70 年的风雨洗礼，已让顾宝玉从一个不知天有多高、地有多厚、满身泥巴的村野小伙，蜕变成为一个博学多才、意识超前、视野开阔的现代企业家。他在 70 年的时空里，经历和见证了中华人民共和国诞生以来各个不同阶段的历史事件和运动。他不是单纯的旁观者和盲从者，而是一个有主见的参与者和实践者。他是"革命洪流"中的一朵浪花，踏着汹涌澎湃的洪流向前再向前。时而沉寂于浪潮中，时而跳出水面，有时候在特定的有限条件下站立潮头，偶尔显露出绚丽的姿态。

顾宝玉不愿过多地提及以往经历的故事，似乎觉得"无足挂齿"，但人们不会忘记，顾宝玉在常熟乡村中，是第一个创办村级纱厂，第一个创办中外合资企业的开拓者，是被常熟市委、市政府首批命名表彰的"十大企业家"之一的乡镇企业家。他自196+年当窑厂厂长开始，连续创办了白茆纱厂、山泾石灰厂、庆丰呢绒厂、上海市南翔染厂白茆联营厂、新新腈纺厂、中外合资深业针织有限公司、常熟市庆丰纺织总厂、中外合资常熟深业针织有限公司、常熟神花针织有限公司、常熟市深业雅兰纺织品有限公司等十余家企业，这十余家企业的厂长、经理头衔，当然是他辉煌的创业史，也代表了他对生活、对事业的不懈追求。

　　顾宝玉是于1964年加入中国共产党的，1965年起担任大队民兵副教导员、大队团支部书记，1980年担任大队党支部副书记，1990年至1999年担任大队党支部书记。为官一任，造福一方。上述企业，除了常熟神花针织有限公司、常熟市深业雅兰纺织品有限公司外，都是顾宝玉在村里担任正副职"村官"时创办的。他有一个强烈的愿望，就是让山泾村人民尽快地富裕起来，与贫困绝交，和幸福相伴，走上小康富强之路。1999年在党的号召下，经镇党委领导再三动员，村办集体企业进行转制，顾宝玉才成为民营企业的老板，成为常熟神花针织有限公司的董事长。

　　在这50年的企业生涯中，不管经受多大风险，遭遇多少挫折，顾宝玉都矢志不渝，始终忠诚于人民，忠诚于党的事业，时刻关注着山泾村经济建设和社会事业的发展。即使企业转制以后，他仍心系社会，不忘乡里乡亲，利用自己多年积累的财富，尽力为社会做好事、做善事，把周围群众的冷暖放在心中。

　　一棵参天大树能长多高，不取决于它往上努力的程度，而取决于它的根往下能扎多深。对于现实生活中的每个人来说，能忠诚于自己从事的事业，耐得住寂寞，经得起诱惑，坚守自己的信念，把根努力地往下扎深扎稳，虽然近乎平凡，其实就接近高贵，臻于高贵。

　　正因为顾宝玉坚守忠诚与责任，所以遇事都是那样坦然，那样从容，那样执着；始终是笑口常开，笑声如常。因此你随意提起他，不管是上级领导，还是村里百姓，各种不同身份的人都会这样评价他："宝玉心地善良，具有很强的责任心，也是个出类拔萃的企业家。"

忠诚与坚守，其实就是一种清醒，一种彻悟，一种睿智，更是一种品质，一种境界。因此，他，不仅拥有众多奖杯，而且在社会上、在当地百姓中留下了极好的口碑："宝玉，真的不容易！"

# 青春篇·金色年华

曾经的我们，都走过花样年华，都度过繁华四季，都有过辉煌的青春和奔放的激情。经历了数十年的风雨，蓦然回首当年，却是那样的清晰，那样的让人怀念、留恋、思索。

青春，就是被藏入记忆里的童年时光，就是已成为美好回忆的青少年时代放肆的梦想，虽然隐隐约约、若即若离，却永不离去，永驻心底。

青春是一颗划破天宇的流星，虽然短暂，却绚丽多彩；青春是用意志的血滴和拼搏的汗水酿成的琼浆，是用不凋的希望和不灭的向往编织的彩虹。青春是一首纵情奔放的歌，那么的无忧无虑，那么的不知天高地厚。青春是多雨的天空，雨露在这里漫延，阳光也在天边等待。

青春是一张白纸，在起落的朝日夕阳下，在交替的春秋冬夏里，任你用浪漫的笔尖在这张纸上尽情挥洒，画出了那么富有想象的梦境，缔造一个个美丽的神话。就是这五彩斑斓的画面，构成了生命的底色，支撑起日后一栋栋壮观的大厦。

## 1. 小村春寒

在一声清脆的鸟鸣里，小村从酣睡中醒来。小村的早晨很静，几乎鸦雀无声，连禾稼的拔节声都是清晰入耳。一颗晶莹的露珠在荷叶上滚动，

9

滑落到碧波荡漾的蓝色梦境里。金色的晨曦透过薄薄的雾，透过杨树柳树的浓密绿叶的间隙斑驳一地。一条木船载着村民的希望缓缓地驶出绿树掩映的河浜。逐渐地，小村喧闹起来，先是鸡啼狗吠，后是嘈杂的人声，整个村子很快地处在缭绕的炊烟中。

小村叫顾家湾，是山泾村中的自然村，一个近乎原始的村落。100来户农户250来名村民，竹篱茅屋，颓垣断墙。所谓"湾"，其实是河浜的意思。江南水乡河流交织，广袤无际的江南大地被一张硕大的水网笼罩着，那一条条河流像人体上纵横交叉的神经、血管，贯通全身每个细胞。无数大大小小的池塘浜兜犹如棋盘上的棋子，星星点点，随手可得。一个山泾村，总面积仅五千多亩，竟有横泼、水官泼、焦家泼、李泾、百步泾、大王泥泾、严沙泾、横舍、陈泾河、蔡泾河、青肖湾等20多条河流。几乎是十步一条河，廿步一个浜。穿越顾家湾的是一条名叫横泼的河流，它从山泾河一直通向小泾口，全长不足一公里。

这里的路都是泥泞小径，各式的桥到处可见，由于年久失修，大多破旧不堪，尤其是那些风雨飘摇的竹桥，走上去吱吱作响，风雨天踩在上面更是胆战心惊。交通对于顾家湾的人来说，是极其不便的。所以家底殷实的农户会倾全力打造一条小船，用于运输肥料、粮食，也可给外出带来便利。

顾家湾绝大多数是顾姓，仅戈、徐、周三个外姓，除有两户裁缝外，其余人家都是世代耕种。虽然顾姓独大，戈、徐、周三姓势单力薄，但全村人和睦相处，关系融洽。村里找不出一个地主和一家富农，没有人住瓦房，砖墙也少得可怜，都是茅顶草墙，薄衣寒舍，艰难度日。地处水网地区，造得起小船的仅七八户。家境的相似，血脉的相通，世代的相交，促使他们相依为命，团结互助。

顾根生在顾家湾是出了名的"巧农民"。所谓"巧"，一是手巧，无师自通木工活，家中斧头、凿子、锯子、推刨、角尺、墨斗……样样置全，村子里哪家造房修船，他都不请自到，乐于帮忙，做出来的活计既快又好、像模像样，半点不输在师傅家"学三年帮三年"的正规木匠；二是脑巧。反映在种田上，什么季节种什么庄稼，啥时候需要施肥、除虫，他都有计划巧安排，谷子麦子收成总比周围人家高一二成。此外，顾根生还被人称为"明白人"。虽然不识字，但识事达理，会开导人。用现在的话说就是与时俱进，思想紧跟时代潮流，意识观念超前。平时，他和本村乡亲都很投缘，什么话都能讲到一块。有时哪家人生病了，或碰上难事了，他都会出手相助；乡亲们遇有烦恼事，都愿意和他讲，哪家有矛盾，邻里有纠纷，他都会挺身而出，而且一旦出场说话，都会服众，将矛盾和纠纷消灭在萌芽状态。

顾根生的儿子顾祖唡，和父亲一样身材魁伟，人高马大，聪明能干，技术农活样样精，而且也自学木工，手艺胜过父亲，在村里极有威信。每每遇到需要全村人共同努力的事，只要他振臂一呼，哪有人退缩的？父子俩的才能虽然在村里出众，然而他家日子过得并不顺畅，常常为温饱而发愁。

1934年农历十月的一天，艳阳高照，横溇里一条木船披红挂绿，载着新人及嫁妆，在一片鼓乐声中驶向顾家湾，沿岸站满了看热闹的人群。原来，22岁的顾祖唡今天在父亲的主持下迎娶新娘。那边喜船将至，这边已早做好准备，6个大炮仗蹿向天空，连连十二响，意味着顾氏喜事临门，来年六六大顺。

新娘也姓顾，叫顾五笑，是从本乡芙蓉庄嫁过来的。顾五笑娘家的芙蓉庄，就是今天的红豆山庄。顾五笑的父亲叫顾春林，还是宋末元初名士！顾细二的后裔。

顾细二为浙江上虞人，善文学、精通天文地理，以"古今多少兴亡恨，都在声声晚寺钟"等佳句传世，向与书画大家赵孟頫交厚。忽必烈入主中原后，赵孟頫官拜翰林学士，遂向元主推荐顾细二，欲招之入朝为官。顾细二却坚辞不受，携老小弃家远避，来到现今的常熟白茆，见这里水土不错，便在补溪畔安顿下来，开荒种地，晨耕晚读。

到了明代正德年间，补溪岸畔的村落逐渐发展成为顾细二后裔、时任云和县知县顾松庵的别墅山庄。庄前白石平桥，庄内小桥流水，周边绕堤植有芙蓉数百株，翠叶红葩，掩映水际，景色怡人，取名芙蓉庄。嘉靖年间，顾松庵裔孙、嘉靖壬辰进士、时任山东按察使顾玉柱从闽东移植荔枝并添植梧桐于庄中。后来，顾玉柱的次子顾耿光又从海南移来两株名贵珍稀的红豆树，与古梧相错，改芙蓉庄为碧梧红豆庄。顾玉柱外孙、明末著名文学家钱谦益幼年曾在此读书。崇祯十四年（1641年），才女柳如是"驾扁舟来虞"访钱，最终嫁给钱氏，先住常熟绛云楼，后移居红豆山庄，在此一住十余年，夫妻恩爱，情投意合，留下了那段风流佳话，使得红豆山庄名闻天下。

顾氏延续到顾春林这一代，家境已经完全败落，因此女儿的嫁妆虽然比平常百姓家多出一只樟木衣箱、两床被子，还有一张乡下少见的梳妆台，但也算不上张扬和富足。

顾五笑嫁给顾祖哩时，时年 20 岁，朱唇粉面，皓齿明眸，似花似玉，算得上是顾家湾一枝出众的花。然而红颜薄命，31 岁时就患绝病命断黄泉。她在出嫁到顾家湾后的 11 个春秋里，为顾祖哩生了五男二女七个孩子：大女儿顾大保，1938 年生，属虎。大儿子是在 1939 年十二月下雪时出生的，名字中带一个雪字，叫顾雪昌，属兔，和姐姐大保相距一岁。紧接着又生下一男一女，男孩子因病不满一岁而夭折，女孩领养至人家后病逝。

1945 年 3 月 12 日（农历正月廿八）午夜时分，在顾家茅屋右首房间里，一个婴儿呱呱落地，那稚嫩的哭声划破寂静长空，盛满了生命的鲜活。这婴儿被取名"宝玉"就是本书的主人公顾宝玉。

"宝玉"这名字很有文气，按理说，没有文化的顾祖哩、顾根生是取

20 世纪 50 年代顾宝玉家的茅草屋

不出这个名字的。也许是母亲顾五笑所取，顾五笑有祖上文化的遗传因子。这一名字常常被人想起中国古典名著《红楼梦》中的男主角贾宝玉，出生时衔玉而诞，聪颖顽皮，忠于爱情，还有叛逆精神。

幼时的顾宝玉和贾宝玉一样可爱：四方脸，面庞白净，樱桃小嘴，忽闪的大眼，特别逗人喜爱，然而他的家庭和贾宝玉有天壤之别。

顾宝玉比大姐大哥分别小 7 岁和 6 岁。他的出世没有给顾祖明和他的家人带去多少惊喜，而是多了几分担心忧愁，担心他再被病魔夺去而夭折，失去亲骨肉。可是这小生命表现出极强的生命力，尽管母亲多病体弱，缺少奶水，却是健健康康茁壮成长。10 个月就学会走路，满院子欢奔乱跑，一周岁就会喊爹叫娘。

生下顾宝玉后，顾五笑又生了一个男孩和一个女孩。顾祖明把男孩送给弟弟顾二，可男孩十岁时得了重病而去世。那女孩是在顾五笑坐月子时去世的，连个名字都没有留下。

那时候，腐败的国民政府不管人民死活，更没有计划生育政策，老百姓又不懂节育方法，生孩子根本无法管控。每家都生七八个，由于生活环境和医疗卫生条件极差，孩子的成活率极低。这样接二连三地生孩子，难为了千千万万妇女，做新娘时桃花玉面，没过多时便会变成"黄脸婆"，身子都一个个垮了。

顾五笑没能逃脱可悲的命运，1947 年农历四月的一天，年仅 33 岁芳龄的她就早早地撒手西去。顾祖明为失去爱妻痛不欲生，全家人沉浸在极其悲痛的阴霾之中。

顾祖明比妻子顾五笑大两岁，顾五笑去世时，顾祖明 35 岁。他的大女儿顾大保、大儿子顾雪昌分别为 10 岁和 9 岁，顾宝玉年仅 3 虚岁。顾祖期的父亲顾根生、母亲周梅珠都年过半百，家中缺了个女主人，哪像一个家呀？然而，凭着他家的家境和家中三个孩子、两个老人，哪有人愿意上门来替他拖儿带女吃苦头呢？思前想后，不知谁出了一个点子：把小儿子顾宝玉藏起来，藏到他的娘舅家去。

其时的顾宝玉特别听话乖巧，爷爷、奶奶都舍不得他。可顾祖明很想再找个老婆，所以去找邻村的一个媒婆帮忙。媒婆说，"人家听到你家有一个女儿和两个儿子，肯定不会答应的呀！你还是把小儿子送走吧！"……

顾祖咽想，其他办法没有，也只能这样了，便硬着头皮和顾五笑的母亲、他的老岳母徐秀根商量。徐秀根家虽然非常贫穷，但为了女婿能有一个完整的家，为了外孙能不受苦，哪有不答应的？

那天，顾祖明裹了几件衣服，把儿子顾宝玉放在一只用竹子编结的筛篮里，另一头放上几块砖石，用扁担把三岁的宝玉往岳母徐秀根家挑去。

幼小的顾宝玉，就这样离开了自己的家。

# 2．红豆树下

没有，的水乡一隅
多少年延续着一个
雅致的名字
红豆山庄

寻觅处
曾经的粉墙黛瓦
秀色的水榭亭台
不知何故
已灰飞烟灭

只有那棵名不符实的
红豆树
孤挺于苍莽遗地
曾经红红的相思豆
早已随
风骨俊俏的女主人
一起销声匿迹

老树坚毅在哀寂中

守着每一个春天

在某一个夜晚

悄悄间陡然放青

那一晚

无人明白它的心绪


在斑斑驳驳的枝干间

唯有苍老的记忆

存储着一段耐人寻味的

人间情爱佳话


这是 21 世纪初一位文人造访红豆山庄时发出的感慨。

是的，当年红豆山庄的恢宏壮观、清秀奢华已经"灰飞烟灭"，只仅留那株孤独的红豆树，但是它曾经的辉煌和那段"情爱佳话"的"红豆"情结，还深深地扎根在人们的情感深处。

顾宝玉的娘舅家是顾玉柱的后裔，本来是有着深宅大院的显赫富户，不知到哪一代败落了下来，连基本的住屋也被家佣购去。

顾宝玉的外公顾春林早逝（1929 年去世）。顾春林去世时，大女儿顾五笑 11 岁，二女儿顾阿和 9 岁，老三顾同生 7 岁，老四顾金笑仅 5 岁。

顾宝玉的外婆徐秀根是个勤快、能干的农村妇女，又是一个伟大的母亲，不仅把四个儿女抚养成人，而且把他们一一安顿。她是在老公去世 9 年后，将大女儿顾五笑嫁到山泾村的。顾宝玉来到外婆家时，大舅舅（阿姨）顾阿和已嫁到白茆高田界，娘舅顾同生刚刚和舅妈许南宝成亲，小舅舅（阿姨）顾金笑还没出嫁，除了跟随哥哥顾同生种地外，担负起照看外甥宝玉的责任。一年后，顾金笑嫁到了白茆新泾潘兴生家。顾金笑出嫁不久，顾宝玉的舅妈许南宝生了女儿顾彩和，小顾宝玉 4 岁。

常熟东乡的农民生性勤劳，男人除了种地外，往往要学一门手艺，一来赚些现钱补贴家用，二来在大灾之年可多条生路。很会盘算的徐秀根让儿子顾同生跟着隔壁邻居的一个堂哥做茶担，四乡五邻逢有婚丧喜事，顾同生就放下庄稼田头的活计，跟着堂哥去做招待，为东家端茶送水，迎送宾客。他干活儿勤快利落，深得堂哥喜欢。

顾同生对外甥宝玉爱护体贴，这茶担儿活虽然劳累辛苦，整天马不停蹄来回张罗，一天下来喊破嗓子跑断腿，然而有较为丰厚的回报，除了能挣到一份不错的收入外，东家还时常有礼物相送，尤其操办喜事后，总会带回一些糖果糕点。那时候他女儿还小，回来时总要将最好东西塞给宝玉，这是宝玉在自己家中从未享受到的宠爱。贤惠的舅妈不仅对婆婆孝顺，对宝玉也疼爱有加，丈夫体贴外甥，她丝毫没有意见，有时还将女儿吃的东西给宝玉。

当地人将红豆山庄称为"大宅基"，大宅基内十多户人家，顾同生家居中。那株遗存的红豆树就在他家的宅屋后面。红豆树树干粗壮高大、枝繁叶茂。外婆告诉宝玉：这是他家的祖先在明代嘉靖年间从海南迁移过来的仅存的一株，已经400多年了，经历了无数次风雨和战火，顽强地生存下来。叮嘱他要好好地爱护，千万不能伤害它。顾宝玉常常伫立在那里，久久仰望着大树而出神：这么雄伟，这么长寿！

外婆还告诉宝玉，红豆树不易开花结子，花期最长70年，最短的也要10年。那红豆鲜红、结实，非常好看。柳如是嫁给常熟大名人钱谦益后，经常在红豆树下吟诗做对。钱谦益80岁生日那天，四面八方的宾客，特别是不少诗坛名流聚集在一个叫"胎仙阁"（胎仙者，鹤也，多文雅的地方）的阁楼里对歌吟诗，也许被人间真情所感动，红豆树一夜间突然含苞吐蕊，满院子异香浓郁，顿时山庄沸腾。20来岁的柳如是还从红豆树下觅得一颗红豆，作为寿礼送给老公，令钱谦益高兴得合不拢嘴。这真是"红豆生南国，秋声传一籽"。

小小的宝玉眨眨眼睛问："一个20来岁的姑娘，怎么会嫁给一个80岁的老头呀？"

"这个呀，你小孩子是不懂的。"

宝玉不多问了，他知道自己不懂其中的道理。但他知道，以前这里曾住过一老一小两个贵人。

离红豆树不远有大片竹园，竹子挺拔，竹叶繁盛，竹林深处凉风习习，格外舒适惬意。顾宝玉的舅妈许南宝在夏秋时节常和邻里姐妹在竹园里绣

400 余年的红豆树

花边。

常熟东乡妇女大多有绣花边的手艺。据说，19世纪90年代有位常熟浒浦女士季根仙赴上海探亲，跟随教堂的一名外国修女学手绣花边，回到故里后将刺绣手艺传授给姑嫂姐妹，并开办绣花培训班，为四乡八里培养绣花女。20世纪20年代中期，常熟东乡一带数以千计的农妇都学会"做花边"。中华人民共和国成立后，常熟成立花边经理部，专门经营管理全市的花边出口业务，组织起一支数万之众的绣花大军，形成一大地方产业。到了六七十年代，常熟花边不仅走进中南海怀仁堂，而且成为国家的一个独特出口产品享誉世界，被评为国家金质奖。

其时的顾宝玉常和小伙伴福林在竹园里玩，和福林滚弹子，掼铜板。福林的父亲叫谢根生，顾宝玉叫他舅姨夫，谢根生的女人病逝后给福林娶了后妈，这后妈十分凶狠，经常打骂福林，让福林吃了不少苦头。

芙蓉山庄初建时，四面环水，周边有近一里长的护河环绕，护河边是一条伟岸的长堤，堤内植有数百株郁郁葱葱的芙蓉梧桐，陆上只有一桥与庄外相接。钱谦益有诗曰："桥细穿荷叶，舟轻及素鸥。""绿浪红栏不带愁，参差高柳蔽城楼"，这说明山庄四面环水，周围有环堤，堤上还有高大的古柳。柳丝轻拂水面，掩映着临水的敞廊和角亭，庄里人可以坐在廊边，朝外凭栏观赏那碧波红荷。

顾宝玉去娘舅家时，那护庄河和环堤、芙蓉及古柳早已没有踪迹，庄前东西两个泱泱荷花池依然尚在，两池中间还有一座漂亮的香瓜桥，东池中有亭子和九曲桥。顾宝玉舅妈和她的姐妹们绣花边累了，需要舒展一下筋骨，就去荷花池采菱，顾宝玉就和福林在亭子和九曲桥上玩耍。

荷花池这片水域，早年四周都有石驳岸，水面上布满了碧翠欲滴的荷叶，荷花亭亭玉立。这片水域与不远的白茆塘相通，乘船既可进城入镇，又可通江达海。当年郑成功等志士就是乘船从白茆塘进来的，和柳如是、钱谦益商量抗清大事。为鼓舞反清将士的士气，柳如是还不惜以弱女之躯，亲自从山庄乘船去江边犒师。

对于这些故事，宝玉常听外婆说起，但他似懂非懂，总觉得外婆家这里的故事多着哩！

宝玉有时候跟着大人到荷花池对面的芙蓉庄庙烧香，庄庙里的泥菩萨又高又大，宝玉很害怕，起初不敢进去。比宝玉大两岁的福林对宝玉说："别怕，菩萨不会惹你的，只要我们对他恭敬，他会保佑我们的。"后来，宝玉不怕了，跨进庙堂后便学着大人的样子，一个劲儿地叩头，虔诚而敬畏。

宝玉初到娘舅家时，外婆就对宝玉说："宝宝，你娘没有了，自己要乖一点。"顾宝玉默默点点头，而且一直把外婆这句话记在心头。是呀，亲生母亲不在了，父亲又不在身边，自己和别家的孩子不一样，不能任性、顽皮，要懂事听话。他知道，千万不能做让外婆、舅舅、舅妈烦心恼火的事，更不做损人利己的坏事，惹他们生气。表妹顾彩和出生后，小小的宝玉也会做一些照料表妹的事。顾彩和会说话会走路了，他就带着她在院子里玩耍。在和邻居几个小朋友一起时，他处处护着表妹，也从不欺侮别人。

山庄里的人对宝玉都很熟悉，都很喜欢这个听话的小弟弟，宝玉都管他们叫"娘舅""舅舅"（阿姨），因为这里的人家大多是他的亲戚，而且都姓顾。过年过节，外婆带着宝玉经常到邻里的"娘舅"、"舅舅"家去吃年酒。山庄里的阿姨、婶婶都叫他"宝玉玉"，有时还叫他"乖囡囡"而外婆和舅妈则叫他"宝宝"。

宝玉玉这孩子非常乖巧，在他5岁那年，大宅基上桂根（通常也尊称为娘舅）的老婆大妹生重病去世了。她的女儿巧英大顾宝玉3岁，哭得死去活来。宝玉在旁跟着巧英姐一起哭，因为他想起了自己的娘亲，也是这么早逝。巧英没了娘亲，失去了母爱，他也是这样呀，和巧英姐相同的命运，怎么不伤心呢？不仅哭泣，而且嘴里喊着，嗓子都哭哑了。后来外祖母来了，劝他不要哭了，可顾宝玉仍哭喊着，怎么劝也劝不住，只能把他领回去。周围的人看了，都说宝玉懂事，没娘的孩子早懂事。

顾宝玉娘舅顾同生家原址

顾宝玉在外婆家住了三年，到他6岁那年，他父亲顾祖呫已在上一年把媳妇娶进门了。

那是初夏的一天，顾祖呫喜气洋洋地来到芙蓉庄，对宝玉说："我们回去吧，新姆妈在家等着你呢！"可顾宝玉舍不得外婆，舍不得娘舅和舅妈，舍不得比他小4岁的彩和，哭着揪住了外婆的大腿。

外婆哄他说："宝宝，你是最听话的孩子，外婆家娘舅家再好也不是你的家，你应该和爸爸回去。你的新姆妈和哥哥、姐姐等盼你回去呢！"

宝玉揉揉双眼，不哭了。他骑爸爸的肩头上，嘴里说着："外婆再见！舅舅再见！舅妈再见！"两只小眼睛却湿润了。

在外婆家的三年，是顾宝玉一生难忘的三年。以后，在他心中，一直惦记着外婆，惦记着娘舅和舅妈。

从芙蓉山庄到山泾村，要走五六里路，穿过白茆街，再走四五里地才能到家。顾宝玉从父亲的肩头上下来，走着走着，不想走了。他在想：福林的后妈虐待福林，自己回去后肯定会被后妈欺侮的。此时的他，真舍不得离开时时处处关爱、体贴他的外婆、娘舅，还有舅妈，离开天天滚打在一起的小伙伴福林。来到白茆街时，父亲买了几颗糖果给他，他才跟着父亲慢慢地朝前走。过了红庙小桥后，在郭家庄的路上有一段叫作"百步石"的地方，一步一块石头，顾祖呫让儿子骑在肩上，边走边逗儿子，在欢声笑语中跨过了"百步石"这里，离家不远了。

顾祖呶为顾宝玉娶了一个后妈，"后妈拳头早晚一顿"，等待顾宝玉的，是不是后妈的拳头呢？

# 3．后妈故事

顾宝玉的继母谭翠翠，娘家在支塘小山泾阳桥。从现在的交通状况看，阳桥离顾家湾很近，跨过204国道不要走多少路就到了，可那时候要绕过两条河浜，须走上一两个小时。

每个家庭、每个人都有让人意料不到的故事，每个家庭、每个人的经历，都是一部耐读的书，谭翠翠也不例外。她是贫困家庭的女儿，在她10岁时就死了父亲，家中的顶梁柱倒了，其凄惨状况可想而知。她家姐妹四人，谭翠翠是老大，老二是女孩，老三是男孩，老四也是女孩。死去父母的大女儿俗称当家大囡，而谭翠翠的责任心特别强，和母亲拼死干活儿，苦苦维持着这个家庭。为了将弟弟妹妹抚养成人，在那风雨飘摇的岁月里，娘俩不仅要种熟三亩地，还起早摸黑绣花边、做针线，甚至外出帮佣。

冬去春来，年复一年地劳作，三个弟妹逐渐地长大了。娘俩又要为他们张罗成家。按理说，在多兄妹中，成家的次序是按年龄的大小排列的，谁的年纪大，谁就先谈婚论嫁。可是在谭家，谭翠翠把自己放在最后，她把两个妹妹嫁出去了，帮着弟弟讨上媳妇了，才自己托媒人找对象。这种先人后己的品质让人震撼，让人充分体会到一个弱女子内心的强大，在逆境中勇于担当，坚韧不拔地挑起家庭重任，大有一种不达目的不罢休的无畏气概。

农历1949年一月廿六日这一天，31岁的谭翠翠经媒人介绍，嫁给了比她大3岁的顾祖呶。从常人看来，谭翠翠嫁给顾祖呶有些委曲，她年龄虽然稍大，从现在的话来说是"大龄青年"，但她毕竟是女儿身，而顾祖呶年龄比她大，是有着三个孩子的父亲，而且其中一个孩子当时还瞒着她。可她对这样的"委屈"完全不以为然，认为各人有各人的命，自己的一切都是命中注定的，既然自己这辈子选择了顾祖呶这样的男人，就要和他无怨无悔、风雨同舟，共度人生。丈夫的事就是自己的事，丈夫的命运就是自己的命运。

那天，是谭翠翠嫁到顾家一年后的一个晚上，一家人吃罢晚饭，熄灭了油灯准备睡去了，顾祖喁走进房间，突然对妻子说："翠翠，我对不起你，想告诉你一件事，我还有一个孩子，在他娘舅家……"

"怎么，你还有一个孩子？"谭翠翠显然有些惊愕，毕竟以前从未有人对她说过此事，现在猛然间说家中还有一个孩子，放在任何人身上都会觉得唐突的。

"是的，他叫宝玉，今年已经 6 岁了。这件事我一直想和你说，但一直没有勇气。"

"你呀，是个男人吗？这么婆婆妈妈的，怎么不早说呢？"谭翠翠停顿了一会儿，又说："当初你把小儿子寄养到外婆家，是怕我不肯嫁过来，我很理解。可是我嫁过来后，你们全家人又把这事瞒了我一年，这就是你们的不对了，我谭翠翠嫁过来后就是顾家的人了，我们有福同享，有难同当。"

"我怕你知道后后悔……"

"你看我是那样的人吗？现在你儿子还在娘舅家，那是你的亲骨肉呀，怎么能老是寄养在别人家里呢？你明天就把他接回来，全家人即使再苦，也要生活在一起。"

顾祖喁这个七尺男儿显然感动了，眼眶里泪花闪烁，他未想到妻子这么通情达理，不禁上前紧紧地抱住谭翠翠，久久说不出话来。想想妻子在娘家的表现，才知道翠翠真是一个识大体、明事理的人。第二天一大早，顾祖喁和父母打个招呼，赶紧前往岳母家去领儿子，这样就有了前面一段文字的叙述。

顾宝玉的祖母周梅珠很能干也很泼辣，丈夫和儿子外出做木工时，家中的家务包括田地的耕种都是她操劳的。儿子续娶媳妇的那天她来到红豆山庄看望孙子，对宝玉说："你爸爸要讨新娘子了，那新娘子就是你的新姆妈，也就是你的后妈呀！"小小的宝玉很懂事，知道爸爸是为了娶新姆妈才把他寄养到外婆家的，他也知道做后妈的都很凶狠，福林的后妈就是那样凶狠地欺侮福林，虐待福林。

"新姆妈要是欺侮我，我怎么办呀？奶奶你要帮我……"宝玉说。

奶奶逗孙儿："我教你几句顺口溜，新姆妈骂你打你时，你就唱，这样新姆妈就不会骂你打你了。"

顾宝玉若有所思地点点头。

奶奶走后，顾宝玉将奶奶教的顺口溜铭记心头，在外婆家的家前屋后来回地唱——

六月里的日头，

晚娘的拳头。

富人的门槛，样高，

晚娘拳头升萝大。

晚娘拳头，

早晚一顿。

千做郎万做郎，

不做逆晒女婿笃梢郎。

前两句说晚娘的拳头像六月里太阳一样狠毒，日头就是太阳。接下来两句同样是那个意思，后妈打起来特别凶狠，拳头像升萝一样大。再是说，后妈天天要打前妻的孩子，早晚要打一顿。最后两句是说，男人入赘女方家，俗称倒插门，会受女家欺侮，特别是入赘到寡妇家，更会被女家欺侮。顾宝玉不时地来回背诵这些顺口溜，惹得山庄里的阿姨、婶婶们阵阵哄笑。

大家纷纷逗他："宝玉玉，你娘舅、舅妈待你这样好，你就不要回去了！否则的话，回去要挨晚娘早晚一顿拳头的，你吃得消吗？"

"我，不回去，一直不回去！"宝玉认真地说。

外婆说："宝宝你不要唱了，你后娘听见后要骂你的。"

后来，顾宝玉不唱了。这段唱顺口溜的故事，直到顾宝玉有了儿辈、孙辈，回到芙蓉庄去看望娘舅时，他的长辈徐云元、阿瑞、娟娟等还时常要提及呢！

其实，顾宝玉的祖母周梅珠和顾宝玉当初的担心是多余的，谭翠翠不是一般意义上的后妈，她胸襟宽广，贤惠厚道，从未打骂过顾宝玉，待他比亲生儿子还亲。

刚回到家的几个月里，顾宝玉在感情上是排斥谭翠翠的，父亲让他叫姆妈，他偏偏不叫，眼睛一直不正视她，不给她笑脸看。顾祖口男用眼睛瞪他，他仍我行我素。对此，谭翠翠不在乎，冲着宝玉笑笑，对丈夫说："他呀，刚回来，对我还很生疏哩……"

后来发生了几件事，让宝玉逐渐地改变了对这位后妈的看法。

谭翠翠是个聪明能干、手脚勤快的农家媳妇。她娘家支塘阳桥村虽然和白茄山泾村相距不远，却不是低洼地区的低乡，地处相对比低乡的高，种植的农作物和山泾村也完全不同，支塘阳桥村种植棉花。从采摘一朵朵棉花开始，到织成布缝成衣服，谭翠翠在娘家时已学会全套绝活儿，其中包括纺纱、浆纱、染纱、经布、织布、裁剪和缝制较为简单的衣衫，这在农村妇女即使是高乡妇女中也是不多见的。不仅如此，谭翠翠手脚利索，做出来的活儿像模像样，让顾家湾的女由姓、婶婶、阿姨们啧啧称奇，佩服得五体投地。

那天晚上，谭翠翠为全家人改善伙食，本来不是吃麦粥就是吃菜糠饭，而这天吃的是面脚板，顾宝玉当然很高兴，这是他在外婆家很少能吃到的。令他更为惊奇的是，独他那碗面脚板上面放了两个鸡蛋。

"怎么有鸡蛋呀？爸爸不拿鸡蛋到街上换钱了？"宝玉惊讶地问。

"这个，你问妈妈……！"顾祖呗说。

顾宝玉看看谭翠翠，没有说话，他对后妈还心有戒意。

谭翠翠笑笑："宝宝，今天是你生日，我们特别优待你。"

"今天，是我生日？"宝玉说。

顾祖呗说："是的，今天是宝宝生日，妈妈还给你缝了新衣裳。"

这时候，奶奶已经将上下一套衣服拿了出来，对宝玉说："等会儿你吃罢

勤奋好学的谭翠翠

后试穿一下，看合身不合身。"

"还要等到吃罢饭？宝玉你现在就试试！"顾大保接过奶奶手中的衣服，把衣服抖了出来。啊，太漂亮了！宝玉不禁心头一怔：上身是白底青格子衬衫，下身是一条蓝色背带裤。宝玉顺从地让姐姐为他穿上衣服。这身衣服既时尚，又合身，是他第一次穿上的全套的全新衣服。

"宝宝，这是你新姆妈送你的生日礼物，这几天她天天晚上做到深更半夜，为的是让你穿上新衣裳。宝宝，你开心吗？"奶奶说。

宝玉不由点点头，父亲在旁会意地笑了。

还有一件事发生在炎夏的一天，顾宝玉晚上受凉感冒了，突然发高烧。那时候也没有量体温的，宝玉只觉得身上好烫又酸痛，头脑壳昏沉沉的，眼睛睁不开，整天迷迷糊糊不想吃东西。谭翠翠让宝玉的哥哥顾雪昌去邻村请郎中，那个穿长衫的郎中先生来了，开了几帖中药，可是服后病情一直不见好转，全家人急得团团转。

一连两天，宝玉都是那样地昏睡着，到第三天早晨醒来，见后妈坐在他的床沿上，俯着瘦小的身子，手里拿一把蒲扇在为他轻轻地不停摇晃。谭翠翠见他醒来，忧郁的脸庞马上绽开了花，欣喜地说："宝宝，你醒了，终于醒了，急坏我们了呀！"并问他要不要吃什么？宝玉摇摇头。

他本来和姐姐住在一块儿的，怎么后妈在他身边呢？心有疑惑，但嘴上没说。谭翠翠说，"你喝点水吧！"将一碗温开水端上来，小心翼翼地喂他。

听到宝玉醒了，他爸爸、爷爷、奶奶，还有哥哥、姐姐都凑了上来纷纷问候。姐姐大保告诉宝玉："姆妈为了陪你，她让我去奶奶房里睡。你躺了两天两夜，姆妈在你床边坐了两天两夜，一直看护着你。你看她，眼睛红红的。"

宝玉听到这儿，显然感动了，先前的误会化作两滴晶莹的眼泪从眼眶里淌出来，对谭翠翠说："姆妈，您真好，您陪我两天两夜不合眼，亲姆妈也不过如此！您是我的亲姆妈！"这是宝玉从红豆山庄回来半年后第一次叫谭翠翠，而且说是"亲姆妈"，令谭翠翠还有顾祖明十分激动。

谭翠翠深情地俯下身，在宝玉的脸上亲了又亲，眼泪也流了出来，说："宝宝，你和大保、雪昌就是我的亲生孩子，你们都懂事。至于我，做大人的应该做的。"

谭翠翠嫁到顾家的第三年，也就是 1952 年，顾宝玉同父异母的弟弟顾良宝出生了。时隔 4 年，同父异母的妹妹顾秀和出生。谭翠翠仍一如既往地对待前妻生下的儿女，甚至比对待她亲生的良宝、秀和还要亲。比如吃饭时，总是把好吃的菜放在宝玉他们那边，还不时地为他们夹菜。

那天顾良宝顽皮地说："姆妈，我觉得哥哥、姐姐才是你亲生的……"

"良宝，你说什么呀，什么亲生不亲生的，你们都是顾家的子孙，都是我的孩子……"谭翠翠说着，走上去轻轻地敲了一下顾良宝的头皮。

顾良宝后来去部队当兵，1977 年复员回家。而他的妈妈谭翠翠是在 45 岁时患了帕金森病，初时发现她的手在不由自主地颤抖，后来她肌肉僵直、运动迟缓、姿势不稳，50 岁以后就不能下地了，不久便卧床不起。谭翠翠患病后，顾宝玉千方百计为她寻医找药，只要有人说哪里有良药可医此病的，顾宝玉都不惜工本请人开了汽车前往，将药弄到手。那年电影队来到山泾村演越剧电影《红楼梦》，顾宝玉知道继母喜欢越剧，让人早早地在前排放了椅子，他扶着继母去看戏，被村里人和继母的娘家亲人一致称赞。顾良宝复员回家的第二年，也就是 1978 年这年，谭翠翠不幸病逝，终年 60 岁。在谭翠翠病重期间，顾宝玉带头守在她的身边，寸步不离，嘘寒问暖，医院里同病房的人还误认为顾宝玉是谭翠翠亲生的呢！

百善孝为先，孝顺长辈是中华民族的传统美德，是一个人的立身之本。其实在顾宝玉的心里，后来从没有"后妈"这一概念，只要谭翠翠需要，不管是治病方面还是生活方面，顾宝玉都力尽所能，千方百计地孝顺她，尽一个儿子应尽的责任。

"后妈胜过亲妈，不是亲生像亲生。"这是旁人对谭翠翠和顾宝玉的评价。

# 4．田园牧歌

烟雨朦胧，风轻雨斜，云蒸雾罩；细细的雨丝漫天飘洒，将如水的村子润泽得愈加缠绵。雨水顺着屋檐滴落，打在窗外的芭蕉树上，仿佛在演奏一支欢快、清脆的乐曲……

这就是如诗如画、婉约江南的美景。

这天清晨，天空昏暗，云彩低沉，似乎一伸手就可触摸到。几声狗吠打破宁静，顾家湾苏醒了。慢慢地，各家各户炊烟弥漫，路边行人渐渐多了起来。

一个小孩子骑在高高的牛背上悠悠走来，手里扬着一根柳树鞭子，嘴里唱着"白茆山歌"：

常熟山上有只花升箩，
三岁小囡也会唱山歌，
山歌本是爷娘教，
还要自肚皮里聪明学。

把芝麻撒上天，
肚里山歌万万千，
立春唱到腊月天，
来来回回唱三年。

唱唱山歌种种田，
山歌当饭度荒年，
唱两支半山歌吃四十五日饭，
唱廿一支山歌过一年。

唱唱山歌散散心，
你们当我是快活人，
我吃了朝饭此夜顿，
黄莲树底下苦操琴。

牛背上的这个放牛娃就是顾宝玉。

回到家的第二年，也就是 7 岁这年，顾宝玉开始了他的放牛生涯。

顾宝玉家这头瘦瘦的老牛，农忙季节犁田、耙田，农闲时分拉磨、碾压菜籽、稻谷。只要它闲下来，顾宝玉就和它来到村头，沿着横泼河悠悠地、漫不经心地边走边吃河边的青草。老牛通人性，只要一看到宝玉，就摇头摆尾"——眸——"地叫唤，向他表示亲热。也许它知道，只有宝玉能和它玩，能让它解下肩上的犁头，放松筋骨，自在地吃草，听主人的歌喉，看河边的风景。宝玉与老牛朝夕相处，也摸透了它温和、驯良的习性，只要他往它面前一站，哪怕它正在吞食草料，也会赶紧把头一低，让宝玉攀住牛角，爬到它的背上。待他坐定，它就不忘摆动头角，撒娇般地叫唤几声。

骑在牛背上的顾宝玉，头戴草帽，腰间别着弹弓，右手高高扬起柳条鞭子，像一个披挂出征的大将军，好不威风。更多的时候，宝玉骑在牛背上，放声高唱从外祖母那里学来的白茆山歌，高亢悠扬的歌声划破长空，在广袤的乡野间回荡，让胯下的老牛陶醉。

在横泼河畔放牛，其实是放飞于天地之间。两岸杨柳依依，枝叶婆娑，河水清澈见底，小鱼在水中自由游动；水滩上芳草萋萋，花香醉人。听着脚下草丛中声声蝉鸣，看着远处袅袅升起的炊烟，能不享受到那份静美，那份天人合一的境界？

别看水牛平时温驯，一旦打起架来却异常勇猛。那天邻村的一个小孩也到横泼河这边放牛，宝玉和他熟识，于是将两头牛拴在一起，便在小沟里玩耍起来。他们玩着玩着，突然听到两头水牛在嗷嗷吼叫，就知道出事了，等到他俩走过去时，两头牛都怒不可遏，个个双眼通红，抵足弓背，头缩在前腿中间，亮出尖尖的双角，向对方猛烈冲撞挑击。几个回合下来，两头牛都血流满面。宝玉和邻村的小朋友都吓坏了，使劲拉缰绳，拼命地吆喝、叫喊，但都不管用，始终不能制止它们，将它们分开。

正当宝玉束手无策、吓破胆的时候，哥哥顾雪昌举了一支火把突然奔跑过来，将手中的火把往两头牛的中间扔过去。这一举措竟然立即见效，两头牛见了燃烧着的明晃晃的火把，马上休战分开，都乖乖地走到一边去。

宝玉见状，欣喜地抱住哥哥，说："你呀，这么有本事？能将它们分开。"

"哥经历好多了，见到牛打架，只须一支火把，牛最怕火了。"

原来顾雪昌在不远处自家的田地里锄地，他听到牛的吼叫声，就知道自家的老牛和别家的牛在打架了，就立即去村头点了一支火把赶来了。

顾宝玉在平日里很敬佩哥哥。顾雪昌比宝玉大6岁，身材瘦小，但聪明、能干、要强，10来岁就早早地跟着父母拔秧莳秧，到十五六岁时，凡是成年男人干的诸如挑担、量泥、摇船、开沟等重活儿、技术活儿，他都一件不落样样干。他虽没有文化，但人耿直有正义感，受到村里人的尊重。

顾雪昌22岁和唐英结婚，成家后仍对弟弟关心体贴。

宝玉的姐姐顾大保比他大7岁。她勤奋贤惠，从没进过学校，母亲去世时她才9岁，担当起照顾两个弟弟的重任，父亲不在家时，由她烧饭做菜。由于人矮小，站在家里灶头旁高度不够，父亲特地做了一只像灶头一样弯曲的凳子，让顾大保能够立在上面做饭菜。她针线活儿样样精，早早地下地干活，21岁时嫁到白茆周家村后，一直心中挂念着娘家人，所以深得顾宝玉敬重，平时"大姐、大姐"不离口。

顾宝玉家还有半条船，这是顾根生传给顾祖明、顾二兄弟的，兄弟两家共同合用，运输和积肥，全靠这件大农具，水乡地区只要哪家拥有船只就方便多了。后来顾二自己造了一条新船，这条5吨载重量的木质旧船就归顾祖明所有。顾宝玉家虽然穷得时常揭不开锅，但有老牛和船，还有4亩自田和租田，因此土改时被划为中农成分。

顾祖明和顾二兄弟两家住在一起。那茅草宅屋坐西朝东，背靠苍翠深邃的竹园，面向碧波荡漾的横泼河，三间正屋，左右各有一间厢房。顾祖期是长兄，一家人住在上首右边的两间半房子里，顾宝玉的继母谭翠翠嫁过来后，生下了顾良宝，顾大宝已出嫁，但全家还有七口人，吃喝拉撒都在这两间半窄小的茅草房里，实在挤不下了，顾祖呵便自己动手，把正屋后面的猪舍改造成烧饭间和吃饭间，俗称"后包堂"前面说过，顾祖呵会做木匠活儿，不仅方便自己，也帮邻家做车盘农具、修船造屋。

土地改革结束后，中国大地上出现了一个叫"互助组"的组织，这是中国劳动农民在个体经济基础上组成的带有社会主义性质的集体劳动组织。

1953年冬，乡政府派工作队来到顾家湾，动员村民组织互助组。农民们白天劳动，工作队晚上召集村民在顾永生家里开会。顾永生家和顾宝玉家仅百步之距，小小的顾宝玉也带只小矮凳，跟着父亲来到顾永生家的客厅里，听两个穿着列宁装的干部讲述组织互助组的好处。他们说分散的农民组织起来才有力量，才能抵御自然灾害。互助组互助互利，互换人工或畜力，车盘农具船只积肥可相互帮助，一起劳动，保证土改后的农田种熟不成荒地。

2005年，顾宝玉和姐姐顾大保在一起

经过三个晚上的热烈讨论，顾家湾办起了两个互助组，开始有了自己的劳动组织，一起出工，一起干活儿，劳动热情高涨。在那几天的讨论中，还出了一个副产品——办私塾学堂。大家都说，现在组织起来了，必须有文化呀，要赶紧培养子女读书。

私塾是我国旧时开设于家庭、宗族或乡村内部的民间幼儿教育机构。私塾先生的从教模式有两种，一种自己开办私塾施教，即塾师在自己家里或借祠堂、庙宇、他人房屋设馆招收附近学童就读，世称"门馆"或"家塾"。另一种是被延请施教，由一村或一族聘用塾师，择址设馆，教育子弟，世称村塾、族塾，一般按田亩摊派费用。顾家湾的私塾学堂属于村塾。

顾家湾的私塾学堂是顾祖呣向互助组里几个家底较为殷实的村民提议建办的，马上得到大伙的响应。也许他们知道，成立了互助组，必须有会写会算的人。于是，分头着手进行各项工作的筹备，找校舍、请先生、筹费用……没多时，从离顾家湾十多公里的归家市请来了一个叫董敖生的教书先生，校舍设在离顾宝玉家仅200米的互助组农户顾炳生家本来养牛、放农具的牛棚里。共有10来个学生，先生的费用由学生家长拼起来给付，其吃饭也是由学生家轮番负责。

顾宝玉有幸成为这所私塾的首批学生。他至今清楚地记得，学堂十分简陋，茅顶草墙，四面透风，桌椅是学生带来的，长长短短，高低不一，墙头挂块小黑板。董先生住在他家后面顾永生家的一间小屋里，长袍马褂，留着一根长长的辫子，一副铁框眼镜架在高高的鼻梁上，年纪50开外，一副老学究的模样。他每天一大早来到学堂上课，只要一吹叫子，学生就得到校舍上课。他教学认真，对学生管理严厉。

他从块头字教起，再教《三字经》《千字文》等。所谓"块头字"，是用纸板剪成小方块，每块纸板上用毛笔写一个字，如"天""地""人""和"等，董先生让学生一天认上面的几个字，反复朗读，还用毛笔抄写。到了下午，大部分时间用来给学生们讲故事，那些《孝感动天》《卧冰求鲤》《孔融让梨》《程门立雪》《精忠报国》等故事至今还让顾宝玉记忆犹新，让他从小懂得仁爱、礼仪、孝道，懂得要忠于祖国、报效祖国。顾宝玉和他的同学都喜欢听董先生讲故事，觉得他知识渊博，似乎什么都知道。有时董先生边看书，边讲故事，谁不认真听，就要训斥；谁犯了错，就要用戒尺打手心。

一次，顾宝玉和几个小朋友爬在顾弟官家的一棵榆树上捉知了，捉着捉着，竟然没听见先生的叫子声。回到教室，董先生让他们伸出手来，用戒尺重重地对他们各打三下手心，打得顾宝玉手心发红，疼痛极了，眼泪都流了出来。还有一次，顾宝玉和几个小伙伴在猪圈里捉迷藏，也没有听到先生吹叫子，迟到了，也打了三下手心。

其实，董先生对顾宝玉很好，非常喜欢他，因为他聪明，而且读书用功。记得去私塾读书一年后的一天，董先生让顾宝玉背《三字经》，顾宝玉毫无停顿地将《三字经》的上半部分一字不漏地背了出来，董先生不仅当其他同学的面表扬他，还在顾宝玉的书本上写下一行字："很聪明的孩子。"当时顾宝玉甭提有多激动呢！迅速走回家，得意地将董先生在他书上写的字给父亲看，父亲看后也十分高兴，拍拍他的肩膀说："今后我们的宝玉肯定是个有出息的小秀才！"

董先生因地施教，除了教学生识字读文外，还教学生们记账、打算盘。

其时，顾家湾的农户基本上都参加了互助组，互助组会计是从外村请的，大人们大多斗大的字不识一个，家长都希望儿女在私塾学堂里要学会记账。董先生首先让学生背诵"斤两法""小九九""大九九"，而且要求他们背得熟里烂，烂里熟，然后再教学生打算盘。当年，顾宝玉是算盘打得最快的几个学生之一。如今，顾宝玉已年届古稀，还能背出当初董先生教的那些算盘口诀。

"斤两法"是一斤十六两的老秤和一斤十两的新秤的换算口诀。打算盘时，将老秤一斤为十六两，折算为新秤每两为零点六二五。口诀如下——

一、零点六二五；二、一二五；三、一八七五；四、二五；五、三一二五；六、三七五；七、四三七五；八、作五；九、五六二五；十、六二五；十一、六八七五；十二、七五；十三、八一二五；十四、八七五；十五、九三七五；十六、为一斤"

"小九九"即乘法口诀。
"大九九"则是打算盘专用的除法口诀，即——

二一添作五、逢二进一；三一三十一、三二六十二、逢三进一；四一二十二、四二添作五、四三七十二、逢四进一；五一倍作二、五二倍作四、五三倍作六、五四倍作八、逢五进一；六一下加四、六二三十二、六三添作五、六，四六十四、六五八十二、逢六进一；七一下加三、七二下加六、七三四十二、一七四五十五、七五七十一、七六八十四、逢七进一；八一下加二、八二下加四、八三下加六、八四添作五、八五六十二、八六七十四、八七八十六、逢八进一；九一下加一、九二下加二、九三下加三、九四下加四、九五下加五、九六下加六、九七下加七、九八下加八、逢九进一十。

在私塾学堂读书期间，顾宝玉仍兼做放牛郎。每天三点钟左右放学回到家，顾宝玉便出去放牛。每天放牛，都必须让老牛吃饱，大多到天黑才赶着牛回家。如果老牛回到家肚皮还瘪瘪的，父亲就要打骂宝玉，而且打得很凶，所以宝玉哪敢怠慢，天天寻找有嫩草、肥草的地方，让牛吃个痛快。当然，放牛时最怕牛打架，如果发生了牛打架，父亲更会将他一顿毒打，所以宝玉尽量不和其他放牛娃一起放牛。

农忙时节，牛在田里干活儿，顾宝玉放学回家负责看管弟弟良宝和出生不久的妹妹秀和。此外，宝玉还要负责烧晚饭，慢慢地，他会烧出多种花样，如擀面、包馄饨、做麦餐鱼（面脚板），做好后，在家等大人回来吃晚饭。

1954 年，为反对封建迷信，顾家湾村中的土地堂、蔡泾庙全部拆除。拆下来的砖瓦和木料，在村子石沟东面搭建了三间小瓦房屋，这是互助组的公物，也是顾家湾村民集体活动的场所。晚上用来办夜校，开展扫盲活动，开村民会。每天晚上，这里灯火通明，人来人往，热热闹闹的。顾宝玉他们原来在顾炳生家牛棚里的私塾迁移到了这里，白天这里成了孩子们的学堂，私塾的学习条件比原来大有改善，不仅环境敞亮，而且有了较为像样的课桌和板凳。

直到 1956 年上半年，山泾塘边建了公办的民建小学，顾家湾的私塾学堂才并了过去，结束了顾宝玉幼时读私塾这段难忘的历史。

顾家湾的私塾学堂并入民建小学后，顾宝玉在新学校里读四年级。下半年升五年级，那是一个复式班，班里既有五年级学生，也有四年级学生。班主任老师叫邢圣玉，是个年轻漂亮的女教师，和私塾学堂里的董先生是完全不同的两个人。她是上海嘉定人，从"洋学堂"里出来，受过专业的训练，待人热情和气，教学有方略。复合班的教学难度很高，必须科学安排，既让全班学生有事做，又让两个年级互不干扰，按计划施教。

这个学期结束时，顾宝玉的数学、语文在班里得了第一名，邢老师在学期结束时的讲评会上，当着全班同学表扬了他，还给了他一张红灿灿的奖状和练习本、铅笔等奖品。

记得那天宝玉欣喜若狂地回到家，将奖状和奖品显耀给父亲时，父亲没有像上次从私塾学堂受到表扬后那样鼓励他，而是淡淡地说："不错，好的。但我们是农家，重要的是会干活儿，识了字固然好，但不能当饭的……"

宝玉当时不明白父亲说这话是什么意思，反正觉得不是滋味。祖母周梅珠看到宝玉不高兴，便对儿子说："祖哎，你在说什么呀？我们的宝宝在班级里得第一名，不就是状元呀！得了状元应该受到庆祝的。宝宝，今天，奶奶我做酒酿圆子给你吃，好吗？庆祝一下我们的小状元！"

宝玉这才开心地笑了。

过了 1957 年春节，快要上学了，顾宝玉正准备整理书包去学校报名，可父亲对他说："宝玉，你不要去上学了，跟着哥哥姐姐一起去集体地里劳动吧！"说完，他转过身去，一脸的忧伤。

此时的宝玉才恍然大悟，知道了他得了奖回来父亲为何那样冷漠了。

原来，村上组织了农业合作社，做农活儿用记工分的方法，到年终结算分配。那时，谭翠翠已生了小女儿顾秀和，全家已有九口人，顾宝玉的爷爷、奶奶年老体弱，谭翠翠生了孩子又是多病，只有顾祖明和顾雪昌、顾大保几个劳动力，出于无奈，顾祖明才让12岁的顾宝玉休学，去合作社挣工分的。

可宝玉哪里能理解父亲当时的心境，他的读书情愫一下子如何能够割舍呢？

其时，顾家湾的合作社叫白茆和平七社，社长是徐根元，是个共产党员。当时能任社长的可以申请加入共产党，社长一定要由共产党员担任。合作社成立后，顾家湾的村民晚上经常开会，上夜校扫除文盲更加活跃。顾大保领着宝玉经常去夜校识字班学习，和大家一起唱歌，宝玉虽然人小，毕竟已经五年级了，他比其他人学得快，学得好，乡里派来的教师一看到这里有个"小先生"，便有意让宝玉教大伙识字，教大家唱歌。宝玉这个"小先生"的名气一下便在村内村外响开了。

白天，顾宝玉跟着姐姐到合作社地里干一些轻便活儿。如开河泥，大人用船闸的河泥，用长柄勺拷在河塘里，与青草搅拌在一起，让其腐败烂。再用畚箕把河泥挑到麦地里。"开河泥"的活计就用铁耙把一小堆的河泥均匀分开。开春后，这些分开的河泥经冬天冰冻后，大人用铁耙再分撒均匀，让肥力渗透到庄稼的根系上，叫"抢麦"，让小孩在田里把那些玻璃片，碗片，砖块等废物拾到篮里倒在田横头河边，因大人闸河泥是在河底把它捞上来作肥料，里面有废物，容易在水田里刺破大人做活时的手和脚，造成伤害。再如撒猪灰，把猪圈里的柴草垫的肥料撒开，虽然不是重活，但两手都是猪屎，在炎夏时节，那味道实在让难受。在插秧季节，在水田里把牛耕的硕大犁块斩成小块，这叫"落别"，虽然在技术上和体力上比不上插秧，但也往往会弄得浑身泥水。

以上是顾宝玉在那个时期干的活计。大人一天如果记10分，他会记上1分半2分，年景好一点的话，一个工分值人民币8分，那顾宝玉一天就是得 1 角 2 分或者是 1 角 6 分钱了。从现阶段看来这是微不足道的，但那时候积少成多，多多少少能减轻一点家庭的经济压力。

其时的顾宝玉还想去读书，人在地里干活儿，心仍在学校里。当他看到同龄的小伙伴背着书包兴高采烈上学去，他的心底儿就涌起一股无可名状的难过。晚上和小伙伴玩耍时，他特别注意有关学校的信息，喜欢听学校里开展什么活动，老师怎么教他们的，邢老师今天又讲什么新鲜话了……真是羡慕极了，他恨不得明天也背上书包，和他们一起上学去。

记得一天傍晚，顾宝玉看到比他大两岁的同宅基的顾相民戴着一条鲜艳的红领巾，那时顾相民在白茆中心小学读六年级，顾宝玉立即被他的红领巾吸引住了。问他怎么能有红领巾，这红领巾怎么戴？顾相民得意洋洋地说了一大通，说这红领巾是红旗的一部分，是用烈士的鲜血染红的，不是任何人都能戴的，必须加入少年先锋队这一先进组织才能拥有它。后来，在顾宝玉央求后，顾相民才教他如何戴红领巾。

当晚，宝玉回到家把这件事告诉了姐姐，说他本来在学校肯定会有红领巾的，可现在什么也没有了，说着说着竟然哭了，哭得非常伤心。顾大保一时也找不到适当的话来安慰弟弟，只觉得自己的命运和弟弟相同，也禁不住哭了起来。但他们都捂住嘴巴，尽量不让哭声传出去，那样会惊动父亲的。

这一夜，姐弟俩悲伤至极。

# 5．激情岁月

20 世纪 50 年代，正是年轻的中华人民共和国的最初成长期。此时的顾宝玉刚刚懂事，遇上了一次次社会的重大变革。

1953 年年初，华夏大地出现了农民的新型组织，那就是初级农业生产合作社（简称初级社）。

这是一个半社会主义性质的集体经济组织。它的特点是土地入股，耕畜、农具作价入社，由社实行统一经营；社员参加集体劳动，劳动产品在扣除农业税、生产费、公积金、公益金和管理费用之后，按照社员的劳动数量和质量及入社的土地等生产资料的多少进行分配。据有关资料介绍，到 1953 年年底，全国初级社发展到 15053 个，参加的农户有 27.2 万户。1956 年迅速发展到 139.4 万个，参加的农户 5903.4 万户。以后，初级社大量转变为高级农业生产合作社（简称高级社）。

初级社与高级社的区别：初级社以土地入股，并以土地进行分红，本质上的所有制是以私有制为基础。高级社不以土地进行分红，按出工进行分配，按劳分配，兼按需分配，本质上的所有制是以公有制为基础。1958 年人民公社化后，初级社和高级社都并入人民公社。

这时候的顾宝玉一家，无疑是这股"过急过猛"的合作化运动巨大洪流中一朵小得不能再小的随波逐流的浪花，不可抗拒地从互助组卷入初级社，再从初级社跨入高级社、人民公社。而顾宝玉终生难忘的刻骨铭心的记忆，就是饿肚子。

那时候的中华人民共和国处于风雨飘摇之中，由于工业建设的发展，城镇人口的急剧上升，粮食供应形势日益严峻。据国家统计局数字反映，国家对粮食的征收和收购数由 1950 年的 355 亿斤增加到 1953 年的 721 亿斤，3 年增加了一倍以上，但还不能满足城市的需要，粮食收支出现了 40 亿斤的赤字。1953 年 10 月 16 日，中共中央发出了《关于实行粮食的计划收购与计划供应的决议》，所谓"计划收购"被简称为"统购"；"计划供应"被简称为"统销"。后来，"统购统销"的范围扩大到棉花、纱布和食油。这一政策取消了原有的农业产品自由市场，严重地阻碍农业经济的发展。

当时全国自耕农户有一亿几千万户。国家直接向一家一户收购粮食遇到了技术上的困难。于是，把分散的农户组成合作社就成为必要。农业集体化，不仅是社会主义理想的需要，也是粮食统购统销的需要，即国家控制粮食资源的需要。

在统购统销中，国家规定了城镇人口每月的粮食定量。对农产品的收购价格低于其价值，而卖给农民的工业品高于其价值。这就是所谓"剪刀差"。统购统销也加剧了城乡分割，拉大了城乡差距。正是中国农民这一份可贵的奉献，为中国工业建设提供了原始积累，从而建立了初步的工业基础。

　　自从实行统购统销以后，中国农民就一直处于半饥半饱状态。据有关资料反映，1954年和1955年两年，全国多收粮食达70亿斤。国家收购的应当是农民的余粮，但把农民的口粮、种子、饲料也收购走了。超过余粮部分称为"过头粮"。由于征了"过头粮"，不得不再"返销"给农村。这些粮食在城乡之间往返运输，造成了很大的浪费。饿着肚子把粮食卖给国家，农民当然不乐意。因此，为了完成过高的统购任务，常常施以政治压力，对没有完成任务的农民随便扣上种种"帽子"进行斗争。

　　在江苏常熟，没有出现农民对抗政府统购统销的过激情况，但农民心中大量怨气是存在的。顾宝玉记得，那时候，工作组挨家挨户动员村民把粮食卖给国家，给你算账：你有多少地？产多少？应该卖给国家多少？整天和你开会，迫得你把粮食卖光后参加合作社。你家成为合作社社员后，政府再来安排返还计划。老实的农民把口粮、种子也出售给国家，再等待国家的"返销粮"。"返销粮"一时"返"不回来，就会出现饿肚子，闹饥荒的情况。

　　顾宝玉的父亲响应政府的号召，尽力地为国家分忧，在"统购统销"那几年中，顾宝玉一家一直处于饥饿状态，为了生存，全家人还吃过树皮。

　　一次，顾宝玉和人回忆起当年"统购统销"闹饥荒时说——

　　吃树皮，就是迫不得已的事。有人说，他也吃过，我问他树皮如何吃？你把吃树皮流程告诉我，可他讲不出来。我就告诉他：我是在1953年冬天，由于统购统销把粮食统光了，实在饿得不行了，父亲到外面去剥一大担榆树皮回来，把树皮磨成粉，是和麦粉混着一起吃的。怎么吃呢？它的程序是：把野榆树皮剥下来后，放在脚桶里用水浸泡，浸胖后把树皮外面黑的外皮剥掉，这样，榆树皮便变成奶黄色。然后，将大块大块的榆树皮放在太阳下晒，晒得不干也不潮，再用家里的铡刀（铡稻柴给牛吃的铡刀）铡成2至3厘米长。那时候，父亲又叫我们姐弟几个人将榆树皮撕开成小块，再放在太阳底下晒，晒得发脆后放在铁锅里炒，然后放在磨子里磨成粉，最后和麦粉一起做糊或者做成饼吃。如果把树上树皮剥下来就吃，那是不行的，吃下去后不消化，是会出问题的。我们知道只有东北抗日英雄杨靖宇将军才在极端恶劣环境下生吞树皮。其时他孤身一人与日本鬼子战斗，五昼夜弹尽粮绝，被敌人机枪射中要害，壮烈殉国，终35岁。日军包围将军的时间这么长，日军很难相信他是如何活下来的。

"统购统销"带来的饥饿让顾宝玉刻骨铭心，但嗣后发生的饥饿也不能让他忘怀。

1958年起至1960年，神州大地狂卷起"大跃进"的风暴，来势之迅猛始料未及。白茆，就是在这个时候成立第一个人民公社的，开始称和平人民公社，下设6个生产大队，42个生产队。不久，和平人民公社改为白茆人民公社。山泾村为和平人民公社一大队，1959年被划分为二大队。

人民公社化初期的一个重要特征是全民大炼钢铁，在"以钢为纲，全面跃进"的口号下，钢铁生产指标越提越高。炼钢需要铁矿、焦炭、燃料等材料。由于铁矿不足，于是全民上山采矿，还把家家户户的铁器丢到炉火中，却炼成一个个的铁疙瘩。由于燃料不足，上山伐林，把一座又一座青山砍得光光的，引发了日后的天灾。建造高炉的建筑材料不足，把民房和文物建筑都拆了，把砖块拿去建炉，造成了物质资源和人力资源的极大浪费。

在农村，虚报产量的浮夸风愈刮愈烈，粮食亩产喊到上万斤，甚至十多万斤；人人吃食堂，"跑步进入共产主义"，侵吞私有财产的共产风恣意漫延。由于计划部门使用夸大的数据，人力资源从农业转移至工业，加上1959年开始的连续三年严重困难，导致粮食产量大幅减产，形成了全国性的饥荒。

其时，顾宝玉仅是一个十三四岁的孩童，还不懂世事，在他的眼里，村村处处冒烟，大人们忙碌着去烧高炉，"乒乒乓乓"地把家中缸缸甏甏都敲碎了，土灶掀翻了，锅子拿去炼钢铁。老百姓吃饭不要钱，每个村庄都办起了大食堂，顾宝玉一家人不再在家中烧饭，而是去生产队吃食堂。全村村民大呼隆地聚在一起好不热闹，嘻嘻哈哈的无忧无虑的，过着吃饭不要钱的共产主义生活，还说"放开肚皮吃饱饭，鼓足干劲搞生产"。一时间，整个村子都沸腾了，大人孩子欢天喜地。

但这种日子好景不长，生产队的储备粮很快被吃光了。天上不会掉白米，地上也不会冒钱财，风光一时的大食堂只得宣布解散。顾宝玉家中又砌起了土灶,父亲到街上买回锅子,一家人又过起了以前的平淡生活,然而,被分配的粮食少得可怜。为此,顾宝玉和哥哥、姐姐千方百计到处割草头、挖野菜和采摘黄瓜来充饥。由于根本吃不上肉类,肠子中无油水,吃下去的东西不耐饥,吃后不久便饥肠辘辘了。

尽管这样,顾宝玉和哥哥、姐姐也跟其他青年人一样,参加青年突击队,投入到大搞水利建设的热潮中。

其时,白茆人民公社倾其人力、物力、财力,建成9只联,以增强抗洪能力。特别是修建大荡。工程,动员了全县的民工参与建设。据《白茆镇志》记载:

大荡坏北靠白茆塘,南傍西瓜浜,东临,泾村,西倚尤泾村,1949年前已成一圩。1958年冬,省水利厅领导和专家多次前来勘查规划,目标要建成苏南太湖地区改造老河网试点示范工程,这也是常熟县第一个农田水利化试点工程。11月上旬,成立大荡坏高标准河网化工程指挥部,动员了常熟全县18个公社1万多民工,经过3个多月的艰苦奋战,新开练泾塘、泾河等坏外干河3条,坏内中心河1条,生产河25条,肩挑手推(推土车)土方118万余方。该坏周长13.7公里,总面积12000多亩,耕地9000多亩,水域面积2057亩。坏中建造生产桥22座,套闸3座,防洪闸4座,排灌站4座,植树19000多棵……

也就是这一浩大工程,惊动中央,国家领导人来到白茆视察,被国务院授予奖状进行表彰,常熟人民尤其是白茆人民脸上大放光彩。时任公社党委书记万祖祥身披大红花出现在京城,在全国表彰大会上领奖。

大荡坪的建成,无疑大大提高了防御旱涝灾害的能力,对稳定和增加农作物产量起到重要作用,但由于老河未全部填平,造成挖废土地多,部分田块零碎等遗留问题。

在顾宝玉的记忆中,那时候顾家湾家家户户都住满了前来支援建设大荡坪的各地民工,他们个个穿着草鞋,腰间缠草绳,天不亮就出工,有时候还要挑灯夜战。工地上红旗招展,人山人海,劳动的号子此起彼伏。一路上到处可见涂在墙上的大幅标语——

人有多大胆，地有多大产！

不怕做不到，就怕想不到。只要想得到，一定能做到！

三麦赶水稻，水稻翻一番；三麦超水稻，水稻翻两番！

山高，没有我们的信心高；海大，没有我们的决心大！

两手一捧搬，五指一划成河，若问巨人是谁，当代人民公社！

一天等于二十年，共产主义在眼前！

……

哥哥和父亲挑着畚箕融入了民工大军，而13岁的顾宝玉只能当姐姐的帮手。姐姐推一辆独轮车运土，宝玉用绳索在前头拉，河床到河岸的坡度很大，他拉得气喘吁吁的，寒冬腊月脱得只剩一件衫衣。休息时，工地上还时常有演出，工程指挥部试图以小演唱、快板、三句半等文娱形式来鼓舞民工们的志气，起到了事半功倍的作用。

一天，顾宝玉和姐姐照常一大早来到工地，快到中午时分时，宝玉觉得肚子里"咕噜噜"在叫唤，腿中无力，头脑发昏，眼前金星飞舞，骤然失去知觉，一个趔趄栽倒在地。这可急坏了顾大保。顾大保赶忙放下手中的推车，把弟弟扶在怀里，使劲地叫着："宝宝，宝宝！你醒醒，你醒醒！"

20世纪90年代初家人聚餐，后右为顾宝玉娘舅顾同生，后左为顾宝玉岳父周元良，右侧为顾宝玉哥哥顾雪昌

这时候，周围的民工围了上来。一个不相识的汉子俯下身去，将他背起，迅速往临时搭建的卫生所跑去。穿着白大褂的卫生员把了一下顾宝玉的脉搏说："不碍事的，喝点开水就会醒的。"顾大保这才放下心来。

顾大保把宝玉背回家，让宝玉吃了一小碗粥汤。不一会儿，宝玉的脸红润起来，慢慢地恢复了，真是有惊无险。

后来，大荡坪的工程完工了，顾宝玉又跟着姐姐在生产队盆地、锄草、除虫、积肥、施肥……日出而作，日落而归。

# 6．半耕半读

1958年炎夏的一个傍晚，天闷热得让人透不过气来，干活回来的顾宝玉在小河里游泳，正当他游着各种姿势，尽情地舒展筋骨时，小伙伴唐阿元也赤条条地下河来了。

唐阿元比顾宝玉大一岁，和顾宝玉是同学，同在民建小学读书，顾宝玉中途辍学，而他读完小学全部课程。他原是山泾村人，在开挖山泾河时，唐阿元家的房子被拆除，一家人住到白茆街上去了。唐阿元头脑灵活，为人忠厚，加上他父亲是公社民政干部这层关系，小小年纪便当上了公社通讯员。通讯员的差使是：公社有什么事了，比如要开大队长、大队会计会议，要发布气象消息和虫害情报了，就让他到各个大队去通知。当时没有电话，是靠人力来传递有关信息的。他戴一顶草帽，背只水壶，好似一个邮差。那时候公社的事很多，他也一天到晚来回奔波，人晒得像个非洲人。这天，唐阿元是前来通知大队长谭三明天去公社开会的，本想沿横溇河回白茆镇，见原来的小伙伴、老同学在河中游泳，便脱掉衣服纵身跳下河去。两人好久不见，话也分外的多。

唐阿元告诉顾宝玉一个极有价值的信息，说公社里要办一所农业中学，不收学费，半天念书，半天劳动。这是一个多么激动人心的消息呀！读书的念头在顾宝玉的心里从未泯灭过。白茆公社有一所白茆中学，是公办初中，学费很贵，贫困家庭的孩子根本不可能去读书。那时候顾宝玉在田里干活，看到有几个和他年龄差不多的孩子，分别从白茆中心小学和白茆中学放学背着书包回家，在中心路蔡泾的田岸上走过，他的羡慕心情无法形容，多么希望能重返学校，和眼前的小朋友一起，背着书包，唱着歌儿快快乐乐地上学读书呢！现在，这农业中学半耕半读，不收学费，既可学到知识，又可以参加劳动，这样的上学形式父亲也许会答应吧？此时的他，心在怦怦乱跳，结结巴巴问："我、我能去报名读书吗？"

"听说要考试的，好像是小学毕业才能上农中。"唐阿元说。

顾宝玉听了，激动的心一下沉了下去。他小学未毕业，只念了五年级上半学期，学校里连一般分数都没教过，自己怎么能参加考试呢？"我小学未毕业，这可怎么办呢？"

"你读书时的成绩特别好，也许不需要毕业证书，只凭成绩，你补一下不就成了？"

"我很希望去上农中读书，你能否先帮我报个名？只能碰碰运气了。"

"完全可以，这个你放心！"唐阿元拍拍小胸脯说。

第二天，唐阿元又来告诉他，他去打听到了，说毕业证书不重要，关键是要过考试关。这个消息，点亮了顾宝玉心中的希望。

这天干完活儿回家后，顾宝玉向哥哥、姐姐说起公社办农中的事，并表示了考农中的愿望。哥哥、姐姐都非常支持他，可他们都说"先不要告诉爸爸，待你考上了拿到录取通知书后再告诉爸爸"。于是，顾宝玉瞒了父亲，请来了和他从小一起长大的同岁的顾祥云，让顾祥云到家里帮助他复习功课。因为白天全家人都去劳动了，家里空荡荡的。上工时顾宝玉和姐姐一起去上工，中途神不知鬼不觉地回到家，等着顾祥云这个小先生前来辅导他。

顾祥云辅导顾宝玉一星期，聪明的他重温加减乘除的运算，很快掌握分数知识，了解了分母与分子的关系，然后就等唐阿元通知他去考试了。

时隔10天左右，唐阿元给顾宝玉带来了入校考试的通知。当晚，顾宝玉一夜未睡好觉，第二天一大早就来到白茄王氏祠堂参加考试。

古色古香的王氏祠堂在白茄镇西后街，建筑别有风格，门前为牌楼，大门旁有两只石狮子，进屋三级沿石阶步步高升，分前后厅及厢房共有20多间。砖木结构，斗拱重叠，庭柱上还刻有龙凤图案。这里原来除了"崇宗祀祖"外，平时用来办理婚、丧、寿、喜事和族亲们商议族内重要事务。

顾宝玉哪有心思去观看平时很难看到的祠堂建筑的壮观景致，聚精会神地投入决定命运的考试中。

这天，前去考试的人很多，大多是由家人陪着去的，只有顾宝玉独自一人，为的是要瞒过父亲呀！顾宝玉从小很怕父亲，尤其是家庭经济拮据后，父亲心中时有烦恼，便无事找事，动辄打人骂人，大多拿宝玉出气。他几次凶狠地拿了一根长长的竹竿，追赶着宝玉要抽打他，宝玉拼命地从宅前跑到宅后，从村西跑到村东，努力躲避父亲的毒打。后来，每当父亲发脾气瞪眼睛时，就缩在一边，从不敢冲撞父亲，尽量不惹父亲生气。

校方招考人员在祠堂里简单地搁了十多块门板，权作考试课桌。监考老师姓徐，就是后来农中的老师。这是一张语

在白茆农业中学读书的顾宝玉。左起为：顾宝玉、徐保兴、顾祥云

文和数学合并在一起的试卷，顾宝玉一头埋入试卷中，发觉试题并不难，心中的紧张稍微松弛了一点。他对语文并不担心，不管是词语解释、造句，还是作文，他都很有把握，所担心的是数学，特别是分数题，需要通分、约分，很容易出错，侥幸的是，试卷上的分数题竟然与顾祥云给他出的练习题基本相似，没费多少力气就解答出来了，所以当徐老师来收卷时，顾宝玉早已完成所有试题的解答，已反复地回看几遍了。徐老师粗略地看了一下顾宝玉的试卷，很满意地朝他笑笑。顾宝玉非常轻松地走出考场，一路红光满面，唱着山歌回家。

三天后，唐阿元送来了喜讯：顾宝玉考取农中了！

消息在全村不胫而走，乡里乡亲啧啧称奇："这孩子就是聪明！"哥哥、姐姐分外高兴，祝贺弟弟考出好成绩。可宝玉满脸愁云：爸爸能同意吗？华如果父亲不同意，以前的努力会前功尽弃，不就是空欢喜一场？

哥哥顾雪昌安慰宝玉说："晚上我和姐姐一起帮你对父亲说。平心而论，我也希望去读书，姐姐肯定也想的，可我们没有这个条件，我们家，应该有个文化人。"

顾大保说："爸爸会同意的，别担心！"

一家人围在饭桌前吃晚饭的时候是商量家事的最佳时机，晚饭快吃罢了，宝玉却不敢提读书的事，只是朝着姐姐张望。顾大保心领神会，自我镇静地干咳一声，说："爸，有个事宝玉想告诉你，他考取农中了，明天就想去上学了……"

"什么，什么？考取什么学校了，我怎么不知道？"顾祖咽一脸的不解，瞪起眼睛看看大保，看看宝玉，又看看雪昌。意思是说，你们几个葫芦里卖什么药？宝玉吓得两腿差点儿发抖，空气一下凝固起来。

顾雪昌见事不妙，连忙说："爸，是这样的，这是唐阿元来告诉宝玉的，说公社里办农业中学，是半天读书，半天劳动，不要交学费，由于必须是小学毕业才能去读，而且一定要经过考试，考试成绩优秀才能入学，宝玉生怕到头来考不上，所以才没告诉你的。现在宝玉十分争气，他考上了，为我们顾家争了光，这是一件好事、喜事吧，我想爸你肯定高兴……"

"爸，现在是新时期了，识字、有文化是多么重要，你肯定也不想让我们顾家都是文盲的。爸，让宝玉去吧！"顾大保说。

顾祖咽没有立即说话，低下头猛地吃几口碗中的剩饭，然后搁下饭碗，用手抹了下嘴巴，长长地叹口气，说："你们姐弟几个都不笨，我难道不想你们都有文化，日后做番事业吗？可是不行呀，我家穷，穷得常常没饭吃，还能顾得上读书、识字？我知道，我们的宝玉聪明，是块读书的料。当初我让宝玉停学，实在是没有办法的事呀！现在虽然还是穷，但吃树皮的日子似乎过去了，这次公社的农中好像专门是为我们穷人开的，既然宝玉已经考上了，而且你们都有想法让宝玉读书，就让他去吧！……"

宝玉听到父亲这么说，情不自禁走上前去，紧紧地抱住父亲，激动地说："爸，谢谢你！谢谢你！"能够上农中读书，宝玉从心底里感谢父亲，感谢姐姐和哥哥。

顾祖期说：“傻小子，感谢什么呀？是我对不起你，让你停学了。你去读书，一定要拿到好成绩，为我们顾家争气！”

顾宝玉点了点头，说：“一定，一定！”

应该说，像顾祖哂这样的家长让孩子上学，尤其是上中学，算得上是开明的。其时一般的家庭都认为，孩子上学，不仅要增加家庭经济负担，还要减少收入（不上学能挣工分）。读小学三、四年级是必要的，现在是新社会了，必须识字，自己的名字要会写，能看得懂信件，能简单地写信，然而再去读中学没那个必要了，一来没有经济实力，二来也不需要太多的文化，书读多了，反而会成为书呆子的。所以中华人民共和国成立好多年了，农村极少有文化人，全村有个高小毕业生就凤毛麟角了，有个初中生更像大熊猫一样。

农业中学是中国的一大创举，是专门为农村贫困家庭的孩子设计的学校。由集体创办，教师半耕半教，学生半耕半读，不需要国家一分钱。当时农村中许多小学毕业生由于贫穷升不了中学，为解决农村高小毕业生升初中困难的问题，满足农民子女的学习愿望。按照陆定一的意见，江苏省委、省政府在农村进行试点，发动群众办起了半耕半读的农业中学。就是在这样的大背景下，白茆农业中学于1958年9月初诞生了。

由于经济困难，公社财政拿不出多少钱来兴办学校，白茆农业中学就办在白茆五大队一户张姓的大户人家家里，这家人由公社安排已搬到他处，客堂里中间的墙被拆除，成了一间大教室。有人从工地上拖来几块长木板，两头用砖垒成的墩子相隔，便成了学生学习的课桌。学生寄宿在校，40多人挤在张氏家的几间副房里，用门板做床，学生自带被子，七八个人挤一个房间。初秋时节天气还很热，里面没有通风设备，更没有吊扇，学生们只能用手中的蒲扇驱赶闷热。即便这样，顾宝玉他们都个个精神抖擞，对学习充满了向往。

农业中学用的是江苏省初级中学的统用教材，上午上课，下午劳动。校长盛和生，是个当兵复员的中尉军官，对学生很严厉。老师都是离常熟金不远的沙洲（今张家港）人，班主任莫祖英，兼教语文，数学老师姜天中，都＋是毕业于南京工学院，受过国家正规教育，可能是家庭成分高的原因，没有正式工作，也不知通过什么渠道，他俩被聘来做"耕读"教师。

被农民们称为"赤脚老师"的"耕读"教师不拿国家工资，由生产大队为他们记工会，年终按各生产队工会平均值分红。他们上午在课堂里上课，下午换上劳动衣服和学生一起参加劳动。在顾宝玉的回忆中，莫老师、姜老师还有监考的徐老师都很年轻，二十出头、三十不到的模样，教学十分认真，而且都很有水平，平时非常关心学生，和学生们打成一片。

学校的实验田是在学校不远的白茆塘边，有四五亩地，既种水稻，又种各种蔬菜，由富有种植经验的两个老农做劳动课老师。其实，劳动老师只是领着学生们劳动而已，偶尔讲一些农业技术知识。此时的顾宝玉已跟随姐姐从事了一段时间的集体生产劳动，对下午上劳动课不像其他同学畏首畏尾，而是重活、脏活抢着做，因而常常获得老师表扬。

刚进农中时，顾宝玉因为基础差，学习成绩不佳。读到初二时，凭着他聪颖的天资能跟上其他同学了。读初三时，他的几何、代数成绩在全班名列前茅。课堂上老师提问，他每每第一个举手解答。记得有一次代数期中考试，全班有一半以上的同学考试成绩不及格，而他得了漂亮的100分，考试成绩名列全班第一。为此，他在同学中威望很高，也得到了老师的赏识。

他有一副好嗓子，上音乐课时老师常常让他领唱，那嗓音像钟磬一样洪亮，又有音乐韵味，获得同学们的崇拜，是全校出了名的男高音。他特具音乐天赋，喜欢吹拉弹唱，笛子、二胡都能拿得起。他识谱能力强，不管什么歌曲，只要拿到简谱，就能哼起歌来，这在农村中尤其在文化层次不算高的年轻人中是不多见的。他的白茆山歌唱得特别好，大山歌、小山歌、四句头、吭歌、打夯歌、春调、邀调、划龙船调、搭凉棚调等曲调，他样样都会。

在农中学习的这段时光，是顾宝玉年轻时代最开心、最自在、最难忘的一段生活。每到星期日，他一大早就回到家里，帮助家里做家务，并在自留地上种菜。那年他15岁，回到家为自留地里的蔬菜浇水、挑粪。毕竟人小，他在水滩上弯腰将两只粪桶盛满水后，担在肩上屏住呼吸，用足力气，挺起腰杆，满脸涨得通红，两条小腿不由地左右摇晃，额头上的汗珠一滴滴往河里掉。很不容易呀！那完全是为了讨好父亲，盼望父亲能给一点儿零用钱。是的，每每看到顾宝玉回到家这么卖力地干活，顾祖呣会从口袋里掏出一些零用钱给宝玉的,但给的不多,一次四角、五角,从未给过一元的。不过,顾宝玉对父亲能够给钱已十分满足,他知道家里穷,全家人一年到头的分红仅一百元左右呀,几角钱已经可以买牙膏、牙刷了。

顾宝玉到农中读书一年后,白茆农业中学开始整顿、紧缩,一些大龄同学被辞退,原来已经增加到两个班级,现在又重回到一个班级。学校也从张姓大户人家搬迁到了小泾湾,即现在的紫芙村。

在紫芙村读了一个学期后,即1960年7月,白茆公社在白茆镇镇东建造新白茆中学,原麻袋厂厂址上的白茆中学校舍让给了白茆农业中学。新学年开学时,白茆农业中学又扩大到两个班,教职员工发展到6人,校长更换为戈军。

新校舍的环境与以前大不一样了,这里有教室、有操场、有宿舍、有食堂,像一所正规学校,顾宝玉他们是多么的开心。可惜好景不长,正当顾宝玉和他的同学们踌躇满志准备在学业上更上一层楼时,一年后农业中学被宣布停止开办,初三下学期的课程没有上完,代数方程式、平面几何是学完了,但作图和三角函数就没学到了。顾宝玉百思不得其解,学校为何要停办?

他呀,真是生不逢时!原来,那时候从中央到地方,对半耕半读这种新型学校的意义估计不足,加上经济困难,便一道命令下来,要求停办,以致让顾宝玉好不容易才能上的学校,未能毕业又一次辍学了。

戈校长向学生们宣布:国家承认他们这批农中学生为初中毕业学历,并发给他们毕业证书,让他们在心理上稍微得到安慰。

顾宝玉怀着遗憾惋惜、恋恋不舍的心情离开学校。


# 7. 金色年华华

顾宝玉回到村里,那时候的顾家湾,称为白茆人民公社第二大队第三生产队。生产队长叫顾苟苟,是个耿直勤恳的汉子,他不仅全面筹划生产队的生产,还每天带着大伙冲在前,干在先,在全体社员中很有威信。16岁的顾宝玉已长得很高,看上去像个青年人了。以前他一直跟着姐姐干活,现在父亲让他跟哥哥出工，做男人的活儿，这样可以多挣一些工分。

其时，生产队实行"评工记分"，每天评定工分，自报公议，评议的标准是劳动者的劳动强弱和活计本身的技术高低。一般来说，妇女做轻体力的活儿，如松土、锄草、除虫、耘躺等，挣的工分相对少一些。而男人干诸如挑担、开船、量泥等重体力和高技术的活，挣的工分比妇女要高，妇女一天一般得7分、7分半、8分，男人一天可以得10分、11分，甚至12分。

自1963年起，生产队实行"定额记分"，鼓励劳动者多劳多得。凡是能够定额的活儿都进行定额。如量泥，以舱为计算单位，确定每闥一舱河泥得多少工分；如挑担，视路程长短和担子重量，确定每挑一担得多少工分；如开船装运肥料，去苏州、上海等地，来回一趟各得多少工分，哪怕你今天出发，明天就把肥料装运回来，只要完成任务，原先额定的工分照记。这样上不封顶，下不保底，计件制运作，拉开了劳动者收入的差距，充分调动了农民的积极性。

20世纪50年代中期，山泾村农民冬季积肥景象

农忙结束以后，江南农村的男劳力的主要活计是积肥、茚河泥。种田收成好与坏，全靠肥当家。进入冬季后，其农活以培育越冬作物和积肥为主，通常茚河泥做草塘泥，发酵后挑在麦地里，既肥沃又保暖。那时候，乡间河浜里随处可见罱泥船。

茚泥是农村里的重活累活，一条船上两个人搭档，踩在船舷同一侧，使得船舷与水面距离靠近些，便于罱泥夹拖入船舱。罱水河泥的工具是用两根长竹竿和网夹等做成，竹竿下端扎成剪刀叉，底段装有网夹。罱泥时将罱泥夹直插河底，双手各握住上端的一根竹竿，一张一合，慢慢将网夹在河底移位，夹满后两竿合拢，利用水的浮力将茆夹拖进船舱，放开合拢的竹竿，河泥便"哗啦"一下流进船舱。罱满一舱河泥后，再将船行至预先准备好的河塘（在岸头挖的大坑）旁，用牵耙（长柄勺子）一勺勺捞到河塘里。有的地方岸上还有人做辅助工作，将黄花草等绿色禾稼锄碎搅入塘泥中，让其发酵，增加肥力。

顾宝玉 17 岁时，就和哥哥顾雪昌一起到常熟城里的稿场（酱油厂）那里罱河泥。常熟城区能罱到河泥的主要河道有外三角潭、里三角潭、陈家市、稿场、洙草浜等，常熟城里的河道河底深，垃圾积淀时间长，河泥肥效高。尤其是稿场附近的河道，酱油厂里流出来的污物沉淀在河底，肥力特别强。

生产队队长顾苟苟轮番安排社员到常熟城里罱河泥，两天中两名社员罱回两舱泥，共给 50 个工分，每舱 25 分，每人每舱得 12.5 分。然而这些农民一旦今天一大早上船，往往就是晚上连着干，到明天晚上才歇手，一个通宵多罱一舱泥。也就是说，两天一夜中罱回三船舱河泥，每人多得 12.5 个工分。

从白茆山泾村顾家湾到常熟，来回一趟 36 里，罱三船舱河泥就是来回跑三趟，共 108 华里，不仅要花费路上摇船的时间，而且那里河底深邃，罱泥格外费力，运回来后还要用牵耙捞送到河泥塘里，劳动强度非同一般，没有一定的技术、强壮的身体和吃苦耐劳的精神肯定不能担当此任。

罱河泥的汉子提着铺盖上船后，在船上支一只行灶，饿了就烧一点东西吃，实在困极了就在船头上打个瞌睡，连续 36 个小时基本日夜不停工作。像顾家湾这个生产队里能自去常熟罱河泥的男劳力也不会超过 10 人。一般的男劳力只能在村子周围的河塘里茆泥，无力去挣大工分。

可顾宝玉初生牛犊不怕虎，勇敢地跟着哥哥去了，这活儿既工分高，又有粮食补贴。他一是冲着高额回报，二是想锻炼自己。他感到既然要在农村参加集体生产劳动，就应该让自己尽快地适应生活环境，干出点样子来，做一个名副其实的"好农民""好社员"。

好胜、要强、不服输是顾宝玉不移的性格，但毕竟他年小骨头嫩，连续干了二天一夜，罱了三舱河泥回到家，浑身似散了架的一样酸痛，躺在床上不想爬起来。记得有一次,他与哥哥在回来的船上,中午一顿饭吃掉4斤大米饭,连铁锅上的饭粢(锅巴)也全部吃完,觉得又香又好吃。那时候,肚子里无油水,吃下去的东西在肠胃里留不住,没多时就饥肠辘辘的,再吃时就狼吞虎咽,吃下去再多也好像填不饱肚皮,所以造成了粮食奇缺。试想,当年顾宝玉兄弟俩一顿吃掉4斤大米,够一个小姑娘吃一周呢!

顾宝玉跟着哥哥以及生产队的壮劳力不仅到常熟罱河泥,而且还去上海的苏州河去罱泥。上海苏州河的河泥污黑污黑的,比常熟城里的河泥还要肥,肥得冒油发亮。16岁那年,顾宝玉就跟着哥哥去上海罱黑河泥了。他们一到船板上,都是一个橹垫到上海,就是说歇人不歇橹,夜以继日地摇橹,一直抵达上海,罱满一大舱黑河泥就立即回来,也是一个橹垫回到家。

后来,生产队将去上海罱河泥的人进行老少搭配,顾宝玉就和顾福生、顾海泉去上海罱泥了。顾福生、顾海泉是生产队里年纪较大的农民,对顾宝玉来说,他们是父子辈了。三人同开一条船,顾宝玉主动承担上岸拉纤的活计。因为拉纤在岸上长途跋涉,非常辛苦。一次时在晚秋,又遇上逆风逆水,三个人使尽力气摇橹,船却如蜗牛一样爬行。顾宝玉对两位前辈说,你们掌好舵,我上岸拉纤去,说完拿了纤绳迅速跳下河去,一个箭步来到岸上,将腰攀成长弓,强拉着木船前行。他遇桥过桥,逢水过水,那时的河水已经透凉,他却时常蹚在河中,一直坚持到天黑才停歇上船。

苏州河河面开阔,风急浪高,黑浪翻滚,水流湍急,来往船只川流不息,运输十分繁忙。过往的船只中,有拖驳,有轮队,有机动船,罱泥的船只又小,时有倾覆的危险,到苏州河里罱泥,没有胆量和技术的人是不敢前往的。顾宝玉他们紧密配合,通力协作,需要有人摇船,有人挡网杆罱泥,顾宝玉总是将劳动强度高的挡网杆罱泥揽在手中,一鼓作气抓紧时间在落潮时分多多罱泥。

苏州河是吴淞江进入上海市区段的俗称。苏州河属于太湖水系,上海开埠前,苏州河一直叫吴淞江,只是上海开埠后,由于外国人发现可以乘船从这条河到苏州,所以叫它苏州河。一般以北新泾为界,吴淞江上游称为吴淞江,而北新泾以东为吴淞江下游,进入上海市区,上海人称之为苏州河。

顾宝玉前后去苏州河罱泥不下200次,知道横跨苏州河有18座桥。

最为著名的是外白渡桥。外白渡桥的前身叫韦尔斯桥，当年有个叫韦尔斯的英国人，联络了几个股东发起组织"苏州河桥梁建筑公司"，耗资1.2万银圆于1856年在苏州河与黄浦江交汇处，建成了一座横

20世纪六七十年代，农民在河里罱河泥

跨苏州河的木桥，取名为"韦尔斯桥"桥长450英尺（137.16米），宽23英尺（7.01米），桥中间设有一座吊桥，遇有大船过往时须拉起活板，凡是过桥的中国人均要留下"买路钱"。1873年，上海工部局又在此附近建了一座木桥。因桥在外滩公园旁，故定名为"公园桥"，俗称外摆渡桥。又因为此时中国人过桥不再交钱，可以白渡苏州河，又称"外白渡桥"与外白渡桥毗邻的是乍浦路桥，是传教士文惠廉在苏州河上建起一座浮桥。1873年工部局将浮桥改建为木桥，称为"里摆（白）渡桥"，1927年又改建为长72米、宽17.7米的3孔钢筋混凝土桥。除此之外，还有河南路桥（亦称三摆渡桥）、四川路桥、山西路桥、福建路桥、浙江路桥、西藏路桥、成都路桥、恒丰路桥、天目路桥、叶家宅路桥、中山路桥等。

从北新泾桥到外白渡桥，有几个重要河湾，每天的潮汐从来潮到退潮是什么时间，顾宝玉都记得清清楚楚。

海水白天涨落叫作潮，夜间涨落叫作汐，所以海水涨落叫潮汐。潮汐现象是海水在月球和太阳的引力作用下所产生的周期性运动，随着地球、月球和太阳的相对位置发生周期性变化，这种力的作用也呈周期性变化。所以，潮汐的涨落是按照农历计算的，顾宝玉至今还能说出潮汛的谚语："初一月半子午潮；廿五、六干滴笃，潮来吃薄粥；初三潮十八水。"

什么是"初一月半子午潮"呢？即：初一、十五来潮是在中午12点。"廿五、六干滴笃，潮来吃薄粥"的意思是：廿五、廿六在吃晚饭时来潮，来的是小潮汛。"干滴笃"，小潮汛也。"初三潮十八水"即：初三、十八

是大潮汛。

沿海地区凡通外河的河浜都有潮汛，依靠运输船只生存的船户都知道这些潮汛谚语，都要算准来潮和退潮的时间，顺水行舟。如逆水行舟，费力费时，潮急时根本无法行船。即便后来都是机动船了，但机动船也要注意潮涨潮落的时间，毕竟它对行船很有影响。改革开放后，经济发达地区的运输大多改水运为陆运，用汽车运输，集装箱运输，就不受潮汛干扰和限制了。

其时，顾宝玉他们行驶的是载重量5吨的木船，装了肥料进出苏州河要跟着潮水走。罱黑泥要等到落足潮，水浅的时间段才能罱到泥，涨潮后河水太深，而且水流急，罱杆根本抵不到河底，就罱不到泥了。为了能尽快罱满一船泥，顾宝玉他们连饭都顾不上吃，哪怕半夜到天明，都要尽力赶在退潮退足的最佳时间作业，否则就会错过机会，耽搁一天时间。

除了在苏州河罱黑泥外，顾宝玉还去上海装运垃圾。

那是"以粮为纲"的年代，对于积肥真是绞尽脑汁，挖空心思，凡能肥庄稼的东西都千方百计地运回来。上海的生活垃圾肯定能肥田，于是不知从何时起，支塘、任阳、白茆等地的生产队纷纷到上海装运垃圾。顾宝玉清楚地记得，他连续三年于除夕夜开船到上海挑垃圾。其时已是"四清"运动教育以后，人人思想进步，积极向上，吃苦耐劳特别提倡，上面号召过一个革命化春节，于是就有大年三十夜开船去上海装垃圾的事了。利用春节期间去装运垃圾，也是为了能装到好的垃圾。春节期间上海居民会分配到过年物资，鱼、肉、菜等下脚料都是上等的好肥料。

顾宝玉所在的第三生产队和第四生产队合用一只25吨载重量的大船，各个生产队轮流使用，6个人一起前往，大多是夜以继日地行船，无风时摇橹，风时驶篷，逆风时拉纤，一天一夜就能赶抵90多公里外的上海。船到上海后，留一个年龄比较大或身体差一点的人留守，负责看船和烧饭，其余5人带了筐篮、竹篓、扁担上岸，四处寻找垃圾，然后把垃圾挑回到船上。凭着多次寻找垃圾的经验，顾宝玉知道，在靠近苏州河的新闸路、黄河路那里，什么地方有垃圾桶，什么地方的垃圾桶里最有"货色"。有时快到吃晚饭的时候了，回来的人说，何处有两只垃圾桶很满，有三、四担垃圾，顾宝玉他们就如获至宝立即出发，因为晚去了其他农民会挑走，还要怕环卫工人把它拉走。

他们也知道，什么时候才能挑到垃圾。环卫工人一般都是在晚上清理垃圾桶的，上面规定他们到天亮一定要把垃圾桶清理完，所以早上的垃圾桶都是空的。要到上午9点市民买菜后，垃圾桶里才能有垃圾。

挑垃圾的活儿是个苦脏累活儿，实在太辛苦了。一只25吨的大船，凭他们5个人挑，用筐篮，竹箩一担一担挑到船上，每人得来回挑120担，要起早摸黑挑7天才能挑满25吨的大船。特别是退潮后，船落在下面，岸上的跳板搁在船上非常陡，人走在跳板上必须小心谨慎，否则就会掉入湍急的河中。

傍晚，顾宝玉他们走过里弄，闻到两边住宅里居民烧菜的阵阵油香味，不禁馋涎欲滴，肚皮更饿。此时此境，难怪顾宝玉他们心情低落，想想城里人与乡下人差距实在太大了，乡下人真不像人，城里人大鱼大肉过年（这只是当时他们的想象，实际上上海人的日子也相当艰难），自己此时肚子饿得咕咕叫，回到船上吃的是萝卜干饭。也许，大多数人不怨天，不怨地，只怨自己的命运苦，而顾宝玉呢？心中已萌发起如何改变命运的想法。

在上海挑垃圾时，也有人知道他们很辛苦，非常同情他们。有一次，他们挑垃圾挑到半夜，肚子饿得厉害，想吃点东西，但身边又没有粮票。实在没办法，顾宝玉和顾雪元开口向在棉纺七厂上了中班后下班的纺织女工讨粮票，这些女工很热情，还多给了几两粮票，他俩在宝成桥的桥塊处一家点心店每人吃了一碗馄饨，第二天还能每人吃上一根油条呢！

等到垃圾挑满船后，他们乘着上潮水立即开船，不管晚上什么时候都要解缆开船，因跟着潮水走，摇船既快又省力。在路上，基本上都是拉纤、撑篙，很少有扯篷行船的。因篷布是用白布做的，那时每人每年只发一丈六尺布票，一道篷布要用很多布，没有条件呀！到后来国家有了一点农用布票，生产队才做得起帆篷。

从常熟通往上海的河道叫盐铁塘，那是两千多年前西汉吴王刘濞为运输盐铁而开凿的，旧时这条河道是沿江各地引排泄洪和运输物资的重要航道，后来，它绵延曲折的河床两岸，被架起了许多桥梁和电线，帆船行驶就带来了麻烦，刚升起篷帆一会儿就要降落，不少船只懒得升帆，干脆摇橹得了。顾宝玉记得去上海那么多次数中，只驶了两次篷。

上文说过，当初两个生产队合用一条25吨大木船，上一船由三队运输，下一船由四队运输，这样轮番运作维持到20世纪70年代初，由于两个生产队的领导合作不下去，便将这一共有财产卖掉了，自己各造一艘载重量为15吨的新船。其时船的用途越来越广泛，积肥、装稻、装麦、装运输都得用船。1983年春，常熟推进农村改革，实行家庭联产承包责任制，生产队的集体资产，诸如船、牛、仓库、手扶拖拉机、树木、农具等，按人口、田地多少，采取抓阄等办法，全部分给各家各户，生产队所有制这段历史才彻底结束。

如何才是"好农民""好社员"？时任公社党委书记万祖祥在一次大会上说："男青年要做到从一粒谷落地，从育种到落谷做秧地插秧、除草、收割脱粒、轧米，能吃到嘴里，都样样会做；女青年要从一粒棉花籽落地育苗，从种棉花、摘棉花、轧花成皮棉，再到洋轧车轧成棉条，自己纺纱、浆纱、染纱、在土布机上织布，然后自己裁剪做衣服，穿到身上。这样才能成为'一级农业技术能手。'"万祖祥书记说的是"一级农业技术能手"标准，不仅要求青年们有吃苦耐劳的精神，还要在农业技术上下功夫。

如何达到"一级农业技术能手"的标准？顾宝玉为此做出了艰苦的努力。

为了能体现自己的真正种田本领，顾宝玉使唤耕牛耕了一年的田。这种铁犁牛耕产生于春秋战国时期，是我国古代农业的最主要生产方式，它是能和荡河泥相提并论的难活儿、技术活儿。有人这样描绘春耕生产农民扶犁耕田的情景——

古稀老人忙春耕，
右手扶犁左牵绳；
水牛奋蹄哗啦响，
老汉扬鞭吆喝声；
点缀，间水墨画，
装饰坡田自然景；
传统生产原生态，
辛勤耕耘好收成。

　　青山绿水间，一头老牛在前，牵着犁弓腰曲背四蹄奋力，一个老汉在后，右手扶犁左牵绳吆喝向前，牛过人过之后，土浪翻卷，重重叠叠，这是一幅绝妙的天人合一的原生态水墨图。其实，牛耕田在江南一带是独有的，使用的是曲辕犁，在北方，多数是两牛抬杠，用长单直辕犁。

　　唐朝末年著名文学家陆龟蒙《耒耜经》记载，曲辕犁是唐代汉族劳动人民发明的，因其首先在苏州等地推广应用，又称为江东犁，它由 11 个部件组成。即犁、犁壁、犁底、压、策额、犁箭、犁辕、犁梢、犁评、犁建和犁盘。犁梢就是扶手，犁床是在最底下贴在地面上的料子，犁箭用来调节犁地的深浅，犁：是耕地时安装在犁上用来破土的铁片，也称犁头。犁辕是犁的主梁，一般用弯曲的桦树制作。农村一句俗语："弯树做犁辕"，是说各有所长，物尽其用的意思。整个曲辕犁长五六米，起码有一两百斤。如果没有强劲的蛮牛和沉重的犁铧，哪有力量剖开土地瘦硬的肌肤？力气小和胆量小的人，是扶不起那副坚实的犁铧的，也驾驭不了牵犁的耕牛。

　　犁分水犁和旱犁。水犁是在收割小麦后，把麦垄翻耕，耙平，插秧种水稻时用的；旱犁是水稻收割后，翻耕做麦垄用的，种元麦、小麦和大麦。有人说，扶犁是男人的专利，一点也不假，其中的技术奥妙与操作诀窍也不少呢！

　　那时的顾宝玉，对扶犁耕田有较深的体会，积累了丰富的实践知识，他说：

　　老牛很辛苦，在农忙时整天拉犁，吃的是稻柴，里面放些糠，俗话说"牛"稻柴鸭吃谷，各人生的福＆耕田的犁手也非常辛劳，其时我扛着犁、牵着牛，每天要走好多路，才能走到我们自己生产队田里。以前土改到互助组，再到合作社、人民公社，各生产队的田还是按原来农户自己土改时的田归属生产队所有，我们二大队第三生产队的田非常分散，我赶着牛，扛着犁，一路走到石尖坼，去一次需走五里路，还要过几条桥。人扛着犁在桥上走，牛只能在河里过，因以前都是小木桥，不要说牛根本不能走，就是人在上面走也要小心谨慎。

　　到达目的地后，在耕田时，人扶着犁梢柄，不停地赶着牛走，半天下来不知要走多少路。耕旱田，人少累一点，穿着耕田鞋在干田里走。在夏季耕水田就不一样了，双脚常时间污在水田里，脚腿上会开裂流血，会钻心的痛，而且还有牛虻咬人，一咬就是一个大肿块。

耕田时有很多讲究：旱田里，要翻耕出像种麦的垄头，犁铧须向中间倒！可倒没二至三棵稻根！一般两边各三至四犁，就能耕出一垄田。耕地时，可根据田块的大小分成几垄。耕田人要有一个简单的分配）算，在夏季插秧时，耕田手就把垄头拆开，大垄与小垄可分为五犁三操或三犁二操，力求把收割的麦垄头耕成平地，再拖沟后经耙田，可插秧苗。我整整耕了一个年头两熟田，从麦垄上撒播麦种子，到稻谷闷芽撒秧板，里面的技术诀窍我全部掌握。

其时，顾宝玉仅 19 岁，像他这样的男青年能扛着犁，牵着牛，在水、旱田里扶犁耕田，并有上述可贵的体验和实践，这在周围乡间可以说是绝无仅有的。因为，他有一定的文化基础，并有打破砂锅闻（问）到底的研究精神。

庄稼地里的农活儿，从驶船、罱泥到蒔秧、开沟，顾宝玉样样拿得起，而且做得既快又好。他蒔秧总站头行，左手分秧，右手插秧，旁人是看不清他如何分秧、插秧的，只看到一条水线从左到右来回窜动，脚不停地往后挪动，哪里有人跟得上呢！他开沟既快又直，只见铁锹上下翻飞，泥土腾跃，人家还不到半截，他已到田埂尽头。他从来不偷懒，不计较工分报酬，因而赢得了生产队全体社员的赞誉。

江南的农村自中华人民共和国建立到20世纪70年代末，从没离开落后的传统耕作，夏收夏种全靠牛耕田、手插秧，人工割麦、割稻、脱粒，种麦垄头。没有肥料就没有产量，于是纷纷成立青年突击队，外出割青草做肥料潭，用泥土和草翻潭做人工造肥。顾宝玉是青年突击队的骨干，后来担任青年突击队队长，在青年中起到带头示范作用。

1965 年 8 月，白茆公社评选"一级农业技术能手"，顾宝玉是公社委员会第一批在白茆大礼堂隆重开大会颁发"一级农业技术能手"证书和奖章的青年人。那时的他，感到无上光荣，那是他艰苦努力的结果，也从一个侧面证明了他的人生价值。

# 8．歌手传奇

1962 年，白茆第二生产大队在前几年扫盲的基础上，利用民建小学 10 多间校舍办起了"山泾村农民业余夜校"，除了继续开展扫盲外，还开办了小学中级班和高级班。村里 40 岁以下的中青年都参加了学习。从农业中学回来的顾宝玉，以及他的同学徐兴保、戈芬英和李惠英，成为村里唯一的文化人，自豪地当起了"群众老师"走上夜校的讲坛。顾宝玉、李惠英教数学，徐兴保和戈芬英教语文。

后来，村里的农中生、夜校老师都很有出息。本书主人公顾宝玉成为"常熟市首届十大乡镇企业家"、白茆乡农工商总公司副总经理。徐兴保先后担任村党支部书记、白茆乡农工商总公司经理，白茆镇副镇长。戈芬英和李惠英经过深造，成为白茆中心小学的正式教师。

其时的夜校并不是单纯地学文化，还利用夜校这一阵地，开展适合青年人特点的文化娱乐活动。具有音乐天赋的顾宝玉大展身手，负责教唱歌、讲故事，这样，在他周围就吸引了众多要求进步的青年。

到春节时，夜校排练了几个小节目，有锡剧小戏《双推磨》和《珍珠塔》、《白兰花》等片段为群众演出。

那是 1963 年春节，白茆大礼堂里挤满了看演出的人群。原来山泾夜校的文娱宣传队在作汇报演出。一个刚组织不久的夜校宣传队能在大庭广众中演出，而且演出的剧目是锡剧小戏《双推磨》，肯定是鼓足了勇气才敢登台表演的。

台上，顾宝玉演男主角何宜度，顾凤娟演女主角苏小娥，两人已进入了角色——

何宜度：哦！嫂嫂，你一个人推磨吃力，我来帮你推。
苏小娥：不要！你的娘在屋里要等的呀。
何宜度：晚些转去不要紧的。
苏小娥：哎，叔叔！

何宜度：啥？

苏小娥：不要推啦。

何宜度：做啥？

苏小娥：两个人可以牵。

何宜度：牵？好，你拗磨，我牵磨。

苏小娥：你阿会牵？

何宜度：牵磨呀，我牵过的。

苏小娥：来呀！牵牵看。

何宜度：好，我来试试看！

苏小娥唱：推呀拉又转又转，磨儿转得圆又圆。一人推磨像牛车水，两人牵磨像扯篷船。

何宜度唱：推呀拉又转又转，磨儿转得圆又圆。上爿好像龙吞珠，下爿好像白浪卷。

苏小娥：推呀拉呀快又稳，磨儿转得像车轮；多尔来帮助我，叔叔真是热心人。

接下来一段对白以后，两人合唱："一人牵呀一人拗，唱唱磨磨兴致高；磨儿转又转，黄豆拗又拗；珍珠进磨银浆四面浇。"何宜度接唱："问嫂嫂牵磨牵得好不好？"苏小娥应该唱："叫呀叫叔叔，牵磨牵得真真好，叔叔生活好，人儿又厚道，不知哪家姑娘福气好，跟你做嫂嫂。"可是顾凤娟想不起唱词了，顾宝玉反复唱"问嫂嫂牵磨牵得好不好？"她只得应付地唱："牵磨牵得真真好，牵磨牵得真真好，再

1970年春节，泾村毛泽东思想文娱宣传队全体队员留影。前排左起：陆月明、陈惠英、严雪宝、吴阿。中排左起：李琴芬、顾凤娟、杨瑞芬、周雪琴、顾宝。后排左起：高林泉、高金良、徐良保、张军、陆叙兴、

下面就没有茬儿了……"此时的顾凤娟已经不知所措，慌得一身冷汗，顾宝玉机灵地替她的唱词唱下去，顾凤娟才好不容易跟唱上来，演完了全剧。即便这样，仍获得全场观众雷鸣的掌声。

在夜校里，顾宝玉还带领比他大一截年龄的哥哥姐姐、叔叔伯伯唱白茆山歌，由于是山歌之乡，农民们都会哼几句白茆山歌的曲调，重要的是背唱词，唱词背得越多，就能参加当地的传统习俗对山歌了。

据《常熟市志》《白茆镇志》记载，自清代开始，白茆民间就有自发组织的对歌活动。中华人民共和国成立到1965年，白帝组织了10多次规模盛大的对歌活动，其中多场在白茆塘两岸举行，附近乡镇群众纷纷前来观看。对歌的场面远远比电影《刘三姐》中的对歌镜头宏伟壮观。

1958年秋，为庆祝白茆乡成立白茆人民公社，在三元的新泾段白茆塘两岸举行首次万人对歌会，每个大队派两支山歌队参赛，每个大队还各抽调两艘民船在指定的区域组成啦啦队。全公社半数以上的人赶往现场观看，华东作家协会、上海电影制片厂、江苏人民广播电台等媒体派员参加，附近乡镇的群众纷纷自发前往观看。白茆塘两岸人山人海，白茆塘里无数船只排成长队，歌声、欢呼声此起彼伏，白茆塘成了歌的海洋。

1959年秋，为庆祝白茆人民公社成立一周年，在白茆塘两岸再次举办万人歌会，连续两年的歌会，共有500多名歌手参加创作，数万人参加演唱。

到了1964年，白茆第三次举行万人山歌会。在此前，分别在龙王庙前白茆塘两岸、白茆大礼堂、白茆小学操场等地，举行过多次规模不等的歌会。此次万人山歌会场面十分宏大，参加演唱的人员超过前两次。顾宝玉不仅参加了此次歌会，而且担任主唱。比赛分两个大组隔岸对阵，两边除了主唱人员外，各有数千人庞大的和唱队伍。南片的主唱人员除了顾宝玉外，还有著名山歌手陆瑞英、邹振楣、徐阿文、费德兴等一批干将。北片的主唱人员有徐巧林、万凤生、李秀英等。双方通过高音喇叭传送歌声。

这边唱莳秧歌——

莳秧要唱莳秧歌，两脚弯弯泥里拖，
背朝日头面朝土，两手交叉莳六棵。

那边就唱耥稻歌——

耥稻要唱耥稻歌，耥板着泥像蛇游，
耥得杂草浮水面，耥得稻苗长又粗。

这边唱摇船歌——

摇一橹来扎一绷，沿河两岸好风光，
片片麦田绿油油，秋风送来稻谷香。

那边便是张网歌——

网船上娘姨苦凄凄，夜夜睡块冷平基，
日里张鱼拖虾忙，夜里还要捉田鸡。
……
一来一往，势均力敌，互不相让。

更为让人震撼心灵的是，主唱人员领唱，和唱队伍一起高声合唱，歌声在塘面上空回荡，大有千人唱万人和的磅礴气势。双方越唱越有劲儿，都舍不得离去。太阳落下去，夜幕降临了，两岸挂起上百盏汽油灯，将白茆塘照得通明，歌声和着笑声继续在塘面上荡漾。这真是：

村连村来河连河，
大伙起对山歌，
对得彩云舍不得走，
对得百鸟都来和，
对歌干活两不误，
越唱心里越快活。

顾宝玉在此次参加万人山歌会上崭露头角，他那洪亮的歌喉给人们留下深刻印象。也就在此次歌会后的第二年，白茆文化站组建白茆山歌队，顾宝玉成为 8 个成员中的一员。后来，凡是公社召开青年大会，白茆团委书记王永传就让顾宝玉在台上教唱歌，或者领唱革命歌曲。因为他知道，这个青年只要拿到简谱，再陌生的歌，哼一遍就能唱出口，让人不由得惊叹万分。

1966 年，各地掀起"宣传队热"，山泾村也组建了文艺宣传队，既是团支部书记，又具文艺天赋的顾宝玉顺理成章地当上了宣传队队长，并兼任导演。山泾村文艺宣传队主要是演唱"革命歌曲"，排练《沙家浜》《红灯记》《智取威虎山》等"样板戏"片段，另外还唱白茆山歌，演出水平远远高于一般的乡村宣传队。顾宝玉曾担任李玉和、杨子荣等角色。山泾村文艺宣传队演遍白茆乡所有村，还摇着木船至珍门、董浜、王市、淼泉等周边地区演出，受到了各地观众的热烈欢迎。

青年顾宝玉在四乡八里小有名气了，人称"山歌王"，《江苏科技报》记者吴洪春曾在报上对顾宝玉做如下描述："……这个山歌王名不虚传。说唱，什么西皮、二簧、大隆调、黄梅腔张口就有；说做，什么净、生、旦角一扮就像；拿起乐器，二胡、竹笛、口琴、手风琴、小提琴、大洋琴也能弄个悦耳的调门儿，是那个年代难得的宣传队长。那时候演出不售票，看戏不要钱，队员走东闯西有人管饭也觉挺满意。晚上演出，白天还得挣工分，整天整夜忙忙碌碌……！"

1969 年，白茆公社决定组建"毛泽东思想文艺宣传队"，让已担任公社团委副书记的顾宝玉兼任队长，并由他挑选文艺知青搭建班子。顾宝玉不敢怠慢，这是政治任务呀！不久，来自各个大队的 20 多名知识青年陆续报到。排演什么节目呢？有人提出常熟是现代京剧、革命样板戏《沙家浜》的生活原型地，我们身为常熟人，要演就要演反映发生在家门口的京剧《沙家浜》。

这是一个极好的建议。可是，京剧音调高亢，演唱难度大，外国人称京剧是高音调戏，且旋律多跳进，曲调起伏跌宕，节奏形式多样，速度较快，高亢激越，适宜北方人士演唱。而南方人，特别是生长于江南水乡的人，适宜唱江南丝竹小调和地方戏，如锡剧、沪剧、越剧，比较平和柔软、细腻温情。插队到白茆的全体知识青年中，能演唱样板戏京剧《沙家浜》的为数不多。

但既然有人提出这个建议，也是根据"革命形势的需要"，顾宝玉在全体宣传队员会上宣布，正式排练全场样板戏京剧《沙家浜》。他既是队长，又是总导演，由女老师朱桂珍演阿庆嫂，插队知识青年倪永林演刁德一，中学老师朱永华演胡传魁。为了熟悉和把握每个角色，顾宝玉反复阅读剧本，认真地对每个角色进行艺术指导。整个排练都是在业余时间进行，用"革命精神"把全场京剧《沙家浜》从头排练到尾。记得那次在公社礼堂正式演出时，整个礼堂内座无虚席，演出结束获得满堂彩，雷鸣般的掌声是对他们辛勤劳动的回报。

后来，顾宝玉带着他的队员到各个大队巡演，还到周边的公社支塘、古里、淼泉等地献演，获得农民群众的热烈欢迎。顾宝玉虽是宣传队的领导者，但他对所有唱词和台词，从头到尾都能唱出来、背出来，可见当时他对剧本研究程度之深，也体现出他对工作的热爱和对事业的极端负责。如今他年过七旬，与朋友一起喝了酒，还要唱上几段《沙家浜》片段助兴呢！

那时候，顾宝玉的音乐天赋早已得到上上下下的认可。

1975年，中央纪录片厂来到白茆录制白茆山歌，其中必须唱一首白茆山歌，找了一个较为有名的歌手前去录制，可这位歌手可能由于心情紧张放不开嗓子，唱了10多遍都没有通过。怎么办呢？有人想到了顾宝玉。

顾宝玉（后排中）于1974年南京会演期间和歌手留影

那时候的顾宝玉，工作重点已在繁忙的工业经济上，唱山歌已无暇顾及。他经有关人士再三动员来到摄制现场，在录制人员面前张口就唱。刚唱毕，录制人员就十分欣喜地说："好，好嗓子！就这样。"没有重复演唱一下就通过了，陪同在场的白茆镇领导好不高兴。

还有一次，顾宝玉也是让公社领导"逼"着去的。那是 1974 年，江苏省文化厅在全省举行独唱、重唱、独奏调演，省厅领导指定两名优秀的白茆山歌手参赛。这次大规模的调演，全省顶级的名角、高手都去献演，能去这种高级别的调演会上演出，不仅是一次极好的交流学习机会，更是一次展示白茆山歌魅力的最佳场所。能选派谁去呢？乡领导再三权衡，觉得还是派最有实力的顾宝玉和姚妙琴两人去比较稳妥。顾宝玉当时正在村里建厂，厂里的事千头万绪，如何能走开呢？可领导再三发话，不去也得去，这是政治任务！没有办法，他还是去了。在没有很好练习的情况下，他和姚妙琴来到南京，在调演会上放歌《首首山歌党教我》，竟获得满堂彩，为乡政府捧回了一个优秀表演奖的奖杯，乡领导表扬他们为白茆山歌争光添彩。后来，姚妙琴这位青年女歌手去南京艺术学院进修，毕业后在常熟市中学当音乐教师，终身从事音乐事业。

顾宝玉平生有两大喜爱，一是唱歌，二是建筑。对于唱歌，上述文字已对他作了较为详尽介绍，他既识谱、善歌唱，又爱好文学，作词填词不在话下，如果他从事音乐这一行业，说不定是第二个蒋大为呢！对于建筑，也许是来自祖辈父辈的基因，他从小就十分喜好，如果从事这一行当，也许他早就是一位闻名遐迩的建筑工程师了。

# 9. 上 进 青 年

20世纪四五十年代以后出生的人，都经历了中国特有的"学雷锋"运动。

雷锋，这位家喻户晓的中国军人，中华人民共和国成立前是一名孤儿，他在党和政府的关怀下入学读书。参加工作后多次当选为劳动模范。1960 年参军，在两年多的时间里立功三次，还被评为模范共青团员和节约标兵。1962 年 8 月 15 日因公殉职。1963 年年初，他的优秀事迹被公开报道。

1963 年 3 月 5 日，《人民日报》《解放军报》《光明日报》《中国青年报》刊登了毛泽东主席的题词："向雷锋同志学习"，从此，学习雷锋的活动在全国展开"向雷锋同志学习"逐渐成为树立社会主义新风尚的动员口号。

雷锋的一生虽然没有创造惊天动地的英雄伟绩，但他把自己生命的每一分热、每一分光都无私地奉献给人民，以对人民的真诚与火热的赤子之心，自觉地把有限的生命投入到无限的为人民服务之中去的实际行动，谱写了壮丽而辉煌的人生乐章。其时的人们心无杂念，经过"学雷锋"的洗礼，社会风气大为好转，真有夜不闭、路不拾遗的情景，男男女女，老老少少争着做好事，而且做好事不留名，争当无名英雄。积极争取上进的顾宝玉当然不例外，抢着做各种脏活儿累活儿，抢着为集体、为老人、为困难群众做义工，每年都被评为先进青年积极分子和先进共青团干部。

记得那是夏收夏种的大忙时节，那天顾宝玉大约凌晨三时就起床了，在朦胧的夜色中拿了一把镰刀来到村头的麦田割麦，不想走到田头，听到"嗖嗖嗖"的割麦子声音，走近一看，原来是姐姐顾大保，她已经割了一大片了。

"姐姐，怎么是你呀？你啥时候来的？"顾宝玉压低声音说。

"我，刚来……别说话，我们一起割。"

顾宝玉不说话了，跟着姐姐挥舞镰刀干了起来。

不一会儿，又有人来了：二人、三人、五人……来者也不问谁在这里，一走进麦田就只管默默地割麦。顾宝玉他们也不问后来者是谁，心中想的是尽快把这片麦子割完。直到东方出现鱼肚白时，三亩多的一块麦田全部被割完了，这时有人说："我们快走吧，不走的话要被人发现的。"大家才擦擦额上的汗水，带着笑容离去。

顾宝玉和姐姐回到家后，抓紧时间磨镰刀。他俩刚把两把镰刀磨好，生产队长的叫子声响了，他在催促全队社员出早工了。顾宝玉和姐姐跟着大伙又一起来到刚才他们收割的麦田。大家惊讶万分：这里的麦子全部倒地，已不需要他们动手了呀！队长问："是谁做的好事？"

大伙你看看我，我看看你，个个都说："没有呀，没有呀！"

他们就是这样，做好事不留名，默默地做"活雷锋"。

顾宝玉白天劳动后，每个晚上都在夜校里带领团员青年开展各种活动。

有时白茆集镇上放电影，他去看了电影、听到了电影插曲后，就千方百计寻找电影插曲的歌词和歌谱，实在弄不到就请民建小学的老师帮忙购买。有了歌谱，顾宝玉在工余时间刻钢板，用油墨印刷歌曲，然后在夜校里教大家一起唱。小学里的老师也佩服顾宝玉，他真有能耐呀！往往电影放映后一周内，夜校里的学员就会唱电影中的插曲了，真是了不起呀！那个年代，农村文化生活十分单调，唱歌几乎成了年轻人业余文化生活的全部内容。

白茆公社团委积极配合党的中心工作，开展各项工作。如组织青年突击队、学习农业技术、组建义务消防队、慰问贫下中农等，经常召开共青团干部会议。顾宝玉是团委委员，带头参加各项活动，带头贯彻执行公社团委下达的任务。有一次，乡里召开青年大会，宣传雷锋的事迹。当时有个歌曲叫《学习雷锋好榜样》。会前，团委书记叫顾宝玉在台上教唱，可他刚刚拿到歌谱，自己还不会唱呢！顾宝玉只好唱一句谱，再唱一句歌词，自己会唱了，再领着大家一起唱，几遍后在场所有人基本上都能唱了。

1964年冬季征兵工作开始，顾宝玉刚满十九虚岁，是当兵头年的年龄，顾宝玉积极报名应征，写了决心书，还上台在青年大会上表决心。他从小就对解放军充满向往、崇拜，黄继光、邱少云、雷锋、欧阳海是他心中的偶像。他的思想非常单纯，当兵就是为了锻炼和提高自己，为了紧握钢枪保卫伟大祖国，并没有太多的想法。一心想穿上军装来到解放军这座大学校去摔打、锤炼。然而天不遂人意，经过政审挑选后，他乘坐大半天的轮船来到常熟老党校进行体格检查，说他有血吸虫病。在此前，他的父亲也觉得宝玉身体棒棒的，思想又积极进步，肯定能去当兵。

体检的结论给了父子俩当头一棒。血吸虫病，这是一个不轻的病种呀！

血吸虫病又称"膨胀病"，患上它：膨胀、肌黄、乏力、消瘦。中华人民共和国建立前，血吸虫病在常熟低洼地区十分猖獗，流行着这样的谚语："头像丝瓜黄阴阴，十有八九血吸虫病，无钱请医听天命，病死无棺门板钉。"在白茆乡唐家坝，曾出现"人死无人抬，田荒无人种"，人亡户绝、断墙残垣的凄凉景象。这个自然村原有45户63人，到解放时只剩下6个男劳动力，"死白唐家坝"一语由此而来。中华人民共和国成立后，各地都大张旗鼓地开展灭钉螺运动，动用大量的人力物力全面防治血吸虫病，直到20世纪80年代中期，常熟地区包括白茆乡，血吸虫病才得到有效控制。

顾宝玉被接收部队退了回来，可他不甘心，立即去医院进行治疗，准备第二年征兵时再报名参军，可是体检下来还是不合格，他才放弃了进入中国人民解放军这座大学校学习的愿望。这件事，成了顾宝玉一辈子的遗憾。

参军没希望了，就当个合格的优秀的民兵吧！

1965年年底，顾宝玉被任命为大队民兵营副教导员，大队团支部副书记。教导员由大队党支部书记兼任。他和部队解放军战士一样，早上跑步出操，进行刺杀、射击等课目训练，也算圆了自己的参军梦。

1963年至1966年，中共中央在全国城乡开展的社会主义教育运动。运动刚开始时在农村中是"清工分，清账目，清仓库和清财物"，后期在城乡中表现为"清思想、清政治、清组织和清经济"这就是"四清"运动。它的全称叫"社会主义教育运动"，简称"社教"，

常熟的"社教"是从1965年2月开始的。从部队、地方抽调一批干部组成工作队进驻到各个乡村，社教工作总团设在县城，社教工作分团设在公社，社教工作队驻在大队部，分若干小组到各生产队，这些工作队员和社员同吃同住同劳动。

白茆公社二大队进驻的工作队是空军杭州部队，队员都是解放军军官。顾宝玉家住进一个胖胖的大军官，叫许杰，50多岁的年纪，个子不高，但很有文化气质，大家都叫他许同志。一看就是一个大军官，多大的官？大家都不敢问。后来，有一次社教工作总团从县里打电话到白茆二大队，说通知14级以上的干部去开会，让许杰参加，这个消息传出来，才知道许同志至少是个14级干部。天哪！那就至少是个副师级、副厅级干部，比常熟的县长还要大，大家不禁惊呆了。

许杰和其他几位社教工作队的队员一起来到山泾村，前后大约一年时间。他和顾宝玉一家人同吃同住，还和顾宝玉住在一起，待人随和。

许杰官大，水平也高，别看他平时语言不多，但组织社员学习毛主席著作，传达贯彻上级精神，宣传学习上级文件，一口标准流利的普通话，讲起话来一套又一套的，让踏上社会不久的青年顾宝玉很是佩服、崇拜。

许同志平时学习非常认真，睡觉前总要看书，不仅看毛主席的选集，还看军事、哲学、社会科学等书籍，所以，他知识丰富。

一次，在晚上睡觉前，许杰问顾宝玉："小顾，你读了多少书？"

顾宝玉回答说："我没读多少书，只是农中毕业。我很喜欢读书，但一直没有机会……"

"一个人在学校读书是有限的，重要的是在平时，要利用一切可以利用的时间读书，法国著名的思想家、文学家伏尔泰说过，读书使人心明眼亮。读书能使人聪明，你要多读书，读好书。"

"好呀，我向你学习。"顾宝玉说。

经过较长时间的接触，许杰发现顾宝玉聪明能干，很有上进心，是个可培养的对象。然而他的家庭成分是中农，其时对家庭出身相当看重，重用贫农、下中农。再加上顾宝玉父亲平时说话爽直，得罪了一些人，因此在选择培养对象上，工作队内部有些人和许杰产生了分歧。可许杰说，中农也是团结对象，况且我们不能唯阶级论，应该重在表现。许杰在工作队中也算是一位领导，再加上他的资历，在工作队员中很有威望，他说的话是有分量的。

那是一个雨天，大家都闲在家里，许杰对顾宝玉说："我是个共产党员，而且已有 20 多年的党龄了。你也应该用更高的标准要求自己，确立全心全意为人民服务的志向，要在思想上、政治上更严格地要求自己，争取早日加入中国共产党。"

顾宝玉当时就想，在我面前的是一位老革命，在抗战时期就参加革命了，很了不起呀！我离党员的要求太远了，恐怕还是要抓紧学习，在工作中好好地锻炼自己。于是，对许杰说："我，加入中国共产党，行吗？"

"你现在是大队团支部副书记，青年工作干得很好呀！党员嘛，重要的是在思想上积极争取，在实践中高标准严要求……"

在许杰的启发下，顾宝玉开始思考他的入党问题了。后来，他用了三个晚上的时间写成了一份《入党申请书》。他在申请书中这样写道：

亲爱的党组织，我祖辈都是目不识丁的农民，我是一个农民的儿子，虽然出身于中农家庭，但在解放前过着极其贫困的生活。我亲眼目睹了中国共产党为劳苦大众所做的一切"中国共产党是中国工人阶级的先锋队，是中国各族人民利益的忠实代表，是中国社会主义事业的领导核心。没有共产党就没有新中国，没有共产党就没有我们当今的建设成就"我深深认识到，只有团结在党的周围，在党的各项方针政策指导下，进行社会主义建设，才能摆脱贫穷，走上富裕的康庄大道，将我们的祖国建设得一繁荣昌盛。

我坚决要求加入中国共产党。如果我有幸能成为一名党员，那将是我最大的荣幸，我将时刻牢记党员的责任，遵守党的纪律，严守党的秘密，认真履行党员的权利和义务，认真地学习毛主席著作，更加积极地参加社会主义教育运动，做好共青团工作，在农业生产和各项工作中起到带头作用，争取做一名合格的、优秀的共产党员。如果因为自己还存在某些不足暂时不能加入到党组织中来，我也不会气馁，我会更加严格要求自己。请党组织考验我吧！

那天，顾宝玉战战兢兢地把这份入党申请书交给许杰。许杰看了后赞许地说："写得不错呀，文字很好，情真意切，我马上交给工作队，我们会认真研究你的申请的。"说得顾宝玉脸都红了。

与顾家湾相邻的百步泾即第二生产队，有个漂亮的姑娘叫周妙芬。她从小聪颖能干，当年也在白茄农业中学读书，比顾宝玉低一届，学习成绩优秀，性格开朗，能唱能跳，是学校的活跃分子。在学校时，周妙芬就已经引起了顾宝玉的注意。农中解散后，两人回到各自的生产队参加集体生产劳动。周妙芬和顾宝玉一样，思想进步，干农活儿样样精通，不久加入共青团员，后又加入共产党，同样一起被公社团委评为"一级农业技术能手"和"先进共青团员"。由于都是青年积极分子，他俩接触的机会较多，相互间产生了感情。这件事不知怎的被许杰知道了，一天许杰找到周妙芬，对她说："听说你们在谈恋爱，这是正常的事，但谈恋爱不能影响工作，况且顾宝玉已被工作队确定为培养对象……"

看得出，许杰此举完全出于对顾宝玉的关爱，可他伤了周妙芬的心。

周妙芬知道自己的家庭是上中农成分，不属于团结的对象，是不是她和顾宝玉恋爱会影响顾宝玉的前途？她说："我们的恋爱不会影响工作，相反地会相互帮助，相互提高，促进各自的工作。如果我影响了顾宝玉，我可以退出……"

"不，不，我完全没有这个意思，我祝贺你们情投意合做一对革命伴侣。"

后来，周妙芬许杰找她的事告诉了顾宝玉，顾宝玉安慰她："他呀，绝不会干涉我们的事的。他是一个知识型的干部，思想开明，意识超前……"

周妙芬（前排左一）和她的姐妹们

1966年3月，由许杰做顾宝玉的入党考察人，顾宝玉光荣地加入了中国共产党，成为一名预备党员。

1966年11月，社教工作队撤离白茆。对于许同志的离去，顾宝玉是恋恋不舍的。临走时，许杰送给顾宝玉一本《毛泽东选集》，并对他说："你要好好学习毛主席的书，坚定地走自己的路。"这本书不同于后来出版的一至四卷《毛泽东选集》，是1948年5月由东北书店出版，25开精装本，共999页，非常厚重，其中有《湖南农民运动考察报告》长冈乡调查《统一战线中的独立自主问题》《新民主主义论》《中国革命与中国共产党》《论联合政府》《在延安文艺座谈会上的讲话》等著名文章。在当时这样一本宝书是非常珍贵的，顾宝玉爱不释手，一有空就读几页，视之为精神食。

后来，这位在顾宝玉心目中的"引路人"许杰，再也未回到过白茆，回到过山泾村，顾宝玉多次打听他，也曾试图寻找过他多次，都未获得结果。可他心中一直挂念着这位许同志，许杰临别时嘱咐他："好好学习毛主席的书，坚定地走自己的路"的话，经常回响在他的耳畔。

# 10．难忘岁月

顾宝玉和周妙芬是在 1970 年元旦结婚的，那时候提倡婚礼从简，男女双方只允许办三桌喜宴。顾宝玉和周妙芬都是青年积极分子，当然要带头遵守执行，而且顾宝玉是共产党员、青年干部，更要严格要求自己。结婚那天，顾宝玉连自己的两个阿姨都没有邀请前来喝喜酒。

第二天晚上，顾宝玉应邀到岳父家吃晚饭，岳父周元良邀请了他的小舅子，也就是周妙芬的娘舅陆恒一一起吃饭。也因为席位限制，这位老娘舅在外甥女结婚正日未被邀请，次日作为弥补被请来的。陆恒一是个祖传的老中医，在白茆医院工作，由于医术高明，深受群众欢迎，但他的家庭成分是地主。顾宝玉得知陆恒一也要前去吃饭，便有意回避，让岳父和陆恒一等吃罢席散后再姗姗而去，偷说自己工作忙一时走不开。他岳父当然知道女婿的用意，当面不便挑明，说没关系的，只是饭菜都凉了。

这样的处理，顾宝玉自认为比较妥当，但在第三天的大队党支部会议上，有人向顾宝玉提出严厉批评，说他未划清阶级路线，要做出深刻检查。

顾宝玉和周妙芬结婚第 15 天，接到公社人武部的通知，让他背了被子到常熟老党校参加县人武部组织的民兵教员训练班，时间半个月。来到人武部报到时，顾宝玉才知道原来是让他当民兵教员。训练班的训练学习相当紧张艰苦，除了学习军事理论外，还要进行各种军事课目的训练，摸爬打滚，真是"晴天一身汗，雨天一身水"。

顾宝玉在常熟受训回来后不久，公社人武部在白茆中学举办基干民兵训练班，让他给参训的基干民兵上课，带领大家进行军事训练。基干民兵相当于组织中的骨干、部队里的班长。那次训练班，集中了全公社上百名基干民兵。其时学校停课，空闲的白茆中学校舍便成了基干民兵集训的营地。

人武部给每个基干民兵发一枝三八枪或七九步枪，顾宝玉带着大家出操，喊口令，唱革命歌曲，在公路上跑步。训练项目有枪械拆装保养、队列、卧式站式瞄准、卧倒、匍匐前进等。在每一天紧张训练的休息时间，班排连之间进行拉歌比赛。晚上时间也都有安排，教唱革命歌曲、学习毛主席语录、上级文件等，一天时间安排得十分紧凑充实。顾宝玉严肃认真，用心教练，那严厉的神态，俨然是个部队教员。

半个多月的紧张训练结束后，大家回到各自的生产大队。由这些基干民兵作为骨干，白茆公社各个大队的民兵训练立即生机勃勃地开展了起来。大队民兵训练用的不是真枪，而是木头枪，虽然不脱产，但利用早上和夜晚时间训练都十分认真。公社人武部还适时地进行军事比武，比队列动作，比地形地物利用，比射击。进行大会操，看各民兵营操练动作是否到位整齐，口令是否准确有力响亮。由于事关各自的荣誉，大家都全力以赴，认真对待。

这年，县人武部又开展全县性的民兵干部军事集训，时任白茆公社人武部部长沈浩渊让顾宝玉带了几个大队民兵营长参加。那时候到常熟进行训练，各个公社不管离常熟城区路途多远，来回都是步行的，还背了被子，扛了枪支。县人武部给每个参训人员发集训教材，由专职教员上课。集训班结束那天，组织全体集训人员到风景秀丽的昆承湖畔打靶，集训人员将挖得很深的渠道作为战壕，射击的目标是用竹子制作的大弱子。那弱子用线牵着，放到高高的天空中随风飘荡，很难瞄准。十几个人编成一组，分别打一只大纸弱，随着教员一声口令，大家一起朝弱子放枪，然后由工作人员拿下弱子点弹洞，分出成绩的高下，中弹多的当然得到表扬。这是作为打飞机的一种训练，确实能提高训练的效果。

1970年9月，常熟在人民体育场成立武装民兵独立团，经过政治审查，挑选家庭出身好、政治过硬、思想进步、身体强壮的青年参加。白茆公社组成了一个武装民兵连，共180人，由顾宝玉当领队，从早晨出发，在沪宜公路上一路行走。到常熟约20公里，顾宝玉喊口令，领着大伙唱歌，全体武装民兵雄赳赳气昂昂，来到虞山脚下的人民体育场。

武装民兵独立团成立大会隆重而热烈，数千民兵秩序井然，排成一个个方阵席地而坐。偌大的体育场四周，巨幅语录牌林立，彩旗飘舞，"热烈祝贺常熟县武装民兵独立团胜利诞生"等醒目标语由数十个大红气球悬挂天空，高音喇叭不停地播放着《大海航行靠舵手》《我们走在大路上》等革命歌曲，让人激情澎湃，心头不禁涌动起一股当合格的武装民兵、担负起保家卫国重任的豪情。当穿着笔挺的军装、兼任武装民兵独立团第一书记的中共常熟县委书记汤西谷宣布武装民兵独立团成立时，全场锣鼓喧天，鞭炮齐鸣，"毛主席万岁！""中国共产党万岁！"的口号声震耳欲聋。

大会结束后，武装民兵独立团分成十几个营，由营长、教导员佩戴手枪走在前面，带领大伙浩浩荡荡地行走在常熟市区的大街上。顾宝玉作为所在连的领队当然不忘喊口令，由于他的嗓门洪亮，口令喊得响亮有力，大大提振了民兵们的士气，整个队伍雄壮威武，很有打仗的气势。从常熟北门大街到和平街、县南街，街道两旁站满了观看的人群。

那天，顾宝玉回到白茆，被发到一把冲锋枪。他把这把冲锋枪放在家里，天天擦拭，心爱至极。其时只发枪不发子弹，子弹由人武部保管。

一次，上级通知白茆武装民兵营守护沪宜公路边上的军用通讯电话线，每两根电话线杆派一个武装民兵荷枪实弹看守。一天晚上，四大队武装民兵连的缪恒兴在站岗值班时，一起站岗的民兵不知怎的手指头不知不觉扣了扳机，上了膛的子弹立即飞出去，把缪恒兴的一只脚打断了，造成残疾。后来，缪恒兴被作为工伤处理，被安排在地处白茆的常熟县第二机械厂做门卫工作。

山泾村老党员

看来荷枪实弹对缺少训练的民兵来说很有危险性，但在阶级斗争为纲的年代，为了防止所谓的阶级敌人破坏，对重点要害部门也派武装民兵保卫。在白茆镇上，信用合作社属于重点单位，于是公社人武部给他们发了一支"七九"步枪，上面有三角刺刀。那天晚上，夜很深了，信用社武装民兵顾小连背了枪走过白茆街头，来到河边墙角处，忽然发现旁边有团黑乎乎的东西，脚踢上去感觉软绵绵的，由于街上没有路灯，手头也没有手电，于是他认为是一只狗睡在那里。他嘴里嘀咕："棺材狗，给一刀你吃。"嘴上这么说着，手里的枪已刺了下去。

"阿哇，阿哇……"是人在叫，不是狗。顾小连顿时冷汗直冒，知道出事了。

原来是镇上的老汉潘兴兴，他喝醉了酒，迷迷糊糊地跌倒在沿河墙角边打瞌睡。顾小连连忙扶着他去白帝卫生院包扎。庆幸的是，刺刀只是刺在脚上，流了不少血，但没有生命危险。

"贼棺材，你怎么往我身上刺呢？"潘兴兴朝顾小连骂了一句当地的俗脏话。

"你睡觉怎么不睡家里，死到墙角边去睡的？我把你当成一条狗了。"顾小连也不客气地说。

两人平时是好朋友，半开玩笑对骂，恨不起来的。骂归骂，却悄悄地把事情处理好，讲定不对外张扬，因为说出去对双方都不利。然而纸包不住火，没有不透风的墙，这件事后来被传了出来。潘兴兴小名叫"烂番瓜"，人们说："这只烂番瓜，差一点真的被刺成烂番瓜了。"

# 创业篇 · 蓬勃岁月

创业是一种坚持、一种信念，一种生活方式的选择，是建设时期实现人生价值的最佳途径。

创业的核心是一个"创"字，它要求创业者拥有非凡的勇气和毅力；创业也要求创业者独具慧眼，敢于创新，敢为天下之先。

创业不仅仅是茶余饭后津津乐道的某某亿万富翁白手起家打天下或是某某青年创办高科技企业笑傲纳斯达克的故事，而且是付诸实践的艰苦行动。选择创业，就意味着你将绷紧整个人生的生活之弦，因为你的土地不允许杂草丛生，你的青春年华不允许虚度浪费，你的事业成绩单不允许平淡无光。

坚持创业，就决定了你将长途跋涉。沿途有美好的风景，却也有狂风暴雨，好运不会在人家等候的那个地方自然而来，必须有逢山过山、逢水过水的坚强意志。必须开动脑筋，运用科学和智慧，去撼动坚不可摧的堡垒，去跨越不可逾越的障碍。

创业，就是燃烧自己，照亮大家，光明社会。

## 11. 穷 则 思 变

如今的常熟是闻名天下的财政大县，经济综合实力稳居全国县市前列。具有权威性的《国民经济和社会发展统计公报》显示：2015年常熟市城镇人均收入50413元，农民人均收入25+11元，分别是全国平均水平的1.6倍和2.3倍。是改革开放的浩荡东风，吹醒了江南大地的山山水水，常熟人一改"温吞水"的习性，奋起出击，踏遍千山万水、吃尽千辛万苦、说尽千言万语、历经千难万险，努力发展经济，促使常熟这座江南古城领跑于中国小康富足的第一方阵，百万常熟人真正过上了"天堂"生活。

我们将镜头推前到 20 世纪中后期的 1970 年，就不难看到这里贫困落后的面貌。据《常熟市志》反映：全民职工人均年收入 513 元，集体职工人均年收入 388 元，农民人均年收入 96.2 元；农民们仍然住在草顶砖墙的平房里，极少数人还住夯土筑墙、毛竹为梁的茅草房。

常熟，农业人均土地不足一亩，僧多粥少是一个不争的现实。农民年复一年在巴掌大的田地里耕耘，就算你再有吃苦耐劳的精神也白搭。20 世纪 60 年代至 70 年代是"以粮为纲""阶级斗争为纲"路线执行得最坚决、最彻底的年代，单一经济再加上"左"的思想泛滥，严重阻碍了经济的发展，农民们苦不堪言，如果遇上自然灾害，更是民不聊生。集体经济一穷二白，有的大队、生产队连买账本的钱都没有，更不要说购置农机具了。

其时的白茆二大队，农民人均年收入 100 元左右，一家几口扣除粮食、柴草等支出，到年终分红所剩无几。顾宝玉家五口人：父亲、母亲、弟弟、妹妹和顾宝玉，他姐姐顾大保已出嫁，哥哥顾雪昌已分家，顾宝玉是家里的主要劳动力。一年起早摸黑做到头，全家年终分红不到 120 元。全大队 400 多户人家，三分之一的农户透支，非但分不到一分钱，反而还欠上一笔债呢！农民的居住情况更是不佳，村里除了老中医江育仁等几家是瓦房外，其余都是草房，李金林、顾永福等十多户人家还是"稻草盖顶、泥土筑墙、毛竹为梁"的风雨飘摇的破旧危房。全大队 30 岁左右未娶到老婆的大龄男青年有 50 多个，哪个姑娘肯嫁到这个苦字当家的"光棍村"呢？

毛主席老人家说"穷则思变"，贫穷也许是一种财富，贫穷迫使你低调处事，促使你拥有比常人更谦逊的态度，催生你"痛改前非"的决心。不是有一个破釜沉舟的典故吗？好多事都是逼出来的，人到了没有退缩的境地就会绝地反击，产生一种无畏的莫大力量。

那时候的常熟人，开始学做"五匠"，即：裁缝、木匠、漆匠、泥瓦匠、竹匠。也有人外出换糖、捡破烂、搞副业、经商"跑单帮"。为了摆脱贫困，不少地方跃跃欲试，办起了小五金，修理农机具，买了小钢磨，进行饲料加工。

白茆公社二大队当时有个突出的问题，那就是各家各户房屋破旧状况十分严重，由于年久失修，墙塌屋漏的农户不在少数。有的人家儿子要结婚了，必须翻建新房，可买不到砖瓦，买建筑材料的申请报告在公社办公室排成了长队，不知要等到猴年马月，用当地乡村的一句谚语说："老太婆死掉大女儿——无望。"有的人家眼看自家的房屋快要倒塌了，便到河塘里扒乱砖修墙。

解决农民造房用砖，到了迫在眉睫的地步。

这天，大队党支部召开会议专门讨论社员修房的事。可讨论了半天都未想出一个绝佳办法，不知谁蹦出一句话："除非自己建土窑烧砖瓦。"

这句话让在场所有人眼前为之一亮。时任大队团支部副书记、民兵营副教导员的顾宝玉立即表态："这是一个解决群众翻修房屋当务之急的好办法，毛主席说过，自力更生，丰衣足食，还是我们自己动手从根本上解决问题，搞得好不仅能解决社员的房屋翻修，还能增加大队的集体收入。"

然而，顾宝玉的话音刚落，马上有人提出异议："办窑厂是计划外的事，会被上面视为是走资本主义道路而制止的，到头来羊肉未吃到，却惹了一身骚。"

"是呀，现在形势这么吃紧，办窑厂风险很大呀！"有人附和。

"风险肯定是有的，但如果缩手缩脚，我们就啥事也做不成了。"顾宝玉坚持自己的主张。

"顾宝玉说得对，现在我们为全大队的社员办事，即使犯错误也心安理得。我们不能大张旗鼓办窑厂，可以悄悄地干，等到上面发现我们时，我们的砖窑可能已经建成了，那时候木已成舟，他们也奈何我们不得，最多是把我的职撤了。你们只管干，责任由我来担。"大队党支部书记顾根兴说。

顾根兴书记的话，坚定了大家的信心。

"这件事有一定风险，我同意顾书记的意见，悄悄地干。我看，将砖窑建在山泾塘边的转河口角上，这样运输较为方便。但重要的是得请到有技术的师傅，这盘窑和烧窑的技术性很强的。"大队长谭三说。

顾根兴说："我看行，将砖窑建在转河口，至于请师傅盘窑和烧窑的具体事务，由顾宝玉负责，你们看行吗？"

　　"行，行，让宝玉具体负责，我们放心。"谭三和与会的大队会计顾浩、团书记徐兴保、妇女大队长徐静华、民兵营长徐根元等大队正副职干部，都表示赞同。

　　建土窑烧砖瓦，对于白茆二大队1600多名农民来说，是一件惊天动地的大事，是一项决定全大队农民未来命运的重大决策，因为这里的村民从来都把希望寄托在田地上，从未办过任何企业，可大队领导班子却将这副重担扛在一个年仅20多岁的年轻人肩上。

　　也许初生牛犊不怕虎，顾宝玉欣然说："既然大家信任我，我一定全力以赴，争取早日建成我们大队的土窑，烧出合格的砖瓦来！"

　　顾宝玉深感责任重大，在接下来的几天里，他将工作重点放在聘请师傅上。王庄、练塘、冶塘是常熟最早建窑烧砖的几个乡镇，经人推荐，顾宝玉从冶塘公社请到了一个姓王的师傅。顾宝玉马上和顾根兴书记、谭三大队长商量，从各个生产队抽了十多名身强力壮的男劳动力前来挑泥。这样，建窑的队伍拉起来了。

山泾村的土窑

　　建土窑要有较高的技术，王师傅亲自动手，叫来了几个泥瓦匠做帮手，经过一段时间的紧张忙碌，一个圆形建筑成形了。圆形建筑外部留有拱形门洞，并矗立起一个不高不矮的烟囱。顾宝玉和大家一起，用泥土把土窑堆起来，并建有台阶踏步，供人挑水上顶灌窑走动。这圆形建筑看上去就像一座城堡，给人以厚重、雄浑的感觉。它又像一个母体的子宫，一种孕育新生命的希望在山泾村村民中油然而生。

土窑建成后，将土窑冠名为"白茆公社第二生产大队为民窑厂"，大队党支部任命顾宝玉为"为民窑厂"厂长。这一天，历史的指针指在1968年10月18日上，是顾宝玉正式将为全村谋利益的担子挑上肩的第一天。

烧砖需要技术师傅做指导，顾宝玉通过多种渠道，从冶塘公社大河大队请来了一位名叫徐祖祖的烧砖师傅。烧砖是一门技术活，从砖坯装窑，到点火烧窑，再到封窑，共有二十多道工序，每道工序都马虎不得，如果技术不到位，烧出来的砖头定是生砖，不能用于建筑，会造成极大浪费。

徐祖祖师傅被请过来后，马上确定土窑烧制八五青砖。"八五砖"是建筑常规用砖，其时都是计划供应，一般家庭根本买不到。当时，给徐祖祖的月工资为30元，相当于一个农民的四五个月的收入，可见当时白茆二大队是下了大本钱的。大队从生产队抽调了龚元元、马永祥二人跟着徐师傅学技术，顾宝玉也用心地向他请教，不久他们掌握了不少相关技术知识。如砖坯装窑，那是一项技术含量较高的活儿，像为民窑厂的土窑，每一窑装10万块砖坯，窑的中间装成一条火弄，砖坯不能高低不平，不能在燃烧时塌窑，还必须留有火洞，促使火势畅通循环。

有话说，"世上三样苦：打铁、做窑、磨豆腐"。烧土窑是项艰苦工作，用脚拌泥，用手甩砖坯，都是拼体力的重活儿。夏天在密不透风的窑内装砖，光了上身还是汗流浃背。窑内出砖时，窑中的温度高达50多摄氏度，里面满是灰尘，身为厂长的顾宝玉总是第一个冲进去，爬到温度最高的最上面搬砖，干不了两分钟汗水会像雨水一样从头上淌到脚背。待到钻出窑门，满脸乌黑溜秋，只能看到两只转悠的眼睛。

窑内的砖坯装满并做好火弄、留下火洞后立即点火烧窑。干燥的柴火在火舌的舔舐下很快形成蓬勃之势，由风的助推，火势向窑的胸膛呼啸而去，窑内顿时热焰腾腾，火浪翻滚，通红一片，那些被烈火燃烧着的砖块，流光溢彩，通体透亮。

烧窑极有讲究，首先是煨窑：用稻柴放在里面慢慢地烧三天，用的不是太强烈的火力，慢慢地把砖坯里面的水分烘干；三天后加大火力烧两天，把里面的砖坯烧得通红，而且必须整窑砖坯都是一样通红；紧接着千万不能马虎，必须用上好的燃料再加紧燃烧，加大温度烧两天。为了保证质量，可用铁爪把窑门口的几块活络砖勾出来做实验，放在河里浸泡几十分钟再敲断，如果发现里面全是黑的，说明砖头已烧熟了，就可合口。合口后再烧一天，就可封窑了。这时候，可以到砖窑上面的烟囱往里面看，当砖被烧熟时，即使是一条小缝，火也往上面窜，这证明窑砖熟了，可以封窑上水。这技术，是凭积累的经验和眼光来掌握的。

封窑，是把窑口用砖与泥封住，不让它出气，把砖闷在里面，然后就在窑顶上慢慢放水下去。窑顶上有一米左右的圆洞，因土窑是圆形的，装窑和出窑时，人可通过圆洞在窑顶上进出。砖坯装满砖窑后，就把圆洞封掉，土窑里面的砖头烧熟后，再在窑顶上做成一个三米直径的小水池，然后用粪桶从河里把水挑到窑顶，倒在水池里。因水池有泥，要用铁钎打眼，让水慢慢地往下滴漏，先是慢放水，中段时间要快一些，到后来再慢下来，按规定的水量放下去。放水的速度太快了窑中的砖会变成水波砖，不坚固；太慢了那砖要变成夹生黑砖，中间带黄不值钱，又不坚硬。

上面这些知识和经验，是顾宝玉从徐师傅那里学来的。顾宝玉给工人安排好上班时间，每6小时换一班人，两人一档，车轮作战。

从窑顶上灌水是一件不轻松的活计，必须连续三天三夜不停地灌，每一小时挑20担水。挑着100百多斤重的两大桶水，踩着又高又陡的踏步拾级而上，从河里爬到40来米高的窑顶，一担接着一担，再壮实力大的汉子也会气喘吁吁，就是铁打的筋骨也会被磨损。窑厂的工人都是生产队派出的，不少人难于承受这样沉重的体力活儿。年轻的顾宝玉挺身而出，况且他是一厂之长，他不干谁干？一天下来，干得腰酸背痛难于站立。

也许有人会问，他们为什么要用人工肩挑？不用电动机水泵把水抽上去呢？要知道，20世纪60年代，农村电力奇缺，供电极不正常，农忙时只有几天时间保证通电的，主要供电给生产队脱粒，其他时间根本没有电，国家基本不供应农村生活用电和工业用电，就算农忙期间有限的几天供电，也经常被拉闸，一会儿有电，一会儿没电，弄得人无所适从。那时候顾宝玉等在夜校里开展活动，用的是煤油灯，场子大一点儿时用汽油灯。

为民窑厂用的砖坯是向王庄、冶塘的乡村购买的，那里泥质好，而且他们历代有烧砖的传统，制作的砖坯质量高。起初各家各户做砖坯，后来是生产队集体组织制作，砖坯晒干后用船运过来。当然，双方预先有合约，一般每船 3000 块砖坯，每块重量约四斤，三十多船烧一窑。

那年代搞阶级斗争，把几个"专政对象"叫到窑上劳动。装窑阶段，砖坯船大多于下午到达白苭为民窑厂，船一到都急着卸砖坯，否则要算船搁费。顾宝玉让两个"专政对象"在船上装担，另外两个"专政对象"在岸上卸担，而他在中间挑担。每担 50 块砖坯，足有 200 斤。因为几个"专政对象"都年老体弱，顾宝玉怎么忍心让老者干这些重活儿，也干不动挑砖这一重活儿！他们虽然头上戴着"地、富、反、坏"的帽子，但他们也是人。一船砖坯 3000 块，50 块一担就要挑 60 担，顾宝玉夏天干得汗流浃背，冬天干得脱剩一件衬衫，都会干到傍晚才能完成。要是来了两条船，那就是两组人马一起干，顾宝玉不会缺席。

"我是厂长，做厂长就是带头干！"这是顾宝玉的信念。

从装窑、烧窑、冷窑、出窑，顾宝玉精打细算，抓紧时间尽量多烧砖，差不多一个月烧一窑砖。后来又请了技术师傅做小瓦，因为这一带盖房，屋面都盖小瓦，用小瓦做屋顶，这房子就变得精致、雅观，颇具江南特色，非常漂亮。特别是哪户人家的儿子结婚有新造的小瓦屋，那就非常光彩的，

窑厂砖场

体现出是有钱人家。

每个月能烧出 10 万块"八五砖"，一年就是 120 万块砖，这是一个巨大的数字了。当时一家农户建造 5 间普通平房，都是"一侧一扁"不砌实墙，一般用砖在 6 万块左右。为民窑厂一年生产的八五砖，可为农户建造 20 栋住房。

为民窑厂是名副其实的"为民"。窑厂生产的砖瓦统一由大队供应，其中军属和困难户优先。大多数农民是用稻柴来调换砖头的，也有的用棉花棋、菜棋来调换砖头和小瓦，不用付现钱，有一年还免费供应给军属。窑厂为改变山泾村贫穷落后面貌起到了很大的作用，一批农家为此将草房翻建成瓦房。

与此同时，大队的集体经济也有了积累，购买第一台手扶拖拉机的两千多元钱，就是由窑厂提供的。1969 年，大队请来王市建筑公司工程队，建造起建筑面积约 380 平方米的一座礼堂。在建造大礼堂时，惊动了常熟县委领导，宫本阶副书记特地来到二大队，说你们是没经批准搞计划外建设，要求停建，后来再三说明情况，补办手续后才得于续建。

1969 年 9 月 15 日，《人民日报》转载《红旗》杂志的文章说："要把一斤粮食、一把竹笋、一个鸡蛋，买给谁，买什么价，都要提到走什么道路的高度来认识。""在集体的土地上种什么，不是简单地落落种的问题，这是贯彻社会主义与资本主义两种经营方针的斗争。"文章把农村多种经营视为资本主义自由经营，把农民拿到集市上出售的农副产品称为"修正主义"的货，把农民"少留多分""多劳多得"的意见，视为拆集体经济的台，是走资本主义老路，更不允许私自办工业了。没多久，公社领导在大会上批评顾根兴，说："你们二大队办土窑烧砖，发展副业生产，是弃农经商，走资本主义道路。"要求回去立即关掉窑厂。

顾根兴只得点头说："我回去后一定按公社的意见办。"

实际上，顾根兴回来后，窑厂没有停掉，而是烧了停，停了又烧，偷偷摸摸地干。到 1972 年的 4 月，上面盯得紧，实在顶不住了，才彻底关掉，并把整个土窑也拆掉了。

当了 4 年为民窑厂厂长的顾宝玉随之失去了厂长的头衔，可他为全村村民谋利益的雄心未泯，办工业的壮志未移。他在办窑厂的 4 年中，拿了窑厂的工资，回到生产队记工分。生产队给他的分配和大队补贴加在一起，一年不到250元。但为了集体的事业，他心里很踏实、很开心。他实践中深深体会到工业经济对于扶持农业，壮大集体经济的重要作用。要改变一个乡村的贫穷落后面貌，如果没有工业的发展，仅仅依靠单一农业经济，致富农民是不可能的事。

自二大队的为民窑厂被拆除后，顾宝玉重回生产队，仍然干起了开船、积肥等活计。在一次民兵训练中，顾宝玉突然发现自己咳嗽吐痰时带有血迹，知道自己劳累过度生病了，经过医生多次检查，最后确诊患了肺结核病。

他呀，是个拼命三郎，虽然担任厂长，可重活儿累活儿都抢着干、带头干。回到生产队后，不管什么活计都是冲在前头，身有力气300斤，绝不会只使299斤，铁打的机器也会受损停车呢！

这时候，顾宝玉的爱人、父母、哥哥、姐姐不让他外出奔波拼命了，让他待在家中接受治疗，平时吃药、打针、休息，即便偶然干活儿，生产队也给予照顾，不干重活儿，只能做一些轻微的劳动。

这一时期，是顾宝玉难得的休整期，也是他对以往工作生活的反思期。

# 12. 副业寻梦

20世纪60年代末，在"农业学大寨"的号召鼓舞下，为了解决粮食的严重短缺，地处江南的苏州地区常熟、江阴、无锡、昆山、太仓、沙洲等广大农村，在全国率先实行"双三制"。所谓"双三制"，就是把过去一年种一季水稻田改成种双季稻，原来一年种一熟小麦和一熟水稻的"双熟制"，成了一年种一熟小麦和两熟水稻的"双三制"有人将种第二季的双季稻冠以"革命稻""方向稻"的美名。然而，一年四季还是365天，农民们种的土地还是几块薄地，天上还是那个东出西落的太阳，却要多插播整整一熟稻，天下哪有这样便宜的事？可是，你抵制、反对"革命稻""方向稻"就是反革命，政治帽子大得吓死人。

于是，在大伏天本来是农民们"遮着斗笠怕日照，乘着风凉看稻长"的农闲季节，现在变成了头季稻收割，两季稻插秧的最忙时节。为了赶时间，每个生产大队都要"喇叭挂田头、广播通床头"，时常通过喇叭广播紧急通知，让大家天不亮就起床，做到天黑还不想收工。不管男女老少，老弱病残，都得赶到田块里参加抢种。头顶炎炎烈日，脚踩发烫的土地。那时候，室外气温达四五十摄氏度，不是一整天脸朝黄土背向天，烫手烫脚在水稻田里插秧，就是一整天站在打谷场上脱粒。夜不能纳凉，一块块水牛耕翻或人工盆翻的地需要平整耙躺；晨不能入眠，一垄垄稻秧必须预先拔好。如此高强度的连轴转，铁打的人也支撑不住。因此，"双季稻"被人称为热煞、忙煞、苦煞的"三煞稻"。那时，为"三煞稻"丧命的年老体弱多病者为数不少。

种植双季稻付出如此高代价却没有得到相应的回报，由于日照时间太短，这两熟水稻到头来将打下的谷子那么一上秤，却眼巴巴地不是与过去传统的单季稻产量打个平手，就是亩产最多也不超过百把十斤。而且，优质土壤迅速退化，农业成本火箭式上扬，这不是劳民伤财是？

其时，白茆二大队第三生产队全体干群处在高度的迷茫之中。这种"三三得九"的种植法，听起来很革命，实际上并不能为广大农村所实用，"二五得十"的种植法加上争取提高单产才是科学的，且经得起历史考验的。

"不行，我们得从实际出发，不能在一棵树上吊死。"生产队队长顾苟苟涨红了脸说。他决心发展副业，增加集体收入。

这天，顾苟苟把病休在家的顾宝玉找来，说："宝玉，白茆供销社让各生产队种植蘑菇，这个玩意儿我见都没见过，不知行不行？"

"听说这蘑菇营养丰富，是一种高蛋白、低脂肪的营养保健食品。经常食用蘑菇能促进人体对其他食物营养的吸收。问题是眼下人们可能还未认识它，种植后能不能卖掉是最关键的问题。"

"供销社已和上海梅林食品公司订立了购销合同，上海梅林食品公司专门负责收购，收购后运到上海公司做成罐头食品出口国外，还说要创外蓬汇呢！"顾苟苟说。

"如果这样，就不愁销路了，我看行！"顾宝玉说。

"供销社已从上海请来了师傅，在公社办起技术培训班。我今天一是听听你的意见，二是如果你觉得种蘑菇可行的话，决定让你去参加培训，你看好不好？"

"好呀,这是队长在照顾我的身体,我哪有不服从的道理?"顾宝玉说。

"不不,去参加培训,就得保证把种植蘑菇那一套技术全部学回来,你不仅有文化,还能干,又是大队干部,你去我放心。你去学习培训的时候,我还要让你哥哥生产队仓库改造成蘑菇棚,我们双管齐下,到时候你培训回来,我再分配给你几个人,就可以干了。"顾苟苟认真地说。看得出,这位老队长待人忠厚,干事实在。

"好,我一定去,一定把技术知识学到手!"

那时候,白茆供销社在白茆医院附近办了一个菌种场,向本地提供生产蘑菇、平菇等菌种。为了在全公社扩大蘑菇种植,办了一个蘑菇培训班。上海师傅在供销社的蘑菇棚里现场指导,边做样子边授知识。顾宝玉注意观察,边干边记录,掌握了种植蘑菇技术的全过程。

培训班结束后,顾宝玉回到生产队后,首先观察仓库改造成的蘑菇房屋是否两面通风,走廊两面小窗户能否开关,必须保持空气湿度,并能使空气流通。然后着手培养料的配方。采用一定配比的稻草、尿素、菇乐素、过磷酸钙、石灰进行拌和,进行二次发酵。其时,生产队养有四头耕牛,为了达到一定温度,顾宝玉他们将牛粪和稻草等拌在一起让它自然腐烂发酵,通过几次翻拌后,让料成熟不再有臭味,便放到蘑菇房所搭好的一层一层架子上,然后进行消毒杀菌。

菌种播种采用二次撒播法,即先把菌种量的三分之二撒于料面,然后将菌种翻入料内,再把余下的三分之一菌种撒在料层表面,用木板轻轻拍平。播种后关紧门窗,温度高时适当通风。当菌丝基本长到料层底部时进行覆土,覆土材料用细泥、碧糠灰或河泥、著糠灰,用前喷甲醛消毒,水分掌握在捏得拢、撒得开。覆土厚度3厘米至4厘米,如果发现土层缝隙里有菌丝冒出时须补土。

覆土后约15天,菌丝开始扭结成原基,这时需要进行通风、喷水,让其健康生长。这时候,每天两次采摘成熟的蘑菇,打%次雾状水,使床面始终保持湿润状态,同时菇房(菇棚)内保持较高的空气湿度。一批蘑菇采摘结束后,必须控制病虫害,用敌杀死喷打床面,同时加大通风量,使水分不淤积于菇体而造成色变、烂斑。

种植蘑菇是知识密集和劳动密集相结合的产业,三分栽培七分管理,要用科学的态度来指导发展食用菌，没有成熟、过硬的技术，想达到理想的经济效益肯定不行。在种植、管理蘑菇的那些日子里，顾宝玉和两个老农基本上以蘑菇棚为家，日夜守护。他们不时地来回进行通风、喷水、采摘，然后把采摘下来的蘑菇分成等级，再挑着担子步行至白茆镇，将蘑菇卖给供销社收购站。一年下来，辛勤劳动换来了生产队三千多元的收入，虽然用现在的眼光看微不足道，但当时这些钱派上了购买化肥、农药等大用场。

一年后，也就是 1973 年春，顾宝玉的身体已有所好转，因他是大队副职干部，大队支部书记兼大队长顾根兴让他回到大队，兼管大队的副业生产。

其时，二大队有一个饲料加工场，里面仅是一台小钢磨，为农民养猪服务打柴糠和磨粉；一台东方红 28 型中型拖拉机，农忙时装上犁头耕田，农闲时跑运输赚点钱。粮饲加工和运输都是自负盈亏，稍有盈余，大队给在职人员发工资，职工回队交钱记工分。

此外，二大队还有一个木匠副业队和一个裁缝组。

木匠副业队完全是松散性组织，队长戈永生是个老党员，百步泾人，从小学木匠，做过小社社长，后来当生产队队长。副业队中有 20 多个木匠，较为有名的是李泾的高家木匠、水管浜的张家木匠、横塘的姚家木匠等。他们外出揽活儿，交钱记工分，大队只是按照上级要求，在适当时候和他们开开会，交流交流思想。

裁缝组就是如今闻名遐迩的波司登集团公司的前身。当年，裁缝组在老中医江育仁家的天井里搭了一个简易棚，共 11 名员工，十台缝纫机。李泾村高家占了 3 人：高德康和父亲高小龙，还有他的大姐高保和，此外还有百步泾的周根寿等。初时高小龙当组长，高德康为副组长，不久，由于高德康才干出众，又有文化，大队党支部让高德康替代父亲升任为组长。

缝纫组的主要任务是为本村和四乡百姓来料加工各式服装，自负盈亏，到年定额上交管理费。后来，高德康到上海开辟市场，经过艰难曲折裁缝组挂出了"山泾服装厂"的牌子，并和联谊服装厂联合生产"圣诞老人"羽绒服。再后来，山泾服装厂和上海天工羽绒服装厂合作生产"秀士登"，并在村里增挂"上海天工羽绒服装制品厂分厂"的厂牌。

以后，秀士登在高德康的经营下异军突起，显露了青年高德康的经营才能。

在为圣诞老人做加工时，高德康感觉到创品牌和培养品牌的艰难，在为秀士登贴牌过程上，他尝到了没有自主品牌的苦涩。1990年1月，高德康为企业注册了第一个品牌"波司登"。

波司登早期发展时，正是顾宝玉在大队分管副业的任期内。其时，顾宝玉已为大队创办呢绒厂，一天，上海天工服装厂业务员前来联系购买呢绒，顺便询问服装厂时，顾宝玉便把山泾服装厂介绍给了这位业务员，于是，山泾服装厂才和上海天工服装厂有了以后的合作联营。应该说，顾宝玉为波司登的发展起到了一定的作用。

20世纪70年代中期，也就是改革开放的前夜，苏南地区尤其是常熟的干部群众，经济观念已经开始转变，都在千方百计寻找发展集体经济的机会，白茆周边地区的农具、五金、机械、布厂、化工纷纷土法上马，呈现出一种蓄势待发的局面。山泾村的邻村上塘村张兴元也在酝酿办五金厂，分管副业的顾宝玉此时坐不住了，他觉得不能光守着村里现有的零星副业，必须走自主发展的道路，寻找副业发展的门路，才是壮大村级经济，致富集体的最佳路径呀！

一天，有人告诉顾宝玉，说在太仓直塘桥旁有一台钢丝车，为各家各户自留地里种的棉花轧棉条，用那棉条纺纱非常好纺，一根到头不断纱，而且质量好，周边乡村的农户都纷纷将在自留地里种的棉花拿去加工，生意十分兴旺。

其时，国家每人只发1.6丈布票，可农民一年四季要添衣服，尤其是男劳动力干挑担等苦力，身上的衣服容易被磨破，1.6丈布不够用，所以那几年乡村农民身上的衣服都是补了又补。有话说，"新三年，旧三年，缝缝补补又三年"这样的顺口溜说明了农民的艰苦朴素本质，更是说明了在那个物质资料极为匮乏的年代不得已而为之的事。更有笑话将日本产尿素的袋子做成飘飘裤，前面是"日本"，后面是"尿素"，让人看了真不是滋味。

直塘镇离白茆10公里左右，毗邻常熟支塘窑镇。据说宋景祐元年（1034）苏州知府范仲淹主持开浚七浦塘，经过直塘这一段无复曲折，便以"直塘"为地名。

顾宝玉得知直塘钢丝车一事后，马上派人前去打听，才知这台机器是太仓利泰纱厂淘汰下来的梳棉机，钢丝车是梳棉机的俗称。顾宝玉想，我们国营常熟棉纺织厂也有这些机器，何不前往联系呢？

顾宝玉说干就干，经过与国营常熟棉纺织厂联系，得知他们正好有一台梳棉机准备淘汰，但国棉厂提出了一个要求，必须用生铁调换，并且要有纺织工业局同意转让的介绍信。

看来国营厂的人比较精明，既不吃亏，又不想担责任。顾宝玉锲而不舍，通过多条渠道，找到了常熟市纺织工业局的一位领导。那位领导很爽快，马上提起大笔，在白茆二大队关于购置常熟国棉厂淘汰设备梳棉机的申请书上题"同意"两字，并签下大名。

办好了手续回来后，顾宝玉又让人到周围村庄收购生铁，破铁锅、废弃的镰刀、锄头样样要，5分6分钱一斤。半个月下来，两吨废生铁收满了，前后花去两千多元。之后，顾宝玉和人一起，开了机帆船去常熟国棉厂，终于把这台机器装了回来。国棉厂派出钢丝车平车队长朱兰宝等几个人来到白茆二大队帮助安装。

由于梳棉机的关键梳理部件锡林、道夫包的都是钢丝针布，所以中国人将它称为"钢丝车"。

朱来宝师傅等人白天忙于上班，只能等到下班后才能赶来帮助安装。顾宝玉他们高兴极了，因为大家都是第一回见到钢丝车，没有他们是完全不可能让它运转起来的。其时国棉厂的门卫非常严格，根本不让生人进去，顾宝玉进去办手续也只能由人领着走规定路线，不准到车间随便张望。厂里的工人从着装上一眼便能知道他们是乡下人，穿的都是土布衣，况且棉纺厂工人都穿工作服、戴工作帽。不像现在，城市与农村的人、本地人和外地人，穿着大同小异，粗看分不清其身份。

朱来宝他们抓紧时间安装，在白茆二大队安装了一个通宵，到第二天天亮时梳棉机转动了。顾宝玉自始至终陪着他们，希望能从中看出一点名堂来，日后如果在技术上出现小问题，也不需要请大师傅们大驾光临了。其实他哪里能看懂？平时与泥块打交道，现在一下子接触机器，熟悉的过程是不会太短的。

这台钢丝车一开车，生意果然兴隆，周围有棉花的人家都纷之沓来，时有排队等候的情况出现。按部就班不能满足客户的需要了，于是增开中、夜班，四个员工分两个班操作。顾宝玉请示大队书记和大队长后，将加工费定为每斤 0.16 元，比直塘低了 2 分，这样更加吸引了四乡人。一年下来，这台梳棉机对大队的副业收入贡献还真不小呢！

# 13．黄桥启迪

洋机器钢丝车是洋人发明出来的，与中华民族的老祖宗王道婆纺纱完全不一样。以前中国人弹棉花，用的是木棉弹弓。那是用竹片制成，四尺左右长，两头拿绳弦绷紧，用小木榔柱敲击绳弦，利用其弹性来弹皮棉。旧时农村有不少贫苦农民和工匠因生活所逼，整年在外地为人弹棉絮，俗称"弹棉郎"。

用钢丝车弹出来的棉花赶制成棉条后纺纱，它能去掉杂质和短绒，可在车肚里有一些短绒，这就是"车肚花"。顾宝玉听请来安装的朱来宝师傅说，这些车肚花可以利用起来进行纺纱。常熟何市、支塘、白茆一带有纺黄纱的习惯，就是用旧棉布衣服收购后，裁剪成小块，再用木棉弹弓反复打几次，弹成回纺棉花再纺纱，叫"回纺纱"，俗称"布开花"，做回纺布使用。其时市场上用回纺纱织成的回纺布非常畅销，因为这种布不受计划控制，购买无须布票。于是，顾宝玉决定充分利用这些资源，扩大经营门路，增加集体收入。

如何把车肚花纺成纱呢？顾宝玉将此情况向大队支部书记顾根兴汇报，顾根兴听了很感兴趣，说："将车肚花纺纱，很好呀，如果成功，就办成一个小纱厂了。宝玉，你很会动脑筋，你想想办法……"顾根兴说。

"好的，我和大伙商量商量。"顾宝玉见书记和自己的想法一致，劲头儿就来了。

不久，顾宝玉打听到苏北黄桥那里有简易的回纺纱设备，于是再向顾根兴汇报，顾根兴马上决定让顾宝玉和谢志华去苏北参观学习。因为谢志华是老三届高中生，插队在白茆二大队，办厂需要人才，需要文化，顾根兴深知此理。

1973 年春节过后不久，顾宝玉就和谢志华出发去黄桥。

过江的最佳路线是去沙洲十一坪港乘轮渡渡江，江阴长江大桥和苏通长江大桥分别是 1999 年 10 月 2008 年 6 月建成通车的，其时离常熟最近的渡口就是十一。了。他俩早上从白茆乘汽车到常熟，再从常熟购票乘车到沙洲十一坪港，由于到常熟购票耽搁了时间，公路的路况又不佳，汽车跑得很慢，抵达十一。港已是下午四点多，轮渡已经没有了。那时候这里一天只有两班轮船，过了班船，就只能眼望烟波浩淼长江水兴叹了。没办法，他俩只能在渡口附近找客栈住下，第二天乘轮渡过江。

顾宝玉和谢志华拿出介绍信入住江边一个小客栈。在滨江饭店用餐时，一个服务员对他俩说："两位同志，看你们打扮不是普通人，是干部吧？要不要尝一下我们这里正宗的朗鱼，那是明清时代的贡品，皇帝才有资格品尝的。"

对于朗鱼，顾宝玉听说过的，但没有尝过，它与河豚、刀鱼一起被称为"长江三鲜"，又被称"长江第一鲜"。听面前这位老板娘一说，他有些心动了：这次和谢志华第一次出门，如果纱厂成功，还要发挥他的才干呢！不如自己出钱，和他一起尝一尝"长江第一鲜"？

"鲥鱼多少钱一斤？"

"八块两角。"服务员回答。

"哟，这么贵？"顾宝玉不禁脱口而出。

那时候，一斤大米一角四分。统鲜猪肉七角六分一斤，菜油七角八分一斤，飞马牌香烟二角九分一包，棒冰两分钱一支，鲜鲢鱼三角六分一斤。难怪顾宝玉说朗鱼贵了，它是大米的 58 倍、猪肉、菜油的 11 倍、鲜鲢鱼的 22 倍。但以现在的眼光看，那时的鲥鱼太便宜了，到了 20 世纪 90 年代末，野生鲥鱼很难吃到，价格涨到每斤 2000 元至 3000 元，甚至 3000 元以上。记得当时常熟某机关有位干部喜欢写新闻，他不去调查却按照时令写了一篇假新闻，说常熟鲥鱼喜获丰收，刊登在《新华日报》上。这条上报的消息被江苏省委外事部门的人看到后，马上打电话到中共常熟市委，要求常熟提供 20 斤鲥鱼，说按市场价照付钞票。常熟市委的人回答说，我们这里没听说捕到鲥鱼呀！省委外事部门的人就不高兴了，还误认为常熟不愿意提供："新华日报都发表消息了，说你们渔业部鲥鱼喜获丰收，这还有假的吗？"

"这，这……"常熟市委的这位领导一时说不出话来。

是谁写的新闻呀？市委领导让人彻查。后来，写假新闻的人做出深刻检查，并在《新华日报》上检讨错误。这是发生在离顾宝玉首次渡江北上时20多年以后的事。40年后的今天，野生的鲥鱼已经很难吃到，每斤价格可能到8000元、9000元了。

饭店服务员对顾宝玉说："不贵，我们这里是最便宜的了，人家都卖八块五角呢！"

"好吧，给我俩上半斤鲥鱼，一盆蘑菇青菜，一盆番茄炒蛋，一盆花生米，还有两瓶黄酒。"顾宝玉狠狠心说，因为这顿饭将花去他差不多五分之一的月收入。

"宝玉，你……"谢志华有些惊讶。

"志华，我们难得去江北，你不用管，钱我来付。今天没有事，我们一起小酌。"

"我……不是这个意思，我是说你和我用不着这么客气，随意一点粗茶淡饭倒显得亲密无间。鲥鱼么，就不必了。"

"难得的呀，我也想尝尝鲜。"

一会儿，清蒸鲥鱼上桌了。顾宝玉满脸笑容，拿起筷子开心地说："来，志华，我们一起来尝尝，到底是什么滋味？"

"好，好。"谢志华说。

顾宝玉将一小块鱼鳞夹在嘴里，连连说："不错，不错。这鲥鱼真是鲜美无比，听说鳞下脂肪具有降低胆固醇的作用，对防止血管硬化、高血压和冠心病等很有益。明清朝代是贡品，很难吃到，有句俗语叫'乡下人吃鲥鱼，叫白想'，意思是说庄稼人吃不到，想也白想。"

"这味道真的不错，今天我俩已不是乡下人了，吃到鲥鱼了。"谢志华说完哈哈大笑。接着边吃边说："宋代大文学家苏轼为鲥鱼作过诗：'芽姜紫醋炙鲥鱼，雪碗擎来二尺余，尚有桃花春气在，此中风味胜莼鲈。'鲥鱼是鱼中上品，被称为'鱼中西施'，你看它箭头燕尾，银鳞闪烁，生得漂亮。这种在江海之间出没的鱼，每年春夏之交，樱桃红时，从大海中洄游到大江大河中产卵，产卵后又游回大海，来去定时，所以叫鲥鱼。"

"噢，鲥鱼鲥鱼，原来是定时回来的意思。看来这和做事一样，要守规矩呀！但我也知道，鲥鱼一旦离开属于自己的江海，绝不苟活，它像性情刚烈的绝色女子，不肯有一丝一毫的妥协。这是一种风骨，一种典雅清高的风骨。"

"说得好，做人做事就是要守规守信，要有顽强意志。"

"对，对，这就是'鲥鱼素质'。"

两人说说笑笑，举杯欢饮。这顿饭菜让顾宝玉十分难忘，至今还能说出当时的欢乐情景。

吃完晚饭回到客栈一夜无事。第二天一早，顾宝玉和谢志华乘上轮渡，横渡长江在苏北靖江渡口上岸。脚踏苏北平原大地，到何处去参观土纺纱的工厂呢？顾宝玉他们竟然不知所措。

渡口没有公共班车和出租车，只有载人的自行车，当地人叫二等车。顾宝玉走过去问二等车车主，哪里有纺纱的工厂？一位车主想了一想说，黄桥镇那里好像有。顾宝玉就对谢志华说，"我们乘坐自行车去吧"。于是，两人乘坐两辆自行车，一前一后直奔黄桥镇而去。

从靖江渡口到黄桥镇大约有30公里的路程，二等车车主是个热情开朗的中年汉子，一路上和顾宝玉聊开了。

这位车主告诉顾宝玉，黄桥建镇于北宋神宗元丰年间，是一座具有悠久历史的千年古镇和具有丰厚底蕴的文化名镇。它南濒长江，东连如皋，北接姜堰，是苏中、苏北地区通往苏南的重要门户，也是苏中苏北地区规模最大的集镇。在古代黄桥叫黑松林，又叫永丰里，由于有很多农民种植银杏树，不少企业生产小手琴，又称银杏之乡，提琴之乡。

"这里黄桥战役不是很有名的吗？"顾宝玉说。

"对呀，黄桥战役，又称黄桥大捷，是中国人民革命战争史上的著名战例。此次战役共歼灭敌军一万一千余人，成为解放军历史上以少胜多的著名战役。黄桥大捷后，苏北新四军与从山东南下的八路军黄克诚部会师于盐城，从而迎来了苏北抗战的新局面，为实现党中央提出的'向南巩固，向东作战，向北发展'的战略打下了坚实的基础。"车主说。

其实，黄桥战役，又称黄桥事件，发生战争有着极其复杂的原因，这位二等车车主恐怕难以讲清楚了。

顾宝玉说:"黄桥的黄桥烧饼,好像是由于黄桥战役而出名的。"

"是的,这里面有一个故事:黄桥战役打响后,新四军几天吃不上一顿饭。当地老百姓非常焦急,后来想出一个办法,用烧饼慰劳新四军。人们日夜赶做,有专人指导,开始小规模地做,后来推广开来,全镇的人都做起来。新四军吃了这种烧饼,浑身增添了力量,打仗打得非常起劲。最后,终于取得了胜利。这种烧饼是用油酥和面做成的,里边有用火腿或猪油等做成的馅儿。烧饼在缸炉里一烤,酥脆焦黄,香喷喷的非常可口。当时还留下了一首民歌:黄桥烧饼黄又黄,黄黄烧饼慰劳忙。战士们呀吃得饱,多杀敌人多缴枪……"

听着二等车车主讲述黄桥故事一路行进,顾宝玉和谢志华于上午九点左右抵达闻名中外的黄桥镇。

黄桥镇这座古镇,街巷较为宽阔,两旁的建筑却屋檐低矮,一色的青砖小瓦,硬山屋面,矮挞子门,时有石刻、木匾跃入眼帘,多处的古寺庙和宗祠,原汁原味地保留了明清的历史原貌。一座新四军黄桥战役革命烈士纪念塔巍然矗立,让人肃然起敬。镇端有新四军苏北指挥部旧址、新四军第三纵队司令部旧址、黄桥决战支前站旧址。

顾宝玉、谢志华无暇观看这些景致和历史古迹,只是买了一角钱一个的4个黄桥烧饼借以尝新充饥,便匆匆赶路。只是路过西来机场时特地下车,远眺停机坪上的一架架战斗机。原来他们只能从书报上看到飞翔在高空的银鹰,现在用机场里的飞机,不由得让顾宝玉和谢志华激动起来。

两位车王带着顾宝玉和谢志华走进一家土纺纱工厂。工

顾宝玉和谢志华在黄桥留影

厂的门卫看守不是很严格，简单地看了一下介绍信就放他们进去了，一位负责技术设备的中层干部还接待了他们，陪着一起参观车间。这里厂房破旧，回纺纱设备落后，都是土法上马的，把服装生产的边角料、废品收购站回收的旧衣服、旧棉絮经过分拣、打碎后，放在铁皮做的管桶里，经绳子转动慢慢地纺，纺成的纱线质量很差，比本地的黄纱好不了多少。

顾宝玉和谢志华跟着车主再走进另一家纺纱厂，其设备和产品质量情况与参观的上一家工厂大同小异，看来都很不理想，感到那些土机器没有前途，生产的产品必须有竞争力，否则，拿回去的设备很快会被淘汰的。

顾宝玉和谢志华在第三天回到了常熟，向大队党支部书记顾根兴等领导做了汇报。顾根兴同意顾宝玉的意见，要办工厂就要办有竞争力的。说这事也不能太急，心急吃不了热豆腐呀！对于顾宝玉来说，到黄桥虽未办成事，但黄桥之行对他启发很大：强拼不如智取，以少取胜，办事业，做任何事，要的就是事半功倍。

# 14．新乡之行

20世纪70年代中期，苏南地区的乡镇工业纷纷起步，常熟农村农机修造、棉纺织、服装加工、修船造船等行业遍地开花，出现了依托大上海，发展横向联合的趋势，一批纺织、服装、电子、皮件、鞋帽、机械、化工等企业如雨后春笋般涌现。当然，这主要是由公社兴办的"社办企业"。

顾宝玉从黄桥回来后那些天里，做其他事都心不在焉的。虽然顾书记让顾宝玉不要太急，可顾宝玉对办纺纱厂却上了心的。

1974年9月的一天，顾根兴对顾宝玉说："回纺纱是县棉麻公司管理的，要不，你去县棉麻公司打听打听，他们肯定知道哪里有生产回纺纱的月机器。"

"好呀，我明天就出发。"顾宝玉高兴地说。

常熟县棉麻公司的经理姓孙，叫孙怡兴，40开外的年龄，热情纯朴。当他得知顾宝玉他们为了购买回纺纱机器四处奔波，深为他们的一片热忱所打动。可他没有向顾宝玉提供有关回纺纱机器的任何信息，而是建议顾宝玉办"洋纱厂"。

他对顾宝玉说："回纺布马上会被淘汰的，这种布虽不需要布票，但它毕竟太粗糙了，穿在身上扎得人痒痒的，又没有牢度。何不办个标准的纺纱厂？"

"可棉花是国家计划物资，没有原料怎么办厂呢？另外，纺纱机器在哪里，我们这些泥腿子农民，脑子里是一片空白呀！"顾宝玉说。

"这样吧，原料由我们供应。公司收购的14级棉花（等外棉）是计划外的，你们可以纺成副10支纱，纺成纱以后由我们收购，但前提是产品质量合格。至于设备与技术，只要有决心，你们会慢慢地解决的。"孙经理思考了一下说。

"支"是纺织名词，它是指1克纱所具有的长度米数。英制长度称"码"，重量称"格林"。"支"，其实是英制的称呼，公制称"号数"。0.53克纱的重量，其长度为10米，就称之为10支纱；副10支纱，就是质量差一点而已。纱支越高，表示纱越细。其时顾宝玉还不太懂，但他觉得眼前这位孙经理帮他们解决了原料和市场的关键两点，要解决中间一块的生产难题就省事多了。他不禁紧紧地握住了孙怡兴的手，连声说："谢谢，谢谢！"

顾宝玉把去常熟棉麻公司孙怡兴经理的建议和表态汇报给大队领导，他们都非常高兴，觉得这是天赐的良机，决定将大队的大礼堂改造成工厂，让顾宝玉负责，着手筹建纺纱厂。

顾根兴说："虽然棉麻公司帮助我们解决原料和市场的难题，但办工厂还需要设备、技术、人才，我们只能从无到有。技术上以宝玉为主，从生产队抽三名能干的青年和宝玉一起学习。至于纺纱设备的购置，还是以宝玉为主联系，我们大家一起想想办法……"

与其说由大队书记拍板办纱厂，还不如说将办纱厂的担子压在顾宝玉的肩上。顾宝玉深深地感到这副担子分量的沉重，因为其中有大队集体经济发展的希望，有全村百姓脱贫致富的殷切期待。

那时的白茆山泾村，一无技术，二无资金，三无人才。整个村只有饲料加工设备，一台中型拖拉机和一台加工棉条的钢丝车，账上可用资金仅几千元。特别是没有路子，机器从哪里来，技术从哪里来？也许，办事业需要激情和勇气，需要开拓精神，甚至需要一点异想天开。

在那几天里，顾宝玉夜不能寐，搜肠刮肚反复思考和他接触过有门路、有纺织技术的人。当务之急，他要解决两大难题，一是找到能购置纺纱设备的渠道，二是掌握有关纺纱技术知识，如今连纱厂纺纱的基本知识都一无所知，如何能办厂呢?

那天，顾宝玉想到一年前他患病在家休息时，有个上海老师傅马掌宝和他的同事辛永成，曾利用休息日到他家旁边河里钓甲鱼，先后来了好几次，因为他在家，和他聊上了，后来成了朋友。他是上海国棉六厂细纱车间平车队队长，来时还带了些白糖（白糖也是计划分配的，其时在农村是希罕物了），何不去找他问问情况，也许能捞到一些有价值的信息。想到这里，他眼前一亮。

第二天，顾宝玉乘车前往上海，来到长寿路上海国棉六厂，找到了正在上班的马掌宝。

马掌宝管理着细纱车间近百名纺纱工，熟悉细纱纺纱技术。他听了顾宝玉的介绍后，知道山泾村有现在的钢丝车，便建议顾宝玉购买大型棉纺厂淘汰下来的牵伸部分，自己组装细纱机，但只有细纱机不行，还要有粗纱机、并条机等设施，他让顾宝玉另想办法。

临别时，马掌宝叫顾宝玉去新华书店购买有关棉纺织技术的书籍，说必须弄清楚纺纱的基本原理和生产工序。

在上海，顾宝玉走进新华书店，买下了《棉纺织技术》《棉纺织计算》两本书，回来后如获至宝细细攻读研究，逐步了解了纺纱工艺流程，知道了从棉花到纺成纱要一般经过清花、梳棉、并条、粗纱、细纱等主要工序。生产不同要求的棉纱，采取的加工程序也不同，如纺纯棉纱的普梳纱，要经过清花、梳棉、头并、二并、粗纱、细纱、后加工7道工序；纺纯棉纱的精梳纱要经过清花、梳棉、预并、条卷、精梳、头并、二并、三并、粗纱、细纱、后加工11道工序。

顾宝玉想，购买棉纺厂淘汰下来的牵伸部分组装细纱机，问题可能不是太大，难度最大的是购买粗纱机和并条机。正在顾宝玉为之伤透脑筋一筹莫展之时，真是天无绝人之路，一个河南新乡的青年突然来访给顾宝玉带来了希望。

这个青年叫李洪周，出生于常熟唐市镇某村，在他7岁时正是中国的困难年间，因父母无力抚养，被领养到河南省新乡县翟坡镇红林村大队，现已在河南成家。他带了红林大队的一名领导来到南方购买中型拖拉机。也许有人提供给李洪周一个信息说白茆山泾村有台东方红28型拖拉机，所以他们特地赶来了，问大队书记顾根兴是否能将拖拉机卖给他们。顾根兴马上想到大队正在筹办纱厂遇到的难题，便将顾宝玉叫去，要顾宝玉和李洪周去谈有关问题。

顾宝玉对李洪周说："我们大队确有一台东方红28型拖拉机，农闲时一直闲着，如果你们有纺纱厂的粗纱机，倒是可以调换的。"

和李洪周一起来的红林大队领导说："我们村有一个人在新乡成兴纱厂工作，听说那厂已关门，不知那里有没有粗纱机。"

"这样吧，你们回去后问一下，如果有的话，拍电报告诉我，到时我们再进一步商量。"顾宝玉说。

李洪周他们说好，就此告别。

时隔两个月，李洪周从河南拍来电报，说有一台粗纱机，已经拉到了他们生产大队了，叫顾宝玉前去观看并商量。并且说，要用新的上海产的丰收35型中型拖拉机调换。

对方提出这一要求，给顾宝玉又出了个难题。白茆山泾村的东方红28型拖拉机是长春拖拉机厂生产的，该厂有40多年生产拖拉机的历史！959年生产的上游牌拖拉机还参加建国10周年大典，曾是国内最大的轮式拖拉机生产基地。I960年起生产东方红28型拖拉机，为；外产品出口阿尔巴尼亚等国。但它的发动机是两缸的，28型就是额定功率28马力，马力小了一点，且是两个变速杆，换档有点麻烦。而上海拖拉机厂在同时代生产的丰收35型是四缸发动机，那是一种中型轮式的万能拖拉机，额定功率35马力，有六个前进档，两个后退档。其中一个特低速档用于启动和播种，三个耕作档用于各种农作机械和各种土壤。那是计划供应的，购买有一定难度。

顾宝玉立即向顾根兴汇报此事，顾根兴说："购买丰收35型拖拉机的事，我们可以想办法。为了能办厂，我们只能答应河南新乡市红林大队的要求，宝玉你辛苦一下，去一趟新乡，去实地看一下这台粗纱机，到底能不能用。"

"我还没出过远门呀，连火车也没坐过……"顾宝玉说。其时，曾任江苏省常熟中学的学生会主席谢志华已被公社农机厂看中，去了白茆农机厂上班，顾宝玉身边无人。

"这个不要紧，我让一个人陪你一起去，在路上有个照应，也可以商量商量。你的身体还没恢复吧？"顾根兴说。

"身体还行，可以坚持。"顾宝玉说。

当天，顾根兴去了白茆粉丝厂，和在粉丝厂当采购员的山泾村人陆兴生商量，让他陪同顾宝玉去河南新乡，并和粉丝厂领导打了招呼。陆兴生在粉丝厂当采购员多年，为采购粉丝原料在外走南闯北，积累了不少外出交际方面的经验。他还知道白茆有个老乡徐根林在新乡，服役当兵后转业在新乡卫河北干道一家钢厂工作。

动身去河南前，顾宝玉与常熟农机局取得联系，要求购买丰收 35 型拖拉机，理由是：原来旧的那台东方红 28 型已不能使用了，必须更新一台新的拖拉机。农机公司领导对白茆山泾村全力支持，在顾宝玉他们购火车票准备出发时，得知农机局有了回复，说刚好新分配到两台新的丰收 35型拖拉机计划，可以给你们一台。这让顾宝玉十分欣喜，让他此次的出行增加了底气。

1974 年 12 月中旬的一天，鹅毛大雪纷纷扬扬，近处远处都是漫天飞舞的雪花。其时，顾宝玉爱人周妙芬发高烧在医院吊针输液，顾宝玉让岳母前去看护，临别时对周妙芬说："我会很快回来的！"周妙芬知道丈夫的心愿：尽快改变农村的贫穷落后面貌，让全村人过个好日子。她也知道丈夫的脾性，只要他认准的事，就会一直坚持走下去，绝不会改变自己的这次出行计划，所以她只是嘱咐他路上多注意身体，因为她知道，丈夫的肺结核病还未完全康复。

顾宝玉点点头："你放心，我会当心的。"说完，和陆兴生一起冒着凛冽的寒风，踏着皑皑白雪出发。

他俩从白茆乘汽车到常熟，转车到苏州上火车，乘上了从上海到乌鲁木齐的 52 次列车，经过 20 多个小时的行程在次日早上到达郑州，再买票转乘一个半小时火车后到河南新乡。

下车后，他们看到了一个真正的北方农村景象。绿油油的田野和小溪里清清的河水不见了，取而代之的是灰蒙蒙的简陋房屋，脏兮兮的墙壁，农夫驾着一辆辆黄牛车，牵着小毛驴在街头自由自在地行走，迎面扑来的都是牛粪味。

经打听，在新乡北干道卫河留守处，顾宝玉和陆兴生找到了在新乡钢厂工作的老乡徐根林。徐根林见到家乡来人了，分外高兴，晚上叫了几个朋友请顾宝玉和陆兴生一起在一个小饭庄喝酒。

在新乡工作多年的徐根林已形成了北方人特有的热情和豪爽，虽然桌上的菜不多，但都是大碗大碗的，酒是烈性高度白酒，开始还算文雅，后来越喝越来劲儿，一对一地猜拳："一心敬，哥俩好，三桃园，四季财，五魁首，六六顺，七个巧，八匹马，九连环，满堂红……"话越说越快，手指也越伸越迅速，然而，在情绪激昂下喊的数与伸出的手指数难免不符，那对不起，谁错谁喝酒。一会儿，和徐根林一起来的两个朋友已喝得酩酊大醉，越是这样，越是够朋友，幸亏顾宝玉还有一些酒量，这种场面虽然第一次见到，但还能应付过去。

红林大队位于新乡市西南 10 公里处，原名辛庄村。由于村东土岗像卧虎形，岗上林木茂密能藏虎后改名野虎林村，1958 年人民公社时更名为红林村。第二天，徐根林领着顾宝玉和陆兴生按照李洪周电报上说的地址，来到了红林大队。其实，当时报上宣传的全国先进典型"七里营大队"就在红林大队旁边，七里营作为毛泽东视察过的第一个人民公社而闻名全国。刚过郑州黄河大桥，顾宝玉就看到了宣传的大牌子。

李洪周见顾宝玉他们到来，马上将他们引见给大队党支部书记。大队书记叫李树旺，对南方来的客人非常热情，关照李洪周要陪好家乡来的客人。

李洪周陪着顾宝玉他们去看那台粗纱机。这是一台陈旧的了都生锈的机器，像一堆废铁，堆放在大队的房子里。那时，顾宝玉从没进过纺织厂，也没有看到过真正的粗纱机，怎么办呢？这堆"废铁"拉回去能不能使用呢？李洪周见顾宝玉一脸疑虑，说："这是我们到成兴纱厂拆卸下来的，成兴纱厂已关闭近一年时间了，所以机器都生锈了。"

顾宝玉还是不放心，他把机器上的英文字母记下来后，与徐根林一起到新乡中原纺织厂，找到了设备科的一位懂英文的工程师。

"BOLOCKS 叫勃洛克斯，是英国制造的。"那位工程师说。

"这是不是粗纱机？"顾宝玉问。

"这个就不知道了，这是制造公司的名称，但它的制造时间是1919年。"

天哪，它的制造时间比中国共产党诞生的时间还要早。像这种老掉牙的破烂货拖回去能派上用场吗？顾宝玉越来越拿不定主意了。他看过一部电影《星星之火》，讲是的一个农村寡妇找她在纱厂当"包身工"的女儿，从电影中他了解到，东洋老板解放前在上海开纺纱厂，这些东洋人和英国人开的洋纱厂，粗纱机要用三道工序，头道、二道、小三道，可他不懂这些技术，连看都没有看到过，怎么办呢？

为了能稳妥处理好这件事，既不冒险地将这些"破烂"拖回去，又不失去这次机会，顾宝玉决定拍电报回去，让大队派人前来一起察看把关。他知道在白茆粮饲加工厂轧棉条的插队知青赵文英，其父亲叫赵金福，原在丹阳棉纺厂工作，是粗纱机上的保全工，现已退休在家，请他来看一下这些"破烂"是不是货真价实的粗纱机，到底能不能使用？这样做比较妥当。陆兴生和徐根兴觉得这个办法好。于是他拍了一份长长的电报给大队书记顾根兴。

电报拍出后，陆兴生因他工厂有事先回去了，顾宝玉一个人在新乡火车站招待所等待消息。第三天，顾根兴拍来电报，说赵金福一行三人已从苏州乘上火车，并告知了火车的车次。于是，顾宝玉便乘车到郑州火车站迎候。

赵金福师傅年岁大，顾根兴让他的女儿赵文英陪同父亲前往，与父女俩一起前来的还有大队会计姚根元。顾宝玉在车站接到他们三人后，买好了到新乡的火车票，看看时间还早，便在火车站吃晚饭。相逢在异地，当然相当高兴，于是大家喝了一点酒。然而到点上火车时，车站上人山人海，排队上火车的人像潮水一样在涌动。顾宝玉和他们挤散了，好在他将车票分发给了大家。走上火车后，人在车厢里别说有座位，就是站着也挤得动弹不得，顾宝玉多次叫喊他们，都联络不上。

一个多小时后，顾宝玉在新乡车站下车，可是左等右盼都不见赵金福、赵文英和姚根元。这可怎么办呢？他们是没有乘上这趟车次的火车，还是乘过头了？都无法知道，那时又没有通讯工具，等待是无奈的选择。顾宝玉站在车站出口处等呀等，极其焦虑、心慌、不安，到底是什么原因见不到他们？直等到天快亮时，才发现他们从车站内慌慌张张地出来，此时顾宝玉激动的心情无法形容，他奔了过去，紧紧地抱住赵金福，眼泪都流了出来。原来他们和顾宝玉同上一列火车，可喝了酒都迷迷糊糊地乘过头了，问了旁边的人才知道坏事了，新乡站已过。他们到下一站后赶紧下车，重新买回头票再返回来。真是喝酒误事呀！

第二天，顾宝玉和赵师傅父女、姚根元来到翟坡公社红林大队。赵金福细细观察粗纱机各个部件后，对顾宝玉说："这是二道粗纱机。"

"什么是二道呀？"顾宝玉不懂。

"18世纪末，翼锭细纱机问世以后，由于细纱机牵伸倍数有限，要先纺成粗纱才能纺细纱，因而在19世纪初出现了粗纱机。这种粗纱机类似于翼锭细纱机，用回转锭翼加捻，并逐渐采用锥形轮（俗称铁炮）和手动调速等变速机构来控制粗纱的卷绕变速运动。这种牵伸机构很粗陋，牵伸能力很小，粗纱工序长期采用二至四道，直到细纱机扩大牵伸和粗纱机牵伸机构改进后，粗纱机的道数才开始减少。毛纺、麻纺、绢纺一般采用两道粗纱机；棉纺大多以一道粗纱机直接供应大牵伸细纱机。"赵金福说。

"那这二道粗纱机我们能不能用？"

"改装一下是可以用的。不过这机器太旧了，零件也不全，改装很有难度。另外，这里还有一台1244型号的国产沈阳制造的并条机。"赵金福说。

由于决心要办纺纱厂，顾宝玉和姚根元商量后就将拖拉机置换粗纱机的事确定了下来。

过了一天，顾宝玉买了火车票让赵金福父女和姚根元先回去，自己便在新乡一家旅社住下，等候家里人将拖拉机运送过来。此时，顾根兴拍来电报，说丰收35型拖拉机已买到大队里了，价格是3500元。顾宝玉问李洪周你们买这台粗纱机和并条机一共花了多少钱，回答说是3200元，看来两者价格差不了多少。

在等待家里人将丰收35型拖拉机运送过来的那几天里，顾宝玉把红林大队支部书记李树旺请到他下榻的新乡县城的小旅社，商量拖拉机送达后，如何把粗纱机、并条机装回去？一起商量的还有顾宝玉的老乡徐根林。

　　这堆机器总重量约十吨，河南新乡到江苏常熟有一千来公里路，路途这么遥远，没有运输工具，怎么办呢？李树旺书记说，只要拖拉机到，他负责把这些机器运到安徽蚌埠市。这样，顾宝玉心中有底了，就用电报联系，请家里人放船到蚌埠市火车站淮河边上，约定船到后，派人到蚌埠火车站候车室接头。

　　等了几天后，白茆二大队派出两人，将拖拉机直接开到了新乡县翟坡公社红林大队。红林大队支部书记李树旺等人看到是一台全新的丰收 35 型拖拉机，非常高兴，当晚还留顾宝玉和两名驾驶员吃饭。

　　第二天，两名驾驶员乘火车回去了，顾宝玉留下来和红林大队的干部具体商谈装运机器的具体事务。

　　"什么时候装车，走哪条路线？"顾宝玉问。

　　"啥时装车，要等借到运输的汽车再说。"大队的一个副职干部没好气地说。

　　"这件事不是早就说定的，怎么现在连运输的汽车还未落实？"

　　"你们南方人很狡猾的，我们这里有几家到你们那里买中型拖拉机，付了钱提不到拖拉机，上当受骗的不少。你提粗纱机这事，我们要再研究一下。"

　　"这有什么可研究的，你们的要求我们全部满足，用丰收 35 型拖拉机创换你们的粗纱机、并条机，我们没有计较你们的粗纱机、并条机是 19世/纪的，而是将一台全新丰收 35 型拖拉机开了过来，你们难道要反悔……人家行骗，和我们有何相干？"顾宝玉当时急了，难道有这么不讲理的？

　　李树旺书记赶忙说："这事不再争了，那是早先商定的事。顾书记（那时顾宝玉是大队团支部书记）你放心，你明天过来，我们会落实运输车辆的。"

　　第二天上午，顾宝玉再到红林大队时，李书记已从解放军炮团借来了一辆五吨军用车辆，还带一个拖车，已把粗纱机等装在车上了。李书记对顾宝玉说："昨天那一位是造反派起家的，说话信口开河，口气强横，对不起，得罪你了"

　　顾宝玉忙说："无所谓，只要你李书记认账就行"

　　"哪有不认账的？这次太辛苦你了！你办事认真踏实，有你这样的劲头儿，你们的纱厂肯定成功！"

"谢谢，谢谢！"

开车的是炮团的一位班长叫丁献民和另一位战士，李树旺书记还特地派了一个40多岁的汉子送行。顾宝玉和这位汉子轮换坐位，一个在车头坐，一个穿了军大衣在后押车。一路上，他们从新乡出发，过黄河大桥到郑州、经开封，到达兰考已是黄昏了，天又下着鹅毛大雪，丁班长决定停车过夜。由于开车的战士家在兰考乡下，还有不到一年就要复员退伍了，爱兵如子的丁班长便把他送到家里，不仅让他看望家人，而且还让他留在家中。

次日清晨，顾宝玉他们又从兰考出发，经商丘再一路过淮河大桥到蚌埠。

汽车在路上行了两天半，一路上都是大雪弥漫，寒风刺骨，道路又是坑坑洼洼的，把人颠得昏昏沉沉似散了架的。由于是部队汽车，所以一路绿灯，住的是县招待所。

那天，到达蚌埠火车站已是晚上9点多了，顾宝玉马上到火车站候车室，第一眼就看见了等在那里的本村人顾瑞生。啊！当时的心情不要说多高兴了，说明家里的船到了，可以将这些机器运回去了。顾瑞生说，他们的船是上一天到的，船到了以后，就派人轮番到火车站候车室等候。船上一共三人，还说为了安全，村里的15吨水泥船开出来时，请了本大队在公社轮船上做老大的王根兴一同前往，他对河道非常熟悉，船是经过长江、过洪泽湖、淮河到蚌埠的，这是一艘装了马达的水泥船，足足开了两天两夜才抵达的。

"辛苦了，辛苦了！"顾宝玉由衷地说。

随即，顾宝玉跟着顾瑞生来到停靠在火车站旁河边的水泥船，上船和家里人相聚，感到分外温馨、开心。

第二天上午，新乡和常熟两帮人合力将机器装船，完成后顾瑞生、王根兴他们就启航返途。

顾宝玉没有随船回去。因为徐根林的母亲知道大队的船要到蚌埠，而且知道顾宝玉在新乡他儿子处，所以她让顾瑞生从船上带了一台缝纫机及其他一些东西给他儿子徐根林。缝纫机是计划分配的紧缺物资，在当时来说比较名贵，顾宝玉决定还是乘汽车和丁班长一路返回到新乡翟坡红林大队，当面把东西交给徐根林为妥。

顾宝玉乘着汽车，又经过一路颠簸和丁班长他们来到了兰考，天又下起了大雪，到处白茫茫的一片，去接那位战士时已经天黑了，这位战士的家人一定要请他们吃饭，盛情之下不便推辞，就留下了。战士的一家人是回族，十分热情地用混合面粉包起了羊肉饺子，战士的父亲端了一盆热气腾腾的饺子再三请顾宝玉吃，那热情劲儿让人难忘。

顾宝玉边吃边观察这个战士的家，用家徒四壁来形容实在是太贴切不过了，还像常熟五六十年代那样，茅草屋，泥堵墙，外面下大雪，里面飘小雪。战士家长介绍，前不久这里还是盐碱地，完全不长庄稼，有民谚："抬头一片白茫茫，风吹满天飞沙扬。"后来经过治理得到改善，但这里的人家还是十分穷困。

"你们这里的县委书记焦裕禄，我们都知道的，他带领兰考人民治理盐碱地，是全国人民学习的榜样……"

"是的，当年焦书记来到我们生产队，在我家里吃过饭呢！可惜他劳累过度得了病，过世太早了……"

吃罢饺子，战士突然向丁班长提出，借部队这辆汽车去拉一趟煤炭，让家里挣些钱购买砖头。这位战士准备建造房子，复员回来后要成亲。丁班长很为难，看到战士家里这么贫困，从感情上讲应该答应他的要求，可又觉得这样违反部队的用车规定。

"顾书记，你看这事情咋办？"丁班长走出屋子，背着战士对顾宝玉说，"我如果同意我的战士用车去拉煤炭的话，我就违反了纪律，对不起组织，对不起党；但我又看到战士家的穷困，心里也非常难过，我只能对不起我的战士了。"

"你做得对，只能如此呀！我相信你这位战士的家庭经济状况会好起来的"，顾宝玉明确地支持丁班长坚持原则。

丁班长回到屋子，含着眼泪对战士说："借汽车不行的，这是明显违反纪律的事，请你谅解。我们还是回部队吧！"战士无奈地点点头，告别父母，跟着丁班长他们一起上车。

一路上大家都不说话，没有去时有说有笑的轻松气氛了。丁班长坚持自己驾车，他知道他的战士回家后心情不好，眼下又没答应他的要求，他生怕战士开车不安全。

这位丁班长办事认真，既体量下属，又坚持原则。直至今日，顾宝玉对丁班长的印象还是记忆犹新，深深地感到共产党真伟大，能培养出像丁班长那样的一大批好干部。

那天，顾宝玉他们到达新乡市红林大队时，天已快黑了。李树旺书记非常激动，想不到顾宝玉被造反派的头头讲了这么多不中听的话，还跟着汽车返回，从心底里佩服顾宝玉的气量。另外，那个造反派头头也许感觉到他对顾宝玉的言语太过激了，和李洪周等几个年轻人，异常兴奋地紧紧地抱住顾宝玉，把他抛到空中又接住，连抛了两下。他们翘起了大拇指："顾书记，了不起、了不起。晚上一定要好好地敬你喝一杯酒。"

这晚，红林大队的干部们与顾宝玉交杯畅饮，一醉方休。他们觉得，他们结交到了一个难得的真诚可信的人。

第二天，顾宝玉告别红林大队的朋友们，将缝纫机和其他东西交给徐根林后，离开了难忘的新乡，坐上了返程的火车。

顾宝玉回到家，马上是 1975 年的春节了。从他和爱人周妙芬在医院告别那天起，整整 30 天，在这一个月的时间里，由于没有通信条件，他从没有和家里联系过。他在新乡牵挂爱人的身体，周妙芬也担心着丈夫，真是"此情绵绵何时尽？牵动长空万里云"。

离开家时，顾宝玉穿的是一双特制的皮鞋，那是他在常熟罱河泥时罱到一条汽车橡胶轮胎，去常熟南门坛上一家皮鞋店加工做成的，此前他还没穿过皮鞋，去新乡时特地将这双新皮鞋穿上，回来时这皮鞋已不像样子，鞋帮上的鞋线断了，差不多不能再穿了。因为每天都在跑，而且天天下着雪。

这段经历，是顾宝玉终身难忘的记忆，浸透了创业的艰辛。

# 15. 缔造奇迹

回家后的第二天，顾宝玉来到大队部，在大礼堂里看到了从新乡运回来的一堆生锈的粗纱机和并条机。顾宝玉又仔细地端详这堆生锈机器，感觉到它如同一堆乱麻，能从哪里着手整理呢？

顾宝玉和书记顾根兴商量接下来需要办的事。最后决定从生产队抽调几个能干积极的先进青年，组成一个筹建班子，由顾宝玉带班，人员由顾宝玉挑选。然而，在挑选人员时遇到了阻力，顾宝玉认为有文化且能干的人，生产队长却不同意抽走，其时，和顾宝玉一起去黄桥考察的谢志华已被公社安排到白茆农机厂工作，最后抽了高永雪、高金良、顾国珍、吴正新四个青年。这四个青年对纺纱行业都是一张白纸，从来未干过纺纱活儿，也从未去过纱厂见过纺纱机器。顾宝玉和他们从擦锈开始，到整理和添置零部件，制作配件，再慢慢地搭机架，一起学习，一起讨论研究，一起摸索，边研究边安装。他们像行走在一望无际的茫茫沙漠中，经过艰难困苦的长途跋涉，逐渐地眼前出现一片绿洲。

有了粗纱机、并条机、钢丝车，眼下缺的就是细纱机了。顾宝玉将精力转移研究细纱机上。他来到上海找马掌宝师傅帮忙。

细纱机就是将半制品粗纱或条子经牵伸、加捻、卷绕成细纱管纱的纺纱机器。马师傅说，细纱机是多零件机器，是一个一个小零件安装起来的，基本上由喂入机构、牵伸机构、加捻和卷绕机构组成。喂入机构的作用是将粗纱或条子抽引出来并喂给牵伸机构。牵伸后的须条由前罗拉输出，经加捻成细纱后卷绕在纱管上。大多数细纱机的牵伸、加捻和卷绕作用是连续进行的，按所用的加捻和卷绕机构的不同，分别称为环锭细纱机、离心锭细纱机、翼锭细纱机、帽锭细纱机和走锭细纱机。他说他们上海国棉六厂有淘汰细纱机的牵伸部分，从罗拉、罗拉凳子、皮辊、皮辊架子、摇架、洋轮管、摆动臂、旧滚筒、锭子等一整套零部件。然而，虽然是淘汰的零部件，但必须要经过江苏省纺织部门的省级采购单，才能到上海市纺织厂购买淘汰设备，否则厂门都进不去。

顾宝玉回来后，按照马师傅的指点，先到常熟县纺织局开介绍信，再到江苏省纺织工业厅去办理采购单。如果能拿到省纺织工业厅的采购单，以后到上海购买纺织设备就方便多了。

那天，顾宝玉拿了他们精心填写采购名称、数量以及用途的申请单子，赶赴南京来到省纺织工业厅办理采购单手续时，工作人员问："购买的设备是不是淘汰设备？如果是淘汰设备，废旧物资节约利用，省与省之间是可以相互调配的。"

顾宝玉回答说"是淘汰设备。"

这样，没费多少口舌就把采购单拿到手。

不久，细纱机的牵伸部分从上海国棉六厂买了回来。但牵伸部分有了，车头、车脚、车尾都没有，必须再动脑筋想办法了。再说，粗纱机上的龙筋也没有，它是将纱卷绕成粗纱筒管的机架，需要角铁才能做成，这角铁去哪里去买呢？

顾宝玉左思右想，想起了本大队一队的常熟插队知识青年李依群说过，他的舅舅在上海铁路局工作，顾宝玉便和李依群商量，请他和舅舅帮忙，购买两吨 7×70 的角钢。事情还算顺利，李依群的舅舅帮助买到了所需要的角钢，顾宝玉去白茆供销社借了一辆 2.5 吨的卡车，去上海火车站仓库将两吨角铁装了回来。

龙筋既是十多米长的架子，又是传动装置，要制作并非易事，顾宝玉他们不仅要使平时拿锄头柄、握罱泥杆的手学会使用铁榔头和锯刀、锉刀，还要会设计、会计算。

顾宝玉是个有心人，在他去国棉六厂细纱车间参观时，就将龙筋和细纱机的有关尺寸记了下来，等到马师傅星期日过来时，再向他请教核实。那时候只有两只台虎钳，一台电焊机，一台小台钻，顾宝玉和高永雪、高

白茆纱厂建厂初期使用的老设备

金良、顾国珍、吴正新几个年轻人一起，利用简陋设备土法上马，用锯刀锯，用铿刀铿，实在不行的进行外加工，如能买到配件的尽量买现成的，这样可保证机械的质量。龙筋的车脚，就是请马师傅的朋友介绍后，到上海中山北路一家翻纱厂购买的。细纱机的车头，也是经马师傅介绍，在国棉27厂购买到的被淘汰下来的旧车头。龙筋锭子眼是到白茆机械厂用横臂钻床加工的，因锭子眼的直径为34m/m，他们的小台钻只能钻到16m/m，只得求;友好单位了。

这样东拼西凑，一台细纱机的配件拼凑配齐了，于是就着手把架子搭了起来，开始安装整套纺纱设备。

在安装过程中，部件、材料短缺是经常遇到的事。如哪个零部件缺了，顾宝玉就四处奔走想办法解决；技术上遇到拦路虎了，就开动脑筋，或寻爷爷找奶奶讨教攻克难关。顾宝玉是推脱不了了，已经骑上虎背了，毫无退缩的余地。经过努力，已有了一台柏拉他钢丝车，一台1244并条机，一台勃洛克斯粗纱机，一台拼凑起来的细纱机，虽然零部件都残缺不全，但必须把它们组合起来，使它们成为发生效应的一体，生产出合格的纱线。他对自己说："即使有天大的困难，也只能够向前迈进，不能后退。"

为了解决安装设备所需要的短缺物资，顾宝玉又去了河南新乡，找徐根林师傅帮忙，购买电焊机、小台钻、台虎钳、电动机，还有生铁和焦炭、电焊条等物资，去的时候都是用大队的东方红28型拖拉机挂了拖斗直接开到河南新乡。那些物资都是计划内物资，本地很难买到。河南新乡相对来说好办，加上徐根林在当地多多少少有点人脉关系，一般都能得到解决。

为了节约运输费用，顾宝玉挑选最需要的家里买不到的物资购买，拖车的载重量是三吨，那就尽量购买满三吨，装满车后便白天黑夜不停地行驶，风雨无阻。东方红28型中型拖拉机时速不到25公里，从河南新乡到常熟白茆要走四天四夜。

拖拉机走新乡，前后走了三趟，顾宝玉一趟不缺地陪着戈兴元、马永祥两位驾驶员同去同回，路上的艰辛自不必说，渴了喝灌在茄轮筒里的冷开水，饿了啃干硬的面包、嚼方便面，当时正是烈日炎炎的盛夏，白天的地面温度超过60摄氏度，他们光着上身，备了湿毛巾赶路，每个人都晒成了非洲人。

一次，他们从新乡出来没多久，天下起了盆大雨，拖拉机行至黄河大桥附近，遇到建筑工程队修路，必须绕道至田间小路行驶。虽然放慢速度似蜗牛爬行，拖拉机轮子还是打滑，左边轮子陷入污泥中，眼看拖拉机马上要倾翻了，顾宝玉让胆大心细的马永祥驾驶，自己和另一位驾驶员戈兴元跳下拖拉机，用绳子向右边使劲拉，上下用力才将笨重的拖拉机从污泥中拉了出来。这时候，他们都被淋成落汤鸡。好险呀！如果出事，这里人生地不熟，去哪里求救呢？

顾宝玉一回到家后，又马不停蹄地投入到设备安装的紧张工作中。

五个人差不多每天都是白天接着晚上干，干到深夜 12 点才休息。由于对设备十分生疏，像盲人摸象一样，瞎摸瞎闯，走了不少弯路。《棉纺织技术》《棉纺织计算》两本书被他们翻得几乎稀烂，机器的结构原理和技术数据，全靠那两本书籍提供。

白茆纱厂细纱机挡车女工高国芹在操作

安装中，齿轮、链轮、螺丝、风机等零部件缺了，顾宝玉一次又一次清早到白茆汽车站排队买汽车票，乘车来到上海市的北京东路去求购。白茆汽车站是中间站，那时公共汽车从常熟到白茆站，必须下一个才能上一个，本来车次少得可怜，可不少班车上没有从白茆汽车站下的人，顾宝玉只能眼巴巴地看着汽车开走。因此等到乘上车，到达上海北站时，大多已过中午 12 点了。下车买好回来的末班车汽车票，抓紧时间赶到北京东路。有时候有的螺丝、链轮等零件上海还有规定不供应外地人，顾宝玉就要想办法花些小钱，请上海上了年龄的一些人帮忙代为购买。

有一次，顾宝玉一清早来到白茆车站乘车来到上海，买了链轮乘末班车赶回到家，已经是晚上 9 点了。那时的他一天米粒未进，饥肠辘辘，可他还不能到家吃饭，因为高永雪、高金良他们正等着他将零件送去安装呢！

当他背着沉重的链轮赶到大队大礼堂时，突然间眼前发黑，一个趔也跌倒在地。高永雪和高金良见了马上将他扶起，给他喝开水。后来，他们几个人分了两只生山芋充饥，坚持着再安装。

安装工作很少有顺利的，装了再卸，卸了再装，反反复复是常事。一些不知真情的人不理解，觉得他们几个人是很难取得成功的。有的还会嘲笑他们："癫蛤蟆想吃天鹅肉，不知天高地厚！"还有比这句更难听的话，顾宝玉他们一概听在耳里，不去解释，也很难做解释，因为他们知道，行动和成功是最好的解释。

一个人拥有自信心非常重要，要相信自己所确定的目标，相信自己具备达到这一目标的能力。美国作家爱默生说过："自信就是成功的第一秘诀。"人生最大的缺失，莫过于失去自信。自信是拯救自己唯一的原动力。林肯出身贫寒，几乎一生都在与失败打交道，8次竞选但8次都落败，两次经商两次失败，甚至一度精神崩溃……于是人们多次劝他放弃，然而不甘平凡的林肯，用真诚的微笑响应了那些好心人的劝慰。他坚持说："那是我的梦。我想我会一直坚持下去，成功必定属于我和我的未来。"

林肯是顾宝玉的光辉榜样。顾宝玉凭着自信心，在这条道路上坚持走下去。

经过一段时间的努力，整台纺纱机器一字形排开，初看上去真有点样子了，顾宝玉他们开始试车，准备在9月完成试车任务，向国庆节献礼。然而事与愿违，由于新乡这台英制勃洛克斯粗纱机，制造时间太古远了，根本没有传动图，到常熟国棉、上海第六棉纺厂请教老师傅和技术人员，他们都说没有这样老式的粗纱机，顾宝玉只能运用书本上知识慢慢摸索、试装，边安装边学习牵伸倍数等工艺。试车时，不知怎么搞的，粗纱机铜管小纱卷绕还可以，卷绕到大纱管就是不行，总是断纱。

试了数十次、上百次，紧盯的眼睛熬红了，久攀的腰背酸疼了，可还是断纱再断纱，真让顾宝玉沮丧、失望。实在无法，顾宝玉想到了国营常熟棉纺厂老厂长汪天贤。

汪天贤是位高级工程师、常熟纺织工业的元老，此时正是"文革"后期，他刚到厂领导班子，顾宝玉向他汇报了白茆二大队眼下自办纺纱遇到的困境，他认真地听完顾宝玉的话后，热情地说："好的，让我们商量一下。"

建办纱厂时部分员工合影。前排左起为：卜琴芬、周妙芬、陈而娟、顾雪元，后排左起为：高金良、李金林、邓建文、唐明保、史明元、马永祥、徐兴元

顾宝玉不便多说，心想汪厂长是管理着数千人的大厂，工作十分繁忙，让他好好"商量"吧。可这"商量"是否和"研究研究"是同义词，如果是的话，来乡下为他们"诊断"就没有日期了。然而，让顾宝玉意想不到的是，他在第二天便带了杨环老工程师，乘公共汽车到了白茆汽车站，下车后，步行三里路过来了。大队有这辆东方红中拖，河南新乡可以日夜奔走，难道到一趟常熟接老厂长不行吗？可老厂长不想麻烦他们，未透露任何消息突然步行过来了，这让顾宝玉感动不已。

汪天贤和杨环带了一卷发黄的资料来到白茆二大队，未喝一口水就径直来到大队的礼堂，马上察看机器的每一个部位，检查传动部分的齿轮速比，发现有错误的就一个一个调换。

汪厂长和顾宝玉开玩笑地说："我今天是来复旧的。这种机器，特别是这台英国制造的勃洛克斯粗纱机，我是在常熟棉纺厂的前身公私合营元丰纱厂时操弄的，现在对它已经很陌生的了，这种机器我们厂早在十多年前就淘汰了。"

"太难为汪老前辈了。我们也想买先进一点的机器，可是能到哪里去买呢？这台英制粗纱机还是花了九牛二虎之力从河南拉回来的。"顾宝玉说。

"你们真不简单，我和杨工就是冲着你们的这点精神来的。"汪天贤说。

"谢谢，谢谢！"顾宝玉非常激动，他相信此次由常熟纺织行业的最高技术权威汪老出马，一定能解决所有技术问题，把机器开出来纺成合格的棉纱。

然而，要解决他们土法上马的纺纱设备的技术问题也并非简单，一次一次试着开车，一次次地出现问题，从上午九点多钟开始，到下午还未能彻底解决问题，就连夜接着干，不停地调换零件、调整速比。

那时哪有计算器，汪天贤用两个算盘放在一起拨打、计算，顾宝玉盯着他，看他的计算方法，与自己一样画的传动速比计算方法比较，问题出在下龙筋上的一只 15 牙链轮被顾宝玉换成了 25 牙。当时顾宝玉想，他们纺的是副 10 支纱，棉花质量较差，为了减慢车速，将粗纱锭子原来每分钟 800 转减成每分钟 500 转。但他不知道，龙筋齿轮改动后，把中心轴的主动轮与锭子的被动轮速比改动了，可是，这大英帝国在设计制造勃洛克斯时，速比是不能改变的。把传动锭子的被动链轮更改后，所有微差装制的速比全都变掉了，后面花鼓筒差微装置就显得不匹配，所以粗纱就不成型了。

夜已经很深了，顾宝玉本想去村食品小店买两条雪片糕慰劳客人，可是村里的小店关门了，叫了好长时间就是叫不开，最后让两位贵客和大家一样，白白饿了一个整夜。

到快天亮时，问题的症结终于找到，一只粗纱卷绕成功。顿时，在场人欢呼雀跃，纷纷向汪厂长和杨工程师表示祝贺和感谢。顾宝玉更是激动万分，对两位专家再三道谢。因为纱厂是牵动全大队人心的一件大事，它系着大队集体经济兴衰沉浮呀！

这一天是 1975 年 10 月 12 日，历史给了顾宝玉一张欣慰的笑脸，常熟白茆山泾村村民不会忘记这个有纪念意义的日子。

天亮后，顾宝玉以感激的心情用东方红中拖送汪厂长和杨工程师回常熟。

在拖拉机上，汪天贤对顾宝玉说："粗纱机是纺纱的心脏，它的计算是最难的。前天你来告诉我后，我就与杨工商量，看来一般人来不能解决这问题，我们决定前来试试，现在总算找到了问题，接下来你要把它调整好。

你年纪轻，很有钻研精神，会成功的。"

那年顾宝玉正好30岁，三十而立呀，在事业上应该有成就了，可他觉得自己才刚刚起步，所以诚恳地说："汪老，你要多帮助我，纺纱技术我还是门外汉呢！"

今后你遇到技术问题，可随时来找我……"

"好好，那太好了！"顾宝玉高兴得差点跳了起来。

后来，顾宝玉遇到技术上的事，总是去请教汪老，汪老都非常热情地接待他，不厌其烦地进行解答。10月底，一台细纱机终于在汪老等人的指点下，在顾宝玉和他的同伴们超乎寻常的努力下安装成功。那天晚上，当几只锭子把粗纱纺成细纱时，大家都拍手跳跃，相互拥抱，高兴的眼泪流在一起。

看到了光明前景，顾宝玉又继续调试。在最后冲刺的13个昼夜中，顾宝玉一直在车间（大队的礼堂），吃住在那里，未睡过一个安稳觉，累了打个盹儿，醒了就想设备上的事，不断地完善改进。有时候感觉人累得快要瘫下去了，心跳加剧，胸闷舌燥，可他一再坚持再坚持，直到一台细纱机400只纱锭全部开出来才回家休息。

泥腿子农民，终于缔造奇迹，以坚定顽强的步伐跨入了工业的神圣殿堂。

# 16．百折不挠

在20世纪70年代中期，能创办起一家"洋纱厂"是件了不起的大事，尤其是生产大队，在常熟全县还是第一家。白茆公社的社办企业、白茆二大队周边的大队和顾宝玉的亲朋好友，都纷纷打来电话表示祝贺。

常熟县棉麻公司刘瑞兴、孙怡兴两位领导带着他的同事特地赶来，对白茆二大队纱厂表示由衷祝贺。孙怡兴对顾宝玉说："先前我们答应你们供应原料，全部收购你们的产品的事不变，我建议你们逐步扩大生产规模。400纱锭太少了，应逐步发展到2000纱锭，也就是说5台细纱机，这样可形成规模效应，提高经济效益。"孙怡兴经理的表态和建议，一方面是对白茆二大队的支持，另一方面也出于他们自身利益的需要。

顾宝玉对孙经理的建议后来越发心动，因为白茆纱厂自11月中旬投产后，马上产生了经济效益，到1976年春节的不到三个月里，就把向生产队借的现金全部还掉，还兑付职工工资，让他们交给生产队记工分。

然而，企业发展是一件相当艰难的事。当时山泾村的部分群众，只知道"以粮为纲"这个天天讲，月月讲的政治原则，对办厂的重要意义根本没有考虑过，也不了解办工厂的艰难，对顾宝玉他们为集体事业吃尽千辛万苦不以为然。

有一次，常熟棉麻公司的一个轮队给白茆二大队纱厂运来了等外棉，顾宝玉发动厂里的男青年去卸货，大家热情高涨，将船上的皮棉一包包地创扛到企业仓库里，从下午3点一直干到晚上12点。这时候，大家都未吃晚饭，因为刚办厂没有食堂，职工上班都是自带饭菜，而现在个个饿得直不起腰了。其时大队有一爿副食品小店，安排了两个老队长值班营业，顾宝玉让人去小店买雪饼充饥，可是睡在里头的值班人员不予理睬。顾宝玉顿时被蒙住了，完全不明白是何道理，所以也去叫门，可是小店里头的人就是不开门，真是没办法。这里离镇上又远，十几个人只好饿着肚子把余下的货卸完后才回家，因轮队当天不卸掉货要算耽搁费。

这事让顾宝玉非常难过：就算不是企业的事，人家遇上非常事，你也应该帮一把吧？何况这是举手之劳的事，人家又不是白吃白拿。

有的人还对顾宝玉他们讽刺嘲笑，机器没有运转时，说这些青年人是"癞蛤蟆想吃天鹅肉"，机器开车后，有了些收入了，就提出要把钱分掉。

有个当过生产队干部的人对顾宝玉说，办厂得的利润应分给农民，让农民受惠得好处。顾宝玉和他说："你错了，村民在厂工作拿的工资就是受惠得好处，企业有了利润，大部分应该用在发展再生产上，不能吃光分光。如果这样，企业还要不要办下去，还要不要发展？企业如果没有生产技术上的再投入，产品哪有市场竞争力？企业的产品如果没有市场竞争力，企业哪有生存、发展的空间？当然，有了利润应该拿出一部分用在集体事业上，这也是'取之于民、用之于民'原则的体现。不过，现在我们的企业是创业阶段，是需要艰苦奋斗的时候，我们的企业刚起步，还比较弱小，这些小厂根本赚不到大钱，所赚的小钱也应用在刀刃上，用在改变我们农村的落后面貌和社会公共设施上，这也是全体村民长远利益所在。我们是党的干部，是农村里的带头人，目光要放远放长，不能盯在眼前的既得利益上。带领群众建设好我们的家乡，建成社会主义现代化新农村，让全村村民共同富裕起来，这才是我们的目标。"

这位干部听了，非常不好意思地说："顾书记，你说得对，讲得很明白，我的想法是错误的。办事情应该有要一点高度，要有全局观念、长远观念，像你这样的人才是做大事的人。"后来，他帮助顾宝玉积极地做群众工作，将群众的思想统一到支部的决策上来，统一到长远打算、科学规划、积极实施的工作上来，使全村的各项工作出现一个心往一处想，劲儿往一处使，团结生动的崭新局面。

在一次会议上，顾宝玉向群众作进一步的解释："我们办纺纱厂的目的，是为了逐步改变我们村的落后面貌，目前纺纱厂刚能运转，而且只有400纱锭的一台车，根本不像样子，配套设施什么都没有，比如像我们农村刚组成一个人家，用泥土做了一只泥行灶，用柴烧成了饭菜而已，但要做像个家庭，必须配齐所有的生活用品，请泥水匠砌灶头，要有水缸、提桶、碗橱、桌子等，还要有配套的农具，缺了一样就不方便，现在不能认为饭刚烧成了，事情就叫成功了，许多事还要努力去做。"

纱厂投产后，当时由于国家电力工业薄弱，白天经常停电，要到晚上8点后才能有电，顾宝玉只能让职工啥时候来电，就啥时候来厂纺纱。后来，只要有资金可能，顾宝玉就千方百计购买发电机自己发电，目的是使工厂能正常生产。不知用了多少个"千方百计"，顾宝玉购买的发电机，从10千瓦发展到后来的500千瓦。工厂只有不停生产，多出产品，企业才能创出经济效益，实现良性循环。可在当初，要让工厂持续正常生产，很难！

白茆二大队创办队办企业，正是苏南乡镇企业萌动之初，"左"的思想根深蒂固，不少人对乡镇企业就是看不惯，横挑鼻子竖挑眼。先是说乡镇企业与城市工业争原料、能源、市场，是以小挤大、以新挤老、以落后挤先进，是"挖社会主义的墙脚"。后又说乡镇企业是"不正之风的风源"。再后来又说乡镇企业的发展，会导致基本建设失控、消费基金失控、外汇失控、信贷失控。苏联东欧国家发生了政治巨变后，又有人提出了乡镇企业是"和平演变的基础"。上面有这样那样的议论，难怪下面有人说怪话和出现像小店不开门那样的举动了。

　　然而，乡镇企业是"草根工业"，它土生土长，具有旺盛的生命力，踩不死，淹不没，挖不尽，真是"野火烧不尽，春风吹又生"。它冲破"左"的思想束缚、传统习俗的羁绊和条条框框的制约，在"肯定与否定"喋喋不休的争执中发展起来。

　　在"以粮为纲"年代，社队办企业是"私生子"，它只能偷偷摸摸，顶着风险生存在夹缝里。面对"割资本主义尾巴"的血淋淋快刀，面对"偏离党的路线"的帽子和棍子的不断打压，企业从镇头搬到村头，从地上搬到"地下"。艰难岁月中，企业设报信放哨岗的有之，关门堵窗户的有之，白天歇息晚上开工的有之，目的只有一个：自我奋斗，摆脱贫困。人们顶着高压照常开厂，苦苦挣扎求发展，终于，拼出了一条脱贫致富的道路。

　　在计划经济年代，它是"叫化子"。它常常乞求大企业把"残汤剩饭"抛给自己，甘当大企业的配角，做些拾遗补缺的生活。那时的采购员供销员，为了企业的生存，千山万水走，千难万难求，拉破脸皮，忍受冷嘲热讽，在一缝半隙的狭窄天地里开辟生存、发展的空间。它像一只散养鸡，到处寻寻觅觅，不遗余力觅谷找食求果腹。

　　至今顾宝玉清楚地记得，那时他们出去联系业务的介绍信是"常熟县

白茆纱厂企业管理培训班

白茆人民公社第二生产大队纺纱厂"，这些介绍信拿出去联系业务，有的单位根本不予理睬，连厂门都不准进。到上海住旅馆必须到住宿介绍所排

队登记，得到一张小纸条，上面盖有一个小方印章，写着某某某浴室的字样，然后按照提示的地址，乘车到那个浴室登记住宿，且要到晚上9点以后才能住上。必须等到浴室里的人洗澡完后，服务员才给他们每人一条被子，让他们在一张躺椅上或者是一张长条凳子上过夜。要住旅馆，必须有县一级的介绍信方可。大队办厂，人家瞧不起呀！在那些年头里，顾宝玉出差外地，都是住浴室，尝够了农民低人一等的滋味。

有句话叫作"经济发达，自我提拔"。现在还是弱肉强食时代，真像国家一样，落后就要挨打，软弱就要受欺，只有尽快地发展经济，才能提高地位，才能不被人歧视。

顾宝玉向大队领导汇报了抓住机遇、扩大生产规模的想法，得到了大家的赞同，但真正的实践起来，谈何容易？虽然当时一台细纱机开出来了，整台设备前后根本不配套，要扩大纺纱规模，各道工序必须都要配套完善，真是太难了，清花车没有，钢丝车只有一台，摇纱机也没有，筒子车也没有……

世上没有克服不了的困难。鲁迅先生说过："地上本没有路，走的人多了也便成了路。""路"字是由"足"和"各"组成的，它告诉顾宝玉：世上没有救世主，各人的路是用自己的脚走出来的。

1975年年底到1980年的这几年里，顾宝玉发展企业、钻研技术的脚步一天也没有停。

大队没有请一位懂纺纱全套工艺的工程技术人员，而是靠顾宝玉一点一滴地钻研学习，不懂就问，不会就学，谦虚谨慎、兢兢业业地向书本、向同行老师傅，向实践学习，逐渐懂得了纺纱全套工艺流程。

一天，顾宝玉来到常熟棉纺织厂，向汪天贤厂长和杨环工程师讨教有关技术问题，汪厂长赞许地对顾宝玉说："你从一个门外汉，对纺纱全套工艺和计算齿轮速度的公式都了如指掌，很了不起的。凭你现在掌握的技术，一个本科生再加3年实践也很难达到你这样的水平。"

不久，汪天贤在全厂大会上对全体职工说："你们应该好好学习技术。白茆有个小青年本来对纺织一窍不通，他靠的就是一股拼劲儿，《棉纺织技术》和《棉纺织计算》两本书读了几十遍，有些计算公式能倒背如流，现在已掌握了纺纱设备全套工艺技术。要是他进我们国棉厂，就是生产技

创业篇·蓬勃岁月

115

术科长的最佳人选。"汪厂长说的"白茆小青年",当然就是顾宝玉了。

1989 年,顾宝玉被常熟市职改办公室授予纺织工程师职称,在全市纺织行业中引起了不小的震动,不久他又拥有副高级职称,这在常熟乡镇企业家中是绝无仅有的。

如何扩大生产规模? 整台设备又买不到,顾宝玉四处奔波,去各地纱厂购买他们淘汰的残缺不全的纺纱设备部件,七拼八凑,拾遗补缺,不断完善。他到苏北靖江市北部的千年古镇季家市的棉胎厂去买的钢丝车零件,到盐城市的大丰兴化棉纺厂购买他们废弃的粗纱机配件,到位于黄河中游东岸、山西省临汾市所辖的吉县棉纺厂购买一台豪猪开棉机,到常州纱厂、常州国棉三厂、常州永红棉纺厂、上海国棉六厂、上海国棉八厂等工厂去购淘汰的设备和零件,还用两吨钢材去国营常熟棉纺厂调换柏拉他清花车头……

通过艰苦努力,到 1980 年年初,白茆纱厂已装配成 10 台钢丝车,13 台细纱车,2 台粗纱机,形成了两条色纺生产流水线,共 5000 纱锭。做到逐步发展配套完善,建成一个像样的纺纱厂。1983 年生产的品种有副 10 支和正 16 支至 32 支,年产各类纱线近千吨,年利润实现 53 万元。

记得配套清花机的柏拉他车头,后面需要喂入 AO92 棉箱,可这 AO92 棉箱实在买不到,怎么办呢? 顾宝玉来到常熟国营棉纺织厂的纺纱车间,实地画了一张 AO92 棉箱的草图,由于没有大件翻砂,回来用铁板自己做。轴壳、托脚等都是叫木匠做了模型,再到白茆农机厂找人帮忙翻砂浇制。浇制需要生铁、焦炭,顾宝玉又想方设法去找关系、通路子购买生铁、焦炭,将这些物资送到农机厂后方才给予加工。

这一整套清花机,从松花至豪猪、储棉箱,到 AO92 棉箱、成卷车头,都是自动喂入,里面的水银开关、行程开关、接触器、满卷自停等,都是顾宝玉自己安装调试好后,再告诉电工,叮嘱他今后如何维修。仅是这套设备,顾宝玉不知花了多少心血,只有他自己才知分量。更何况建成 5000 纱锭的两条纺纱流水线,需要两套清花设备、12 台梳棉机(钢丝车)、4 台并条机、2 台粗纱机、13 台细纱机,并有配套的筒子车、并线机和摇纱机,多少血呢?

这是一个用现代计算机都无法计算的数题,是用意志和毅力才能完成的浩大工程。让顾宝玉不能忘怀的是，在他们最艰苦的时刻，那些国营大厂对他们农村小厂的支持和帮助。其中有国营常熟棉纺厂的汪天贤、杨环、朱来宝、朱永法，常州国棉三厂的鞠林章、宋柏青，常州永红棉纺织厂的顾荣泰，上海国棉二十七厂的宋振雄，上海国棉六厂马掌宝、王荣等有关厂领导和工程技术人员，对他的全力支持和热心传授，顾宝玉向这些无私的奉献者表示衷心感谢！

1983年10月8日，常熟县白茆公社第二大队纺纱厂，改名为常熟市白茆纱厂。然而，企业账户仍然在信用社，明眼人一看就知道这是社队办企业，即乡镇企业。

在白茆纱厂形成和诞生的那几年里，顾宝玉两耳不闻窗外事，一天到晚在厂埋头工作。他是共产党员，后来又当选为大队党支部副书记，然而他除了党支部大会参加外，其他会议很少参加。由于受极"左"思潮的影响，不少人认为农村办厂，是弃农经商走资本主义道路，公社的一些领导经常在大会上批评白茆二大队的"出轨"行动，总是横挑鼻子竖挑眼，对白茆纱厂横加指责，顾宝玉采取的对策是避而躲之，耳不闻为静。久而久之，一些人对他的会议缺席也习以为常，不再去追究计较。顾宝玉曾开玩笑说："我是漏管分子。"

1979年4月，中共中央在北京召开工作会议，提出了"调整、改革、整顿、提高"的八字方针，要求边调整边前进，在调整中改革，在调整中整顿，在调整中提高。然而很多问题积重难返，调整、改革、整顿、提高也需要有个过程，由此，刚刚起步的白茆纱厂面临着市场不稳定、生产忽上忽下的艰难局面，产品一改再改，从生产10支棉纱逐步改成生产16支正牌棉纱，然而皮棉买不到，又改纺化纤涤棉32支纱，生产涤卡布面料。1980年那年，化纤涤棉32支纱市场疲软，销售上有问题了，根据几家布厂需求，又改纺了颜色棉混纺纱支。因有两条生产流水线，可以同时纺两种颜色的纱线，市场需要什么规格纱，顾宝玉就让企业纺什么纱，勉强把工厂维持下去。

1991年初，张家港第八织布厂从乌拉圭进口了30吨50支精羊毛条，却找不到加工纺羊毛纱的工厂。后经朋友介绍，找到了顾宝玉，请求他将50支精羊毛条加工纺成42s/2全羊毛纱。

按常规要求，羊毛条必须在精毛纺厂毛纺车上才能纺成为42s/2精毛纺纱，而当时苏州市只有一家毛纺厂，即苏州第一毛纺厂，但这个厂规模小，生产任务又重，根本不可能接受张家港这家企业的加工任务。为了维持企业的发展，顾宝玉接受了他们的请求，经过几天几夜试纺，最后纱纺成了。

然而白茆纱厂是棉纺设备，车速不能开得太快，所以产量极低。怎么办呢？顾宝玉来到苏州第一毛纺厂向工程师请教。一位工程师告诉顾宝玉，说他原来也是搞棉纺的，70年代初开始纺精毛纺纱，起初的设备也是棉纺设备，慢慢地改进工艺纺精羊毛纱。这位工程师非常热情，向顾宝玉提了几个改进的意见，教他如何用油剂、如何改集棉器、如何用滑溜牵伸等等。顾宝玉回来后，按照这位工程师的意见进行改进，马上提高了车速，产量迅速提高，终于在较短时间内完成了这30吨精毛纺42s/2的高级毛纱的加工任务，得到了张家港第八织布厂的好评。

有时候做一件事，其过程可能较为曲折艰难，但做好后会出现意想不到的连带效应。白茆纱厂纺成高级毛纺纱后，企业发展出现了柳暗花明的可喜景象。

这年8月，上海金山石化总厂9纶厂投产，为了给9纶合成纤维的废丝找出路，成立了五个轻纺工厂，叫五朵金花，其中一家工厂叫五花毛纺厂，专门处理腈纶厂制成腈纶毛条后的下脚料。南翔染厂与五花有协作关系，他们得到信息，说常熟的白茆纱厂能纺毛条纱，便派出人员与顾宝玉联系，商量能否把9纶废丝利用起来纺成9纶纱，他们染色后可成为膨体开司米。当时膨体开司米在市场上非常抢手。利用上海五花毛纺厂的废丝（即下脚料），由白茆纱厂纺纱、南翔染厂加工染色，三家联合起来，一举三得。

这样的好买卖哪有不做的？顾宝玉立即来到金山石化总厂，与五花毛纺厂厂长徐葆梅见面商谈。两人一拍即合，当即就把原料装了回来，马上开始试纺。按照纺毛纱的工艺，在此基础上作了少许改动，由于有的腈纶毛条有牵伸丝，顾宝玉就派专人采取土办法用剪刀和绞刀把它剪断，再配上高收缩腈纶和不收缩腈纶混在一起纺制，纺制成公制32s/2腈纶纱。再经温度加膨后，通过染上各种颜色，就成了漂亮的膨体开司米。

膨体开司米经过手摇横机加工，或者进行手工编织，可以制成各式男女腈纶羊毛衫。由于是计划经济时代，纺织产品都是计划供应，当时市场上很少能见到这样的产品。能穿上腈纶羊毛衫穿的人，显得有档次有地位。

白茆纱厂将膨体开司米生产出来后，马上在市场上供不应求，客户来车来人或用支票排队等候要货，一时间在周围边地区影响很大。有个东北客户叫林春仙的老人，不知他怎么知道白茆纱厂能纺腈纶废丝，从大庆腈纶厂发来了50吨废丝叫顾宝玉加工成开司米，顾宝玉答应了他的要求，他高兴极了。林春仙在白茆纱厂住了几个月，他看白茆纱厂这个大队办的工厂管理得非常好，夸奖顾宝玉是个能人，感激顾宝玉帮了他的大忙，让他赚了不少钱。

在华东地区，能用棉纺设备纺毛纺产品的，白茆纱厂是第一家。由此，白茆纱厂在棉纺行业中名气响开了，大家也都知道顾宝玉这个德才兼备的年轻厂长。不少人来到白茆二大队向顾宝玉求教经验，顾宝玉都是有问必答，热情接待。也有的偷偷地来到车间观看工艺，做出一些不雅之举。

在顾宝玉他们将纱厂逐步配套扩展到5000纱锭，建成白茆纱厂时，周边地区纷纷建起了支塘棉纺厂、淼泉棉纺厂、周行棉纺厂等社办厂，他们都请顾宝玉去指点。他们条件远比白茆纱厂好得多，经济实力相对雄厚，设备是整台机器，并且还请了专业师傅，而白茆纱厂都是七拼八凑的，但在后来几年的市场竞争中，那些厂都因管理混乱、经营不善等原因相继倒闭。

市场经济是无情的，优胜劣汰。

# 17．春风浩荡

1978年12月28日，这是中国历史上一个值得纪念的重要日子，中国共产党十一届三中全会胜利召开。这次会议，实现了思想路线、政治路线、组织路线的拨乱反正。全会决定把党的工作重点转移到以经济建设为中心上来，作出了改革开放的伟大决策，开启了改革开放的历史新时期。

80年代初，以分田到户为标志的家庭联产承包责任制，启动了农村创改革的新进程，这一伟大举措为建设社会主义现代化新农村奠定了坚实基础。1981年秋天，常熟推行分组联产、专业承包、联产计酬。1982年秋经过王市公社南塘大队试点，推行农业生产联产承包、分户经营。1983年1月中共常熟县委制订相关政策，在全县农村陆续推行家庭联产承包责任制，到年底实行户数达到24.15万户，占全市总户数的97.96%。

白茆乡的家庭联产承包责任制的推行，始于1982年6月，与多数乡镇一样经历了小小的曲折，由于几十年走集体化道路的思想意识根深蒂固，不少人对分田到户、联产承包想不通，说"辛辛苦苦几十年，一夜回到'解放前'，抵触情绪十分普遍。"直到1983年春，上上下下开了多次会议，最后在上级高压态势下才实行一刀切，把生产队所有的田地、农机具、仓库等生产资料全部分给农民，保留给大队集体所有的仅企业资产和房屋等财产。

实践是检验真理的唯一标准。白茆人民不久后才明白，家庭联产承包责任制的实施，打破了人民公社体制下土地集体所有、集体经营的旧的农业耕作模式，实现了土地集体所有权与经营权的分离，确立了土地集体所有制基础上以户为单位的家庭承包经营的新型农业耕作模式，是特定社会经济条件下的历史选择。事实也证明，家庭联产承包责任制，极大地调动了农民的社会主义积极性，解放了劳动生产力，为发展社队工业（后称乡镇工业）创造了极为有利的条件。

据《常熟市志》反映，1976年常熟全县社队企业仅三百来家，从业人员不满一万人，工业产值0.79亿元。到了1983年，社队企业迅速发展到190453家，从业人员162887人，产值达到9.15亿元，在全县工业总产值中占据的比例突破50%，为53.32%。

白茆乡也和其他乡镇一样，兴办乡镇企业（其中包括村办企业）的积极性空前高涨，白茆金属压厂、白茆医用塑料厂、白茆汽车旅游服务公司、白茆化纤加弹厂，毛类村的琴沪化工厂和加弹厂、科泾村的服装厂、芙蓉村的化工厂、石泾村的塑料制品厂、李市村的医用器材厂等一批企业，都是在那个时期创办的。此时，顾宝玉领导的白茆纱厂，已在大队大礼堂（原纱厂）附近陆续建起了近1000平方米的厂房（到1980年陆续兴建厂房近3000平方米），职工人数增加到近两百人。此外，以高德康为首的服装组已和上海联谊服装厂联合，办起了山泾服装厂，除了吸收残疾人员为职工外，还吸纳了近30名青年妇女。

身为白茆纱厂厂长又是白茆山泾大队党支部副书记的顾宝玉，在考虑如何进一步发展村办企业。

然而，能办什么企业呢？

顾宝玉看到，家庭联产承包制实施后，一大批劳动生产力被解放后，全村大部分妇女，特别是青年妇女分别进了白茆纱厂和山泾服装厂工作，但男士们还闲在家中，现在摆在面前的应该是解决男劳动力的出路问题。

一天，顾宝玉和来访的太仓横泾水泥厂干部；永林交谈，谈到了自家在建造房屋时购买石灰等建筑材料碰到的种种难事，其中说到石灰的购买，托张三求李四，到常熟和苏州才好不容易解决的。顾宝玉的房屋是1982年11月建造的，当时一家人住在仅有的二间半房屋内，急需进行扩建。村里的绝大多数农民住着平房，有的房屋已经破旧不堪，家家都想翻建房屋，但苦于石灰等建筑材料难以解决而伤透脑筋。这位从事建筑行业的老朋友向顾宝玉提议，可以建办石灰厂解决群众困难。顾宝玉想，这不就能安排男劳动力就业了呀！

其时的常熟，除了常熟石灰厂外，在20世纪70年代末和80年代初，周行、梅李、莫城等乡镇都相继办起了石灰厂，但石灰在市场上还是供不应求。这天，他来到大队部，和时任村党支书记徐兴保和村主任谭祖荣商量建办石灰厂。他和两位村领导分析了这个项目的可行性，资金上有纱厂做后盾，市场供应不成问题，至于技术上的问题，乡镇企业都是求助于国营和大集体企业的，可以边干边总结边提高。他的想法，马上得到了村领导的支持，于是将厂址选在转河口，也就是原来窑厂附近。

1983年年初的一天，顾宝玉经人介绍，来到常熟建材厂，请教该厂副厂长兼工程师、常熟石灰生产的技术权威马希贤。马希贤非常热情地接待了当时已在常熟小有名气的顾宝玉，非常客气地对顾宝玉说："烧石灰很简单，等于我们家里烧蜂球煤炉，上面放一个煤球，待下面一个烧完后压下去，上面再放一个煤球，下面的灰就是石灰，这样24小时不间断循环操作就行。如在上面停止放煤球，火就要烧到上面来。烧石灰时，只要一层石头一层白煤，放得均匀就行了，技术要求很简单。"

这位老先生讲得非常通俗，让顾宝玉一听就懂。

"马厂长，我们对石灰窑是一张白纸，如何建造石灰窑，你能否给我

创业篇·蓬勃岁月

们提供一些技术资料，在技术上给予帮助？"顾宝玉说。

"好呀，只要你们需要，我一定帮忙。"马希贤副厂长爽快地答应下来。

很快，马希贤向顾宝玉提供了一套石灰窑的技术图纸。

1983 年年初，白茆山泾村就在转河口开始建石灰窑，挖基础、打石桩、浇水泥基础，建造直径 8 米、高 18 米的筒体，砌 30 米高的烟囱，呈现出一派崭新气象。据说烟囱砌得高，拔风力就强，能让石灰石完全燃烧，石灰质量就好。

在窑顶上放石头，必须有专用升降机，这一设备由顾宝玉设计，在建办纱厂时，一些部件的设计都是由他完成的。至于升降机的制造，白茆纱厂有能力不需要外加工了。按照上下速度计算速比，顾宝玉去常熟购买了一台变速箱。卷扬机上的钢丝飞轮，顾宝玉让白茆纱厂的木工按照他设计的图纸做了一个模型，再到白茆农机厂翻砂加工。等到安装完电动机升降的电器，一切工作就绪后，顾宝玉进行现场指挥，用升降机把满满一车青石小块拉到 18 米高的窑顶上，正准备倒入窑筒里时，突然间，已到窑顶上空的车子滑下来，重重地摔在地上，发出了震耳欲聋的响声，差点儿酿成事故。

大家都吓得冷汗直冒。是何原因呢？原来钢丝槽太宽，飞轮与钢丝绳摩擦力不够，从而滑了下来。看来大意不得，安全第一呀！这件事引起了顾宝玉的充分警觉：没有安全的保障，做一切事都是毫无意义，相反地会带来祸害。后来，顾宝玉对飞轮进行了认真的测算，改进设计，重新进行加工。换上新飞轮后，装满青石的车子就稳稳地上去了。后来，这只飞轮用了 18 年都从未出过安全问题。

从破土做基础，到开始点火燃煤，建造石灰窑只用了 10 个月时间。1983 年 10 月 18 日，山泾村石灰厂正式开业，洁白的石灰烧出来了。那天晚上，由山泾村党支部出面，请了乡分管领导、周边有关乡村企业厂长和对帮助扶持过山泾村经济发展的新老朋友欢聚一堂，举杯同庆石灰厂开张，大家都说有了这石灰厂，我们翻建楼房用石灰就不再担心了。

常熟地处长江下游平原，境内仅有一座虞山，只有苏州太湖西山才有烧石灰的青石，顾宝玉去那里和当地人联系沟通，谈妥了供应青石的事宜。不久，上级有令禁止太湖西山青石的开采，便设法到浙江长兴矿石厂采购石灰石。

别看一座小小的石灰窑，石灰石的用量每天超过 70 吨，另外，需要 6000 大卡的白煤 10 吨，解决运输是一大难题。顾宝玉和常熟运输公司联系并达成合作协议，常年租用一个轮队进行运输。白煤在昆山采购，昆山火车站有销售煤炭的场地。运输 500 多吨青石的轮队每周到厂，船一旦靠岸就组织男劳力，将这些青石人工扛到岸上。有几次在农忙季节，青石轮队到厂后，叫不到卸石头的人，顾宝玉便一起投入到卸石头的行列中，冒着炎炎烈日和大伙一起挑灯夜战，直到把轮队青石卸完为止。煤船到厂了，也是用人工一担一担将白煤挑到煤场上，其辛苦程度可想而知。

山泾石灰厂的建办，极大地授惠于山泾村村民，不仅解决了 30 多个男劳力就业，而且解决了村民们买石灰翻房子的困难，在经济上也获得了实惠。当时，市场上石灰每吨 90 元，可顾宝玉与刚上任不久的村党支部书记徐兴保、村主任谭祖荣商定，以每吨 48 元的价格出售给本村村民。那个年代收入实在太少，能节省钱的尽可能节省呀！

不久，山泾石灰厂的领导班子建立，周振新任厂长。顾宝玉作为分管领导，其主要精力用在纱厂上，因为村领导要让顾宝玉大力发展纱厂。

石灰厂领导班子组建后，逐步用企业自身积累资金装备了两台吊车，从而让石头和煤炭运输轮队到达后，不再用人工抬扛了，而是用大吊车卸货，这样既快又省力，大大减少劳动力强度，节约了成本。石灰厂建办以后，每天生产石灰 35 吨，自点火后就一直没有停歇，每年能为社会提供一万多吨优质建筑石灰，购买者除了本村村民，大量的是周边乡镇的农民，远销太仓、昆山、吴县、张家港、江阴。

随着改革开放不断深入，人民生活日益提高，老百姓中流传着这样的口头禅：60 年代住草房，70 年代翻瓦房，80 年代翻楼房，90 年代加走廊，21 世纪住洋房（小别墅），这是对农村面貌急剧变化的真实写照。在白茆山泾村办石灰厂时，正是家家户户想改变住房条件，翻建三上三下结构楼房的时候，小石灰窑生产的优质石灰起到了雪中送炭的作用。

后来，苏南地区百姓生活开始奔小康，许多农民不满足于简易楼房，准备翻建小别墅了。小别墅的建筑要求结构坚固，达到防震要求，其建筑对材料要求更高，基本用材是水泥和钢筋，石灰用量很少了。为了达到生存、发展的目的，山泾石灰厂干部职工将石灰磨成细粉，经过滤后，成为轻质碳酸碱，用在化工、炼钢、染厂的水处理上。到了2006年，按照环保要求，上级有关部门禁止小石灰窑厂的生产，于是只好停止生产，并全部拆除。然而，山泾村石灰厂的功绩，一直驻留在山泾村村民和周边地区人们的心头。

# 18．呢绒传奇

在建办山泾石灰厂的同时，顾宝玉还在白茆纱厂的基础上兴建呢绒厂。这一项目的兴建，与激烈的市场经济竞争势态和改革开放的社会大环境，特别是与全市上下激昂奋进、竞相发展经济的大形势密切相关。

1983年1月18日，国务院决定撤销常熟县建制，以全境改设为常熟市，常熟成为改革开放后获批的全国首批、全省首个县级市，从此揭开了常熟历史的崭新一页。其时，苏南地区的乡镇工业风起云涌，区域经济的竞争日趋激烈，常熟市级领导机构迅速进行了调整，已调任中共江宁县委书记的孟金元又回到常熟，任中共常熟市委书记，高政当选常熟市市长，原来分管财贸的副市长芮福明升任为中共常熟市委常委、常务副市长，三人组成了"三驾马车"，形成了常熟工业经济发展坚强的领导核心。

善于在商海中搏击的常熟人，此时如挣脱鸟笼的鸟儿，扑腾腾地飞向广阔的天空。他们依托大上海，充分发挥自己在地理上得天独厚的优势，大力发展横向联合，千方百计动脑筋将大城市和发展领先城市的技术优势、人才优势、资金优势和市场优势拿来为常熟所用，采取借鸡生蛋、借梯登天、借脑袋发财的策略，迅速发展壮大自己，一大批纺织、服装、电子、皮件、鞋帽、机械、化工等企业如雨后春笋般涌现。从统计数字来看，自1983年起，常熟的工业经济迅猛发展，特别是乡镇企业产值和工业利润，每年以递增30%以上的速度飙升，在乡镇工业较发达的苏南地区也稳居第一方阵。

1984年2月27日，《新华日报》发表名震全国的长篇通讯《碧溪之路》，尤其是新华社加发的"编者按"读来更是令人感奋——

从通讯《碧溪之路》中人们可以看到，发展社队企业是农村多种经营的组成部分，走向共同富裕的途径之一。社队企业是国民经济的一支重要力量，国营企业的重要补充。社队企业的崛起，有利于"以工补农"，也有利于发展农村小集镇，加快农村经济文化中心的建设。全国逐步建设成千上万像碧溪这样的小集镇，亿万农民离土不离乡，到镇上做工、经商、从事服务业，这对我国安排剩余劳动力，繁荣商品经济，具有战略意义，是建设具有中国特色社会主义的一项重要内容……

从此，"离土不离乡，进厂不进城"成了乡镇企业（时称社队企业）的代名词，成了中国新型农民在新时期的一种时尚、向往的生活方式。

从此，常熟发展乡镇企业，走共同富裕道路便成为全国典型。她的成功犹如东方一束明亮的曙光，让人们看到了建设现代化新农村的希望。

从此，常熟便走进了人们的视野，中央领导、专家学者、媒体记者和全国各地参观者如潮水般涌来……

在苏南乡镇企业如滚滚洪流奔腾直下的大背景下，在竞相兴办乡村企业浓烈氛围中，白茆乡及其山泾村的领导们坐不住了，纷纷寻找机会办工厂发展经济。他们都有一颗火热的心：发展集体经济，提高社会文明程度，造福一方百姓。

1983年11月下旬的一天，白茆乡党委书记陆世生和乡长叶元两人来到山泾村，和顾宝玉探讨山泾村工业经济的发展。当时，白茆纱厂和顾宝玉已在常熟全市很有名气，从生产规模上看，除了国营常熟棉纺厂有3万纱锭外，常熟第二棉纺厂和白茆纱厂一样，同样具有5000纱锭，接下来就是周行纱厂、支塘纱厂和森泉纱厂了，他们的纱锭都在2000锭至3000锭之间。而且，顾宝玉在发展策略、经营理念、企业管理等方面很有见解，获得了市、乡领导和同行们的尊重。

"宝玉，今天我和叶乡长来，主要是想听听你对发展山泾村工业经济的打算。你也知道，现在周边各个乡镇都行动起来了，乡、村办企业如雨后春笋一样涌现，有话说，逆水行舟，不进则退，落后就意味着被动，意味着失败……"白茆乡两位主要领导在顾宝玉那间小小的办公室坐定后，陆世生开门见山地说。

"两位领导今天上门指导，我顾宝玉非常感动。说实在，现在的形势真是大快人心。以前我办窑厂、建纱厂，有劲儿不好使，做多了做好了就要受批评，就会背黑锅，只能偷偷摸摸地像做地下工作一样，心里憋着一股怨气。现在好了，政府鼓励大家办企业，可以光明正大地为百姓谋利益了。要说我现在有没有打算，确实也在动这方面的脑筋。前几天我还和我们的村书记徐兴保商量，究竟能办什么样的企业？要另辟行当办机械、电子、化工吧？我们没有这个基础。如果再扩大纱厂规模吧？现在已有不少乡镇办纱厂了，不能都挤在一条独木桥上去争市场。我的想法是，发挥我们纱厂的基础技术优势，创办呢绒厂，生产各类呢绒……"顾宝玉说。

"呢绒？其学名就是人造纤维吗？"叶元乡长说。

"是的，呢绒是人造纤维中的一种。纺织物中的棉麻、蚕丝、羊毛等天然纤维，由于天然资源有限发展受到限制。所以化学家开始研究、利用价格更便宜、来源更丰富的原料来纺纱织布，它们便是化学纤维。化学纤维又分为两大类：一是人造纤维，以天然高分子化合物（如木浆、棉浆、竹浆等纤维素）为原料制成的化学纤维，如粘胶纤维、醋酯纤维；二是合成纤维，以人工合成的高分子化合物为原料制成的化学纤维，如涤纶丝、腈纶丝、锦纶丝、丙纶丝、维纶丝、氯纶丝等。化学纤维的长度是无限的，具有强度高、耐磨、密度小、弹性好、不发霉、不怕虫蛀、易洗快干等优点，但其缺点是染色性较差、静电大、耐光和耐候性差、吸水性差。"顾宝玉说。

"呢绒厂就是毛纺厂。现在我们常熟毛纺厂可能有十多家吧？"陆世生书记说。

"对的，何市、东张、王庄、周行、梅李、练塘、支塘等地都有。呢绒这一产品，以羊毛为主要原料，高雅挺括，富有弹性，保暖性强，适用于制作西装、大衣等高档的服装，目前在市场上非常热销。当初我们也生产过，那是用我们纱厂的棉纺设备经过改造后生产的，现在办呢绒厂，要购置专门设备了，不过一些基本技术我们是知道的，在技术上不会走弯路了……"顾宝玉说。

"好呀，我支持你。"陆世生说："那你准备办在哪里呢？"

"初步打算，准备在我们纱厂旁边再建几百平方米的厂房。"

"我看呀，我们不能做缠脚老太，谨小慎微，裹足不前。根据市里的精神，胆子要大一点，步子要快一点。我看还是搬出原来纱厂地方，要办就得办一个像样的呢绒厂⋯⋯"

"陆书记说得对,宝玉,我看你在村里大大方方地选一块地,土地的批办手续由我负责。"叶元说。

"好呀,由你们两位撑腰,我的胆子肯定要放大了⋯⋯"顾宝玉笑着说。

"这样,宝玉你通知徐兴保、谭祖荣他们到这儿来,说我和叶乡长在,有事要商量。"陆世生说。

这天晚上,陆世生与叶元和村领导、顾宝玉一起,一直商量到深夜。第二天,顾宝玉选择了村民住房有一定距离的地方围了 35 亩地,其时算是一个大胆的动作了。因为顾宝玉知道,土地是人类活动的舞台是人类赖以生存的基础,特别是田少人多的苏南地区,土地十分金贵,国家对征用土地有着严格的政策和手续。如果在"以粮为纲"年代,不要说 35 亩,就是 3 分 5 厘地都动不了。现在,由村委会决定,乡领导鼎力支持,同时也是为了发展集体经济,解决村民就业问题,理由堂而皇之,他因而放大胆子一下要了这么多地。

不久,35 亩土地的征用获得上级土地管理部门的批准。

1984 年元旦前夕,山泾村的呢绒厂破土动工。厂房设计由顾宝玉承担,按照粗毛纺梳毛机和细纱机的数量、占地面积和生产所需的活动场地,规划建造两千多平方米的锯齿形厂房。顾宝玉采取的是边基建、边采购设备的做法,一方面请来了当地的泥瓦匠、木匠按图施工,另一方面订购毛纺设备。

由于呢绒产品在市场上紧销,其时常熟各个乡都在建造毛纺厂,毛纺设备在市场上十分紧缺。本地只有常熟机械总厂一家企业在制造生产羊毛纱的梳毛机,顾宝玉通过市经委领导的介绍,才在常熟机械总厂订到了三台套粗纺梳毛机。其中两台是二联 BC272 梳毛机,一台是三联 BC272 梳毛机。三联 BC272 梳毛机有三只锡林,羊毛梳理多一道工序,可纺细支羊毛纱 10–14 支,二联梳毛机只能纺 10 支以下的羊毛纱。与粗纺梳毛机配套的还必须有毛纺细纱机,当时毛纺细纱机十分紧张,后来顾宝玉通过常熟机械总厂厂长华菊生的介绍,到江阴柴油机厂订购了 3 台细纱机设备。

20 世纪 80 年代的中国,虽然在大力推进经济体制改革,由计划经济向市场经济转变,但仍然是计划经济为主导,乡镇企业还是属于计划外的范畴，兴建企业和企业的生产、经营，都必须冲破重重樊篱。特别是建办企业的资金，国家没有贷款计划，银行一般都不予支持，所以不少乡村办企业大多采取"以劳带资"的办法来解决资金的紧缺。所谓"以劳带资"就是你进企业工作，必须携带一定数量的资金一起进厂。这些资金进入企业账户后，要待上一年或数年后才能退出，企业付高出银行利息一倍左右的利息给职工。有些农民拿不出钱，但为了进厂就东拼西凑筹款，那时候丢掉锄头柄进入企业工作，是年轻人的最大向往。也有的企业付更高的利

1986年，顾宝玉当选常熟人民代表，图为白茆组代表合影留念

息到社会上集资，以此解决资金紧缺的矛盾。

顾宝玉在回忆当初办呢绒厂的情景时说："传说中有个叫屈娘娘的人，嫁到婆家后家里一样东西都没有，缺米、缺柴、缺油、缺盐，样样缺。巧妇难为无米之炊呀，只得向婆婆求助。婆婆横着眼说，'你自己想办法，否则我们要你何用？'我们办村办企业，也和屈娘娘一样，缺这缺那，缺钱、缺设备、缺技术、缺人才，上面支持办乡镇企业，其实只是精神上的支持，要钱一无钱，要人无人，但精神上的支持也非常重要。在资金上，山泾村有纱厂做后盾，具备一定的经济实力，与周边村比较，我们是佼佼者。但当时办厂招收职工时，也采取'以劳带资'的办法，不过带的资金比较少，

人家每人带 2000 元、3000 元，我们带 1000 元，50 多人，也有五万多元……"

顾宝玉分别在常熟机械总厂、江阴柴油机厂订了粗纺梳毛机和细纱机后，还须有毛织机才能织出呢绒。织了毛呢坯布，要到毛呢后整理厂去染色整理后才能上市销售，变成现款，生产经营的流程很长。

顾宝玉通过朋友介绍，先后来到江阴三官纺织机械厂和天津纺织机械厂，购买了 6 台 H212 毛织机、7 台 H213 毛毯织机。这样，基本配套形成了从纺到织的三套计 720 锭毛纺纱锭。

技术上怎么办？顾宝玉去上海国毛一厂请来几名退休师傅帮忙安装指导，同时挑选了在工厂已干了几年有基础的小青年跟班。经过日日夜夜的安装调试，1985 年 6 月 8 日，呢绒厂正式投产，取名为常熟市庆丰呢绒厂。

从元旦前夕开始土建，元旦后去各地购置设备，"五一"前厂房建成，开始安装设备，到 6 月初调试完毕，庆丰呢绒厂在半年多一点的时间里就织出了质量合格的呢绒，连酝酿时间算一起，前前后后也不到 200 天，这在中国毛纺企业的发展史上也算是个奇迹了。

机器开动了，梳毛机逐渐增加，从一台逐步增加到第二台、第三台；毛织机从一台开始，逐步增加到六台，这里面一系列的技术工作多如牛毛。顾宝玉既是纱厂厂长，又是呢绒厂厂长，一方面要保证纱厂正常运行，另一方面又要把精力花在呢绒厂的粗纺工艺和织布工艺的研究和企业的管理上。当然，他不想像生产队队长一样，事无巨细地把所有工作抓在手头，想培养青年工人，让钻研技术、具有责任性、肯为集体事业负责的年轻人挑担子，可是几个被挑选上来的年轻人一时难以独当一面。后来在呢绒厂领导班子配备后，有关资金、原料、销售、织好的坯布到染整厂加工整理等工作，顾宝玉还得亲自安排、操心。

常熟市庆丰呢绒厂建成后，各地毛纺厂一哄而起，单是常熟就有 24 家之多。为了能使刚诞生的呢绒厂在激烈的市场竞争生存和发展，顾宝玉和技术人员一起，开发了大提花毛毯产品。

全毛水波纹的大提花毛毯在 2。世纪 80 年代是高档的床上用品，织造这种大提花毛毯技术含量很高，因为织造大提花的龙头是 960 针，在提花织造时，梭子纬纱的密度必须是每英寸 50 根，如纬纱密度达不到 50 根，则毛毯花型变长，如纬纱密度超过 50 根，则毛毯花型变矮胖。毛毯的标准规格是每条长 2 米，初时织的毛毯由于纬密达不到 50 根，有几条竟长达 2.6 米，大大超过了标准。有职工开玩笑说，这是专门为穆铁柱运动员定做的毛毯。

后来，顾宝玉他们逐步总结改进，逐渐地掌握技巧，先慢后快，在达到标准基础上再追求产量。最终，这里开发的麦尔登呢、大衣雪花呢、粗花呢都达到国家规定的标准质量，并注册了商标。由于质量达标，花型漂亮，山泾呢绒厂生产的庆丰牌呢绒、三铃羊毛毯、玉猫牌毛线在 80 年代占领了一定的国内市场，跻进了上海南京路中百一店、新世界百货、天一商场等大商场，膨体开司米也在上海多家绒线店销售。在安徽、河北、北京、天津、甘肃、陕西等地，都有庆丰呢绒厂的销售网点。

# 19．常熟模式

常熟乡镇企业的发展模式，实际上是一种"能人经济模式"，靠的是政府的积极引导和"能人"的能动作用。随着乡镇企业在风风雨雨中艰难曲折地前行，一大批乡镇企业家茁壮成长。他们大多和顾宝玉一样，从田岸上走来，放下裤管，穿起皮鞋，换上西装，结起领带，坐下来学习企业管理、企业经营和生产技术知识，并不时出入各种商务谈判场合，他们和形形色色的人谈生意，做交易，磕碰摔打，百炼成钢。

这些"能人"，思想纯洁，公而忘私，全身心地发展企业。壮大集体经济，让百姓过上好日子是他们义无反顾地拼命做事的根本动力。他们市场观念超前，有着发展企业的独特战略眼光和改革开拓的志气胆略，又有经营管理的才能。他们已不再是眼睛只盯田横头，也并不是一味停留在"芦席棚"里小打小闹的"土专家"了，而是瞄准高新技术、高端产品和国内国际大市场，团结和带领广大职工，奋勇开拓，建功立业的"奇先锋"。他们具有吃苦耐劳、求真务实的实干精神和坚韧不拔、锲而不舍的求索勇气，他们不畏艰难、呕心沥血，以自己的创新思维、过人的胆识、扎实的工作和不朽的业绩，展示了一代乡镇企业家的时代风采，为常熟这座"历史文化名城"增光添彩。

1985年2月，常熟市委、市政府作出决定，在全市乡镇中广泛开展评选"乡镇企业家"和"乡镇企业红旗单位"的活动。这次评选，是一个对照条件比业绩、比贡献、比思想作风、比群众口碑的过程，是一次聚心凝力、推动乡

80年代的顾宝玉

镇企业更好更快发展的再动员。这年7月，第一届10名"常熟乡镇企业家"隆重诞生，白茆纱厂厂长顾宝玉名列其中。这是一个无上光荣的荣誉，是对顾宝玉这些年忠诚于集体经济事业，一心为全村百姓谋利益，风里来雨里去，不屈不挠、无私无畏打拼的充分肯定。

常熟评选"乡镇企业家"，是苏南地区乃至全国绝无仅有的一个创举。它给这些和泥丸儿打了大半辈子交道、在创办乡镇企业中取得突出成绩的"泥腿子厂长"冠以"家"的荣誉，看起来更像是突发奇想的结果，但它的效果却是明显的，这一举措大大增强了乡镇企业干部职工的荣誉感，激发了他们再立新功的热情，同时也鼓舞了广大干部职工的斗志，使他们树立起了拼搏意识。

常熟的首届十大乡镇企业家，除了顾宝玉外，还有常熟市人造革厂厂长王永根、常熟市工艺服装厂厂长潘炳福、常熟市淼泉布厂厂长张林、常熟市致冷剂厂厂长张平忠、常熟市琴川钢管厂厂长蔡华、常熟市江南仪表厂厂长袁勤生、常熟市减速器厂厂长钱根元、常熟市谢家福圩村村党支部书记陶春生和常熟市中安塑料厂厂长章荣宝。与此同时，常熟市人造革厂、常熟市锦纶厂、常熟市冷轧带钢厂、常熟市梅李食品饮料厂、常熟市碧溪布厂、常熟市工艺服装厂、常熟市毛纺织厂、常熟市电视机元件厂、常熟市吴市机械厂、常熟市印花炼染厂10家发展速度迅猛、效益明显的企业，被授予乡镇企业"十大红旗单位"称号。

此后，常熟市每两年进行一次"乡镇企业家"评选活动，先后共评选6届，

近百人获此殊荣。他们中有党的十六大、十八大代表，全国优秀共产党员、江苏常盛集团公司董事长常德盛，有全国人大代表、全国劳动模范、江苏梦兰集团董事长钱月宝，有全国人大代表、全国劳动模范、波司登集团公司董事长高德康，还有常熟市冷轧带钢厂厂长王甘棠、支塘阳桥食品厂厂沈奎生等。凡连续三届被评为"乡镇企业家"的，不仅工资会晋升，而且个人编制会转为国家干部，户口"农转非"。

在表彰"十大乡镇企业家"和"十大红旗单位"的同时，常熟市委、市政府还对 1984 年年度工农业总产值超过 1 亿元的福山、徐市、王市三个"亿元乡"，分别奖励上海牌轿车一辆，并对乡党委书记和乡长各奖 300 元；对 1984 年度工农业总产值超过 1000 万元的谢桥乡福圩村、王市乡东泾村两个"千万元村"给予表彰，并奖励村书记各 200 元。

这些举措，在社会上引起了强烈反响，有力地推动了地方经济的发展，催生了广大干部锐意进取、发奋向上的豪情。

在乡镇企业家的表彰大会上，让顾宝玉感动的，还有芮福明副市长所作的工作报告。芮福明在会上深刻地分析了当前常熟乡镇工业面临的形势，对全市乡镇企业的厂长提出了殷切期望，每句话都说到了顾宝玉的心坎上，让顾宝玉心潮澎湃，夜不能寐。芮福明在报告中说——

乡镇工业毕竟是农民办工业，为数相当多的企业干部，还没有进入工业生产领域的"自由王国"各方面的局限性较大。如果我们还沿用过去"芦席棚"里起家的经验、"作坊经营"的本领，就无法领导好现在已经具有一定规模的企业。客观的现实要求我们摒弃旧观念、旧思想、旧框框，想远干大，精明有为，在新的岗位上做出一流的成绩。

要立创新之志。创新是推动我们工作前进的内在诸因素中最本质的因素。我们乡镇企业的发展，每前进一步，都离不开创新二字。发扬创新精神，我们就有工作的锐气，就会永远朝气蓬勃，在困难条件下，甚至在逆境中敢于拼搏，知难而进；在顺利条件下也不会背上包袱，能够不断开拓，攀登一个又一个新高峰。

要畅信息之流。乡镇企业起家的资本就是信息。只要重视捕捉信息，往往可以在"冷门"中爆出"热门"，可以在意想不到的地方，以意想不到的方式，创造出意想不到的财富。信息准与不准，反映的快与慢，直接关系到企业的盛衰。工业社会向信息社会过渡是必然趋势。随着新技术革命的到来，信息在经济建设中的地位越来越重要。我们乡镇企业的产品，已经进入国内、国际的大市场，如果闭目塞听，信息不灵，就难于求生存，求发展。

要尽竞争之能。乡镇企业现在面临的竞争相当激烈。有同行业之间的竞争，有地区之间的竞争，有所有制之间的竞争，有国内、国外市场的竞争。竞争给企业带来了压力，也使企业增添了活力。在竞争面前，胆怯是没有出路的，做"太平官"是不行的。一个有志于创业的企业家，应当不讳忌竞争，以竞争为乐，做竞争的强者。参与竞争要有本领，本领在于有勇有谋。勇者，就是要激流勇进，敢于竞争。有谋，就是要讲究策略，善于竞争。要审时度势，灵活应变，做到顺时不轻心，逆时不硬拼，能攻也能守，暗中出奇兵。

要出技术之新。如今，靠吃"省力饭""便宜饭""大锅饭""照顾饭"过日子已经靠不住了。原材料价格提高，各项费用增加，企业承受的经济压力越来越大，如果停留在目前落后的技术水平基础上，显然是难以适应了。优胜劣汰是条自然规律，我们一是要加快技术设备的改造，注重引进国内外先进设备，走捷径缩短与国内外先进水平的差距。二是要与社会上的知识分子挂钩，依靠他们上产品、攻尖端，依靠他们为自己培养人才。也就是说，"借他们的脑袋，发自己的财"。三是要迅速提高职工队伍的素质，使他亻1跟上现代化工业生产的步伐。

要走联合之道。目前的联合大体有这么几种形式：第一种是经济技术联合；第二种是国内补偿贸易，通过引进投资扩大生产能力；第三种是以产品为中心组成松散性联合体，或组成一条龙协作；第四种合资经营，联合生产；第五种是企业与商业、物资等流通部门在产品销售上组织联营，也就是工贸联营。这些经济联合，尽管还属于生产要素上联合的低级形式，但由于适应社会化大生产的客观要求，对企业的发展发挥了巨大作用。我们要抓住机会，敞开大门，向城市辐射，向城市开放，在联合中壮大自身，加快发展。

要懂经营之术。工厂的产品，只有通过经营才能变成商品，才能反映效益。我们要搞活经营！关键在于要确立强烈的经营观念，要充分发挥主观能动性，既要成为组织生产的能手，又要成为善于经营的行家，真正从生产型转变为生产经营型。每个供销人员都要成为既能供又能销，还能带回信息，参谋决策的多面手。

要有用才之心。乡镇企业越发展，人才奇缺的矛盾越突出。实践使我们看到，人才在发展乡镇企业中的作用是何等的重要。可以说，起用一个能人，就等于种了一棵摇钱树；引进一个精明人才，就等于请进了一个财神。人们说，靠拼体力，顶多能使利润按算术级数增长，而人才则是"核反应"，能使利润按几何级数增长。用才要有胆有识，不要怕狼怕虎，也不要听流言碎语，这是光明磊落的事情，犯不着患得患失。要放开眼量，从长计议，留心观察，甘当伯乐。

要结关系之缘。工业生产是社会化生产，与外界的联系十分广泛、密切，由此结成了各种关系，这是很自然的现象。可以这样说，找到一个关系就是铺了一条路，关系越多，企业越发。人家说乡镇企业是靠"关系户"起家、发家的，这是事实。为了事业，为了群众致富，企业的干部不仅不能忌讳关系，而且要千方百计主动地找关系，疏通各方面的渠道。当然，我们所说的要广找关系，是发展各种正当的关系，这不能与搞不正之风混为一谈。事实也证明，完全靠吃吃喝喝建立起来的关系是不长久的，搞歪门邪道更是党纪国法所不允许的。

1985年年初，常熟在全市乡镇企业中推行以厂长为首的集体经济承包责任制，即"一定三年，效益挂钩"。这一经济政策的出台，对于提高和发挥乡镇企业厂长的积极性和创造性起到了至关重要的作用，奠定了常熟乡镇工业持续健康发展的基础。

"一定三年，效益挂钩"的集体经济承包责任制的承包形式，主要采取的是"定额承包，超利分成"的分配方式。也有部分企业采取"定额承包，联利计酬"和"工资含量包干"等方法。对于微利和亏损的企业，则实行"包干经营，自负盈亏"或"定额承包，包干上交"的策略。在承包中，要求各企业处理好三种关系，即：一要保证依法纳税，归还到期贷款；二要按规定上交乡村提留利润，贯彻"先予后取"原则，尽力减轻企业负担；

三是适当增加企业留成，以提高企业资金自给力和自我发展能力；四是在提高效益的前提下，适当增加职工的收入；五是企业各类人员的报酬要承认有合理的差别，克服平均主义。其中，还规定企业领导所得奖金，可根据企业的规模和效益来决定，可高于职工平均奖金的 30% 至 50%，这一政策充分肯定了"能人"的价值，直接调动了企业领导人的创收积极性。

针对当时能源和工业原辅材料奇缺的情况，常熟市政府出台了物资组织奖励制度、供销大承包和鼓励横向联合等一系列奖励规定。为了迅速提高乡镇企业技术档次，增强开发高新产品的能力，又制订了《新产品开发承包责任制》和《关于鼓励开发新产品的若干办法》等一系列政策，此外，鼓励乡镇企业大力引进技术人才，并对企业内部的技术人员进行职称评定，重奖有功的科技人员；允许科技人员兼职和流动，建立厂办研究所，对开发出来的新产品和被评上省级、部级以上的优质产品实行奖励；鼓励乡镇企业引进国内外先进技术设备，对引进的技术项目实行承包责任制等一系列政策的出台，把全市乡镇工业的发展推到了一个新的高度。

80 年代末，常熟乡镇企业呈现出经济外向化、布局小区化、企业集团化、产品科技化、经营多元化的发展新格局。

# 20. 时不我待

"常熟模式"，其实是创造了一种上下一致、齐心协力、政策推动，争先蓬恐后发展乡镇企业的氛围，这种氛围深深地影响了每一个人，特别是让已走上乡镇企业领导岗位的乡镇企业家们，迸发出一种"时不我待，舍我其谁"的万丈豪情。

你看这时候的藕渠装饰用品厂（现为江苏梦兰集团）在厂长钱月宝带领下，开发出了"梦兰"踏花被，马上出现了排队等货的可喜现象，为了满足市场需求，马上大兴土木建厂房、添设备；董浜冷轧带钢厂厂长王甘棠，带领职工开发出了多种冷轧带钢厂，年产冷轧带钢达万吨，成为乡镇企业中的佼佼者；王市秋艳服装厂实行第三次搬迁，建造 3000 平方米的厂房，厂长潘炳福东渡日本，引进全套西服生产流水线，生产经营形势蒸蒸日上；

杨园铜材厂厂长陆明华，引进挤压穿孔机和熔炼炉，已惊喜地拿到了国家冶金部颁发的企业生产许可证；张桥中安塑料厂厂长章荣保，带领职工自力更生，开发出了被誉为"放心带"的尼龙扎带，获得了国家权威部门的认可；淼泉布厂的"老张林"在企业中实行精细管理，"亚梅"涤粘中长布获"江苏省优质产品"称号，乡政府给他9000元奖金；江南仪表／袁勤生总结出一套"以人为本"的企业管理经验，吸引了媒体的注意力，引来了各地的参观者……

此时的顾宝玉怎能不为周围"大干快上"的气氛所感染、激励呢？

如何让自己的企业不断完善、强大，让产品不断地往深度和广度延伸，取得最大的经济效益？这是顾宝玉在那个时期重点考虑的问题。

自从白茆纱厂与上海金山石化、五花毛纺厂合作，利用腈纶废丝纺制出腈纶开司米后，企业生意不断，销售形势很好，后来日产量提高到2.5吨，这些开司米都需要加工染色。呢绒厂建成后，也有不少羊毛需要染色，如果自办染厂，便可大大降低生产成本，提高企业经济效益。这一想法在顾宝玉头脑中盘旋许久后，便拿出来和村领导进行沟通，在取得领导支持后，顾宝玉马上去了上海南翔染厂，和他们商量联营创办染厂。上海南翔染厂厂长成万贵对主动上门请求合作的顾宝玉大为欣赏，觉得这位常熟乡镇企业家谈吐不凡，意识超前，思维敏捷，态度真诚，与之合作大有益处。双方经过细谈，决定联合成立"上海市南翔染厂白茆联营厂"，厂址选在白茆山泾村，厂房建造和设备购置由白茆纱厂负责，染色技术由上海南翔染厂派师傅指导。联营合作期为五年。

1985年年底，山泾村村民在不经意间发现，呢绒厂旁又一家企业在兴建。一问，才知是顾宝玉又为村里建办染厂了，不禁啧啧称奇。

按染色机械的要求，顾宝玉为上海市南翔染厂白茆联营厂设计建造了2200平方米的厂房，到无锡前洲镇购置了4台MZ309A—SM型染色机，以及为之配套的膨箱和简易烘箱。然而，建办染厂不是一件容易的事，要有锅炉和污水处理等一系列的配套设备，还要有煤和蒸汽。这些都要经过有关部门批准。当然，在1985年那个年代，环保要求没有像现在这样严格。但烧锅炉的司炉工要有操作证，要经过培训才能取得。当时购买了一台2吨卧式快装锅炉，但锅炉的水要通过纳离子交换器软水处理。

按照生产上的要求，必须自制一台小型吊车将膨好的开司米放到309染缸里染色，但是吊车上的行车轨道，顾宝玉东奔西走于各地还是没有购到，最后找到南翔染厂厂长成万贵，才得于其帮忙解决。

经过一年多时间的努力，各种设备配套齐全，各项准备工作基本就绪。

1986年7月8日这天，在一片鞭炮声中，南翔染厂厂长成万贵和山泾村党支部书记徐兴保，共同把佩有大红绸带的"上海市南翔染厂白茆联营厂"厂牌悬挂在厂门口，宣告上海市南翔染厂白茆联营厂正式投产。

染色用蒸气锅炉

投产首日，上海市南翔染厂白茆联营厂应该染什么颜色的产品呢？厂长顾宝玉说："第一缸，就染大红开司米，表示企业开门红；第二缸染黑色羊毛线，标志着我们要尽力赚钱；第三缸染上青色产品，预示我们企业像常青树一样，四季常青，久盛不衰。"

"好，好！四季常青，久盛不衰！"众人欢呼，掌声四起。

上海市南翔染厂白茆联营厂投产四个月后的一天，顾宝玉带领几个企业骨干来到上海十八毛纺厂参观，看到了该厂一台从德国进口的链条烘燥机，是专为毛线开司米烘干用的。顾宝玉心头一亮，这样的烘燥机我们厂也需要呀！这天，虽然没有拿到这台设备的技术资料，但顾宝玉把一些关键数据暗暗地记在心中，回来后在这台德国设备的基础上同比例缩小，按自己企业的产量要求，自己动手加工。此外，通过关系到上海浦东拆船厂去买外国大轮船上的散热片，使整台烘燥机的设计达到了预期的效果。后来，上海第十八毛纺厂厂长、总工程师陈家骏老先生来到白茆山泾村，看到顾宝玉自己设计制造的毛线烘燥机，翘起大拇指夸奖说："顾厂长，了不起呀！在乡镇工业的毛纺厂里能有这样的烘燥机，你是第一家。"

自从上海市南翔染厂白茆联营厂投产后，每天的染色产量在1。吨左右，白茆山泾村的纱厂、呢绒厂经营活力立即增大了。纱厂纺的开司米和呢绒厂用的原料通过染色后纺成羊毛纱，经过后整理，产品在整个市场销售中竞争力大增，特别是9纶开司米和呢绒、粗花呢等产品受到消费者的青睐，资金周转明显加快，经济效益也明显提高。

染厂办成后，顾宝玉还在寻找下一个发展目标。

其时，国家对发展乡镇工业给予许多优惠政策。新办企业免税一年，这对于农村发展企业是最好的机遇。1987年，国家对这一政策作了调整，取消一年的税收减免政策，但对"福利企业"在政策上作了倾斜。所谓社会福利企业，是自主经营、独立核算、自负盈亏的经济实体，具有法人资格，为安置残疾人员劳动就业而兴办的具有社会福利性质的特殊企业。福利企业的盲、聋、残、哑"四残"人员，20世纪80年代规定必须占企业生产人员总数的35%以上，国家减免产品税、营业税、增值税等。

按照上述政策，顾宝玉和村党支部书记徐兴保、村主任谭祖荣商量后，在全村村民和企业员工中排队摸底，发现全村有近40人符合"四残"标准，这样说来，可以再办一家100多人（包括"四残"人员在内）的福利企业，享受国家减免税政策。

新办的福利企业生产什么样的产品呢？顾宝玉说，纺制高档精纺化纤产品。以前，由于国内市场货源紧缺，白茆纱厂是用9纶废丝纺的9纶开司米，质量相对比较差。如今经济建设飞速发展，人民生活水平快速提高，人们的消费观念也在不断更新。纺制高档化纤产品，质量上档次，不仅国内市场紧俏，还可推向国际市场，与上海的外资公司出口配套，更重要的是，不仅能解决本地"四残"人员和村民就业问题，还能获得较好的经济效益。

徐兴保和谭祖荣一致叫好，马上让人对"四残"人员登记造册，并向工商部门提出申请。后经医院对"四残"人员鉴定，通过了卫生局领导和民政局领导审核，工商部门批准山泾村新建社会福利厂，厂名为"常熟市新新 9 纺厂"。

1987 年下半年，顾宝玉开始在白茆纱 / 东侧，设计建造符合纺织厂要求的 5 跨锯齿型厂房，每跨直径 7.5 米，共 7 间，每间宽度 6.5 米，另加辅助房，总计建筑面积为 2018 平方米。

其时，建筑材料的市场供应虽然有所缓和，但钢材、水泥、木材这建筑工程上的三大基本材料都要厂方负责购买，特别是钢材、水泥的价格，市场变化非常大，要随时注意行情，否则损失太大。

新新 9 纺厂厂房的建造，当时在常熟村办企业中是个比较大的工程。顾宝玉十分注意工程质量，工程必须全部按设计要求施工，用高大的吊机吊装七字大梁，水泥屋面挂瓦板和风道等。建筑工程是不能返工的，他认为，与村领导一起商量决定的事，一定要按计划、按要求不折不扣抓紧做好，担当起为集体事业负责的责任来。

采购建筑材料虽然遇到一些困难，但精纺设备的购置难度更大。有的设备还受计划供应的控制，顾宝玉又是想方设法寻找各地朋友，通过种种渠道落实关键设备和配套设备。

精纺腈纶设备属毛纺系列机械产品，所用 B412、B423、B432、B442、B452 等精纺针梳设备，都是由国家定点的部属企业生产的。国有大集体纺织机械制造企业顾宝玉根本进不去，他只能通过朋友介绍，到开放早、发展快的沿海地区去"淘"。一天，有人告诉他福建泉州有家纺织机械厂在生产针梳机，他便立即前往福建泉州去订购，后来，不少针梳机都是在福建泉州这家纺织机械厂落实解决的。然而，泉州这家纺织机械厂没有 B465 粗纱机供应，后来得知只有天津纺织机械厂制造，到这样的国营大厂去购买设备，必须由国家纺织工业部计划批准。怎么办呢？顾宝玉毫不怯阵，到常熟市纺织工业局开了介绍信直上北京，在北京纺织工业部找了计划科的领导，详细说明常熟白茆山泾村的纺织工业基础，经过一番周旋，最后终于落实解决了一台 B465 粗纱机。

解决了 B465 粗纱机，与之配套还要有 B583 细纱机。顾宝玉面对一个又一个难题，迎难而上。又是经过一番周折，在镇江润州纺机厂订购了 % 台细纱机，分两批发运安装。再后来，又订购到一套和毛机和一台 B262 梳毛制条机，到无锡二纺机购置到了配套的 B463 粗纱机。

有了这些设备，才形成了配套的二台套流水线，可以生产全毛和9纶毛线了。

所有设备陆续到厂并安装，顾宝玉又忙着研究生产工艺。精纺和棉纺的工艺虽然属于同一大类，但技术参数完全不同，需要重新计算，科学安排。在设计生产工艺时，还必须考虑到企业的设备条件。在设备调试的紧张阶段，他又是连续十来天吃住在工厂。

在建办新新9纺厂的日子里，他还要管理好已办企业生产运转正常、产品的正常销售，每天除了安排好生产经营、资金周转处理外，基本天天往外跑。此时企业新购买了一辆桑塔纳轿车，一年行程9万公里，平均每天行驶250公里。有时出去要配两个司机，轮番驾驶，保证安全行驶。晚上又必须回来，早上要准时上班商量工作，尽量少出差错。

经过一年半时间的紧张筹建，1989年元旦前夕，常熟市新新腈纺厂正式投产。她像经过十月怀胎而诞生的又一个婴儿，让人惊喜不已。

腈纺厂正常生产后，顾宝玉在厂内选择青年骨干组建领导班子，把经调试确定的精纺设备的生产工艺技术参数告诉他们，让他们边学边干，不断培养他们的才干，带领他们根据市场需求开发新的产品，一方面让他们独立操作实践，另一方面遇到困难一起探讨解决。

机器运转后，每天须有大量原料才能正常生产。而且产品销售出去，资金要及时回笼，真是天天有压力。顾宝玉想：只要认真动脑筋，办法总比困难多。为了能改变山泾村贫穷面貌，只要对企业有利的事，他都尽力去做。去各地求购紧张的纺织原材料，资金周转有困难了，笑着脸去求银行，实在解决不了的困难，就请各级领导帮忙。他带领着企业一班人，一步一个脚印的向前。

新新腈纺厂设备先进，产品质量高，受到上海、浙江、江苏、四川、甘肃等地消费者的青睐。由于享受国家免税优惠政策，投产几年后，为壮大村一集体经济做出了极大贡献，也为一批残疾人员提供了一定的生活保障。

# 21．运筹帷幄

20世纪80年代中期，有句话非常时髦，也很得人心，那就是"要想富，先修路"。

后来才知道，这话是四川省眉山县县长徐启斌首先说的。1982年，眉山县大搞公路建设，同年国家交通部在眉山开现场会，向全国推广了"要想富，先修路"的经验。1986年徐启斌调任洪雅县县长，推行以修路为前提的经济建设方针，改扩建公路956公里，达到了致富百姓的目的，被人亲切地称为"路县长"。1995年，徐启斌被评为全国劳动模范，同时被誉为"当代焦裕禄""蜀/英杰"。

在"要致富，先修路"口号盛行之前，常熟的交通建设已取得成效，80年代初实现乡乡通公路。以后，常熟市委市政府又提出全市干支线联通成网的目标，极大地促进了常熟的经济建设事业。

"要致富，先修路"这口号揭示要害，提得实在，引起共鸣。试想，如果是在泥泞的羊肠小道边，在地处河网交织的"转水墩"中，企业生产了再好的产品也难以推销出去，手头有了再好的项目也没有人敢前来投资。便捷的交通，可以缩短与世界、市场的距离，可以带给人们致富的光明前景。

山泾村地处长江下游水网地区，河道纵横密布，独立。围墩多，村庄周围都是河塘，村道狭小，下雨天和冰冻开阳天泥泞难行，横跨河塘的蓬都是勉强能让人走过的小木桥，车辆往往望桥兴叹。那时候，白茆抽水站有条摆渡船，专门在农忙时为中型拖拉机到各个。围田里耕作而月摆渡。

早在1974年年底，为了能使拖拉机直接开上沪宜公路（204国道），顾宝玉和大队的几位领导商量，在横闩河里造了一条水泥桥，从而使得村道与国道相连，使山泾村这座古老村庄与现代文明相接。拖拉机可以利用在农闲时为当地县果品公司到浙江拉毛笋，赚些运输费。更重要的是，修通了村里的道路，接通了国道，等于打开了山泾村的致富之门。

顾宝玉办纺纱厂时，东方红中型拖拉机发挥了重要的作用，充分显示了交通运输工具的重要性。然而中型拖拉机机身庞大，拖拉机本身有四个轮胎，而且后面是两个大轮胎，若装货后面带个拖车，也是四个轮胎，这样行驶速度慢，时速超不过25公里，并且油料消耗大，运输成本高。当时处在计划经济时代，根本不可能买汽车，只能可望而不可即。

1978年年初，常熟县计划委员会分配给白茆一辆计划内的浙江130型2吨载重卡车，公社将指标给了工业公司。当时公社的工业公司主要是做生意，并承担公社所需要各种物资的采购任务。那天，白茆工业公司负责人姚招根找到顾宝玉，说："县里分配我公社一辆2吨载重的卡车，公社领导把这个分配指标给了我公司，可我们想要购5吨载重的解放牌卡车，你是否需要？需要的话你就拿去吧。"

白茆纱厂正缺少运输工具。顾宝玉很感兴趣地问，这辆车现在在哪里？姚招根说在常熟。顾宝玉马上乘了中拖去常熟，观察后当即打电话给姚招根，说要这辆汽车，还说谢谢姚经理的支持。

第二天，顾宝玉带人再去常熟，付了5700元购车费，并办理了相关手续，将一辆全新的浙江13。卡车开到了山泾村，吸引了众多村民围观。这也难怪呀，这件事发生在20世纪70年代末，苏南乡村的交通工具还处在黄鱼车、自行车年代，能拥有卡车的社办企业还寥寥无几。山泾村之所以能承受5700元的购车费，主要有了纱厂、呢绒厂、染厂、腈纺厂等这些"摇钱树"。企业有了这辆2吨载重的卡车，办事效率大大提高。不久，大队把陈旧的东方红28型拖拉机卖掉，驾驶员经过培训驾考后改为汽车司机。

那天，当顾宝玉将浙江130卡车开到白茆纱厂后，当天晚上就接到白茆公社人武部的电话，要求顾宝玉支持他们在第二天用这辆浙江130卡车送入伍的新兵到常熟。这是一个政治任务呀，顾宝玉没有不答应的理由，立即表示坚决同意。为了保证新兵的安全，他们连夜组织技术力量，给这辆汽车焊装护栏。没有护栏管子，就四处求助，顾宝玉和几个同事忙到深夜2点才将护栏焊装完毕，并漆上油漆。

第二天，司机准时将这辆装饰一新的卡车开到公社。有关人员在卡车护栏两侧挂上了大红标语："输送优质兵员，建设强大国防！"全体新兵上车后，敲锣打鼓直送常熟集中地。

司机回来后告诉顾宝玉，说公社领导对二大队纱厂及时派车非常满意，那些新兵和新兵家属可开心了，都说以往送新兵都是用轮船或挂机船送的，现在可好了，用汽车送兵，多热闹，多光荣！顾宝玉对此也非常高兴，心想自己是民兵干部，能为公社送新兵入伍出力，是分内应该做的事。

农村公社用卡车送新兵，这是从未有过的事，白茆在常熟全县农村起到了示范作用。从第二年开始，各个公社也纷纷仿效，都设法去国营企业或是大集体单位借卡车送新兵，并在城里的几条大街上转圈子，显得风光荣耀。

顾宝玉深深体会到，先进的交通工具是企业发展的根本，离开汽车运输，企业就一事无成。改革开放后，企业厂长有了生产、经营、人事、财务等方面的自主权，他便把购置交通工具放在优先位置。自1978年购买第一辆浙江130货车后，1984年又购买了一辆北京130货车。此时，他又和村领导商量，由企业出资重新改造、放宽了横闩河上的水泥桥，在通向204国道的道路铺上了石子。紧接着，他又陆续购进了一辆南京131三吨载重的货车，3辆日本进口的5.5吨载重的五十铃货车，3辆B卡客货两用车和进口皇冠轿车、沈阳面包车各一辆。

1991年年末，顾宝玉管辖下的白茆纱厂等几家企业，共有大小汽车15辆，基本满足了企业货运的需要。全村所有村民家有婚丧喜事，需要用车剂的，顾宝玉都是免费给予安排。而且还考虑到为方便全村13个村民小组，每个村民小组中都培养一名驾驶员，培训费都由企业负责。这样，如有哪个村民半夜三更觉得身体不舒服，可让本组的驾驶员立即送往医院治疗，不需要征得顾宝玉同意。

20世纪80年代前，常熟水乡生产队的交通工具一般都是装载量为5吨左右的木船，除此之外也有小摇船，最小的是小划子船，用木桨人力划动，机动灵活速度快，是各家各户私有的交通运输工具。然而木船每年都要维修、保养，一般安排在夏天，先在河里翻覆洗净，然后将木船拖到岸上，进行为期两个月左右的维修和保养。其中重要的一道工序叫"打麻"，技术要求特别高。由于木船长年在河中，船板之间的缝隙容易进水，需要在缝隙里塞进麻丝，缝隙较宽的地方塞麻绳，外面再嵌上"油石灰"。这"油石灰"是用麻丝和石灰、桐油一起放在石臼里反复打烂而成。在一条条缝隙中嵌上"油石灰"后，再将整个船体抹上一层厚厚的桐油。维修、保养木船其实是由木匠和捻匠共同完成的，当然有的木匠兼做捻匠，就不需要另外请人了。

木船的维修保养时间长，维修成本高，需要较大的人力物力财力。改革开放后，国家发展了钢材与水泥工业，船厂开始制造水泥船，不仅是白茆地区，而且是在全国范围内，都将木船淘汰掉，水上运输改用水泥船。自 1983 年实行家庭联产承包责任制后，尤其是公路建设快速发展后，苏南一带的水泥船也慢慢地消失了，水路运输改为陆路运输，装运货物大多改用拖拉机和汽车。

在计划经济向市场经济转型的年代里，白茆纱厂等企业之所以发展得比较快，重要的一点，除了领头羊顾宝玉所具备的高素质外，还在于他十分注意自我装备的不断强化。

曾经有这样一个故事对顾宝玉启发很大：某人在屋檐下躲雨，看见观世音正撑伞走过，这人便说："观音菩萨，普度一下众生吧，带我一段如何？"观音说："我在雨里，你在檐下，而檐下无雨，你不需要我度。"这人立刻跳出檐下，站在雨中，说："现在我也在雨中了，该度我了吧？"观音说："你在雨中，我也在雨中，我不被淋，因为有伞；你被雨淋，因为无伞，所以不是我度自己，而是伞度我。你要想被度，不必找我，请自找伞去！"说完便走了。第二天，这人去寺庙里求观音，走进庙堂发现观音像前也有一个人在拜，那个人长得和观音一模一样。这人问："你是观音吗？"那人答道："我正是观音。"这人又问："那你为何还拜自己？"观音笑道："我也遇到了难事，但我知道，求人不如求己。"这人立即醒悟，说声"阿弥陀佛"，便立即退了出来。

念观音、求观音，不如自己做个观世音。

顾宝玉于 1974 年办纱厂时，尝够了没有金加工设备的苦头。新项目上马和设备需要维修，不少零部件（不开金加工。求助于白茆和周围边地区的机械厂，须拍对方的马屁，还要看他们的脸色。有时候时间十分紧迫，便是拜爷爷、求奶奶的，请客送礼免不了，有时请了客送了礼也解决不了，真是急死人。所以，顾宝玉就想"求人不如求己"、变被动为主动、寄希望于自我才是最可靠、最有利的成功法则。当企业有了一点资金后，顾宝玉就马上想方设法购买金加工设备。由于还处在计划经济时代，加上各地都在发展工业，购置机械设备相当困难。

白茆纱厂的第一台 C6136 加长 8 吨车床，是通过关系从太仓横泾农机厂购买的。那时在 1977 年年底，对方提出要用生铁调换，顾宝玉组织村民去各地收购，最后终于收购到 5 吨旧生铁，交给横泾农机厂后，方才将车床运回来。顾宝玉立即派了青年工人陆建强前往白茆农机厂学习车工技术。不久，这台 C6136 加长车床投入使用，纺纱设备上需要更换零配件就方便了。后来，顾宝玉一不做，二不休，决心建立一个金工机修车间，不仅为纱厂，而且为呢绒厂、染厂的设备维修做坚强后盾。在不到三年时间里，先后从各地购置了横臂钻床、牛头刨床、滚齿机、铣床等机床，还买了一台沈阳机床厂制造的 C620 精密车床。与之相配套的电焊、风焊切割等设备也一应俱全。轻纺企业内建造一个配套的金工机修车间，其时在乡办企业中是少有的。

有了金工机修车间，顾宝玉就有了主动权，一般零部件修理不须外出求助于人了，什么托脚、齿轮，自己都能制造。顾宝玉画了图纸叫木匠做模型，再到农机厂请他们翻砂浇铸生铁件，拿回来就加工成需要的配件。有的碳钢齿轮自己加工好后，拿到外面去热处理，回来就能使用了。特别是一些螺旋斜齿轮和伞齿轮等纺纱专用零部件，当时市场上根本买不到，顾宝玉就自己加工制造。因此，在那几个年头里，企业没有因为设备上的原因而放慢发展步伐。金工机修车间的建立，不仅促进了企业的发展，而且也为村民的拖拉机等农机具维修提供了良好的服务。

顾宝玉是个善于学习，勤于钻研的人。他在那些年头里学到了许多纺织知识和机械加工知识，凡遇上以前没有看到过的技术，他反复摸索研究。公英制他没有学过，可他自己动手把英制传动改成公制传动。众多计算公式，他在学校里都没有学过，可他在实践中能研究掌握，对此他感到非常欣慰和自豪。

比如机械加工中的工艺流程、工序、工位、工步，各类机床的操作要领，加工表面质量的控制，他都一一钻研掌握。

还有，各种织物规格、参数定义：丹尼数，表示长纤纱的粗细，1D 就是重量 1 克的 9000 米长的纱；条数和经纬密，表示布料的密度；F 数，一根经纱或纬纱中的细纱股数，F 数越大，面料的手感越蓬松、柔软。以前是外国洋人办的纺纱厂都叫洋纱厂，计量单位是用大英帝国的英制单位计算，顾宝玉根本不懂。起初，他从棉纺细纱机锭子距离上算起，上海老师傅讲锭距是 2 寸 5 分，他想就是二寸半。错了，英制英寸是 8 进位，英尺一尺等于12寸，一寸等于8分，1分等于公制25.4m/mo如锭子距离是2寸半，写的时候一定要写成2或2，而2寸5分锭距是2英制，否则就是不对，变成外行了。英制齿轮齿距叫DP，8分进位，俗称叫"分与塔"。公制齿轮齿距叫模数，十进位，每0.25模为一个级别。搞纺纱这行业一定要弄清英制和公制的关系，现在常规叫法几支纱就是按英制叫法，目前国际上通用的还是按英制叫法，件、码、磅等等。

这些枯燥的知识十分难记，而顾宝玉下苦功，都一一掌握。

1989年，常熟市职称领导小组知道白茆纱厂的顾宝玉潜心研究技术，并且开发了许多新产品，申请批准了不少发明专利和实用新型专利，通知他参加了市职称评定考试，顾宝玉欣然赴考。经过纺织纤维、纺织工艺、机织工艺、机械基础、纺织企业经营与管理、纹织CAD、纺织品经营与贸易、现代纺织机电技术等课目的考试，他的成绩门门合格，被评为国家级的纺织工程师。当时在常熟全市乡镇工业企业中，唯有他一个没有上过大学，只参加过短期培训，成为有中级职称资格的工程技术人员。以后，他在企业中年年开发新产品，多次获得市级科技进步奖，由此企业获得较好的经济效益。2002年7月的一天，常熟市科技局的领导来到白茆纱厂，让他写技术工作总结。经申报评定，2002年7月31日，顾宝玉被苏州市人事局评为纺织高级工程师。证书号为40100279。

人们十分惊讶：一个仅在农业中学这样的非正规学校读过书的农民，能够获得高级技术职称，确实是一件十分难得的事，没有锲而不舍的学习钻研精神，如何能获此成就呢！在常熟数千家村办企业中，顾宝玉是唯一获得高级技术职称的人。这也是顾宝玉一生中最难忘、最激动的一件事，是权威部门对他在纺织技术研究方面的充分肯定。

## 22．风雨无阻

"忽如一夜春风来，千树万树梨花开。"

改革开放后，全国各地经济建设和社会生活发生了深刻变化，特别是沿海地区日新月异，从珠江三角洲到长江三角洲，经济形势迅猛发展，真是一年一个样，三年大变。

中共江苏省委、江苏省人民政府面对苏南方兴未艾的乡镇企业，因势利导，在全省推广无锡堰桥乡镇工业实行"一包三改"（实行厂长（经理）为主的经营承包制，改干部任免制为选聘制，改工人录用制为合同制，改固定工资制为浮动工资制，然后抓住常熟江南仪表厂的典型，推广其"四改一渗透"（改革经济分配制度，改革招工用工制度，改革产销管理制度和改革干部任用制度，把思想政治工作渗透在改革的全过程）的经验，以改革推动江苏乡镇企业形成第二个发展高潮。

20世纪80年代中期，国家出台一系列治理整顿措施，实行新一轮经济调整，江苏乡镇企业的发展又到了一个新的紧要关头。江苏省委、省政府提出乡镇企业要重建新的优势，走出新的路子，号召乡镇企业更新观念，苦练内功，提高技术水平，进行横向联合，鼓励乡镇企业大力发展外向型经济，积极生产出口创汇产品，发展"三来一补"和"三资企业"（中外合资经营企业、中外合作经营企业、外商独资经营企业），不断增强企业在国际市场的竞争力。

在这样的大背景下，常熟市委、市政府提出了"以工养贸、以贸促工、工贸结合、共同创汇"的指导思想，充分发挥本地的原料优势、加工优势、技术优势、产品销售优势和外贸部门的信息优势，大力发展工贸联营企业和中外合资企业，为本地经济注入了新的活力。各地纷纷制订外向发展的规划，常熟市委、市政府甚至给各乡（镇）村下达了建办"三资企业"的具体指标，并作为对主要领导政绩的重要考核依据，通过多种措施，努力实现全市经济结构由乡镇工业为主转向外向型经济为主的历史性转折。

此时的常熟，出现了"四山旗似晴霞卷，万马蹄如骤雨来"的生动场面，各乡镇纷纷主动出击，千方百计寻找外向发展机遇，招商引资，建立中外合资、合作企业，将产品打到国际市场。1986年5月，常熟市梅李羊毛衫厂与一美籍华人合资建办常熟第一家中外合资企业华美毛衫织造有限公司，从此常熟拉开了利用外资，发展外向型经济的序幕，至1991年年末，全市累计利用外资168项，合同外资9113万美元，批准"三资企业"数百家，不仅引进了资金，而且使常熟本阜企业在设备技术、产品档次、管理经验、企业素质、市场开发等方面迅速得到提升。

眼看着周边乡镇陆续建办中外合资企业，并享受到国家给予的第一年和第二年免征企业所得税，第三年至第五年减半征收企业所得税等优惠政策，特别是目睹中外合资企业呈现的蓬勃生机活力，顾宝玉心中不禁痒痒的。其时，厂长、经理中流传着"有本事到国际市场上去赚老外的钱"的话，深深地刺激了顾宝玉，促使他将企业发展的目标瞄向国际市场，决心到老外那里挣外汇。其实那时候，常熟全市乡镇企业中能办"三资企业"的，都是一些实力雄厚的镇办企业，村里的企业实力再雄厚，也没有一个能建成创外汇的企业，可这时候的顾宝玉，决定去国际市场上闯荡一番。

然而，决心归决心，现实是另一码事。接下来，顾宝玉的外向发展之路走得很艰难，沿途荆棘丛生，风雨无常。

身在中国最基层的农村，如何能接触到海外的实业界人士呢？必须靠平时朋友的牵线搭桥才有可能。顾宝玉开始将打算建办"合资企业"的想法向有关人士透露，时隔不久的 1989 年年初的一天，上海一个朋友给顾宝玉打来电话，说澳大利亚有位客商准备在中国办合资企业，问他要不要接触一下？顾宝玉当然不放弃任何机会，说要呀！于是，这位朋友约了对方的见面地点和时间，不久，顾宝玉赶到上海，和澳大利亚的客商在一家宾馆见面。

澳大利亚的这位客商姓李，他根据白茆山泾村现有企业拥有多台粗毛纺机、精毛纺机的情况，向顾宝玉提出建议，可以引进意大利伯特兰公司的毛纺走锭车，生产 14 支兔羊毛纱，如果是两个台套，总投资在 360 万美元上下。澳方负责设备购置、技术培训和产品销售，中方负责生产和管理。合作时间三年，合作形式为补偿贸易。就是说，在三年时间内，用销售收入分期清偿设备款，清偿完 360 万美元设备款后，再作利润分成。顾宝玉仔细地听着，一时拿不定主意。

说实在，顾宝玉从未和老外（虽然这位李先生是澳籍华人，但也算是老外吧）打过交道，也不知道什么是毛纺走锭车。他从上海回来后，左思右想，首先向几个行家朋友请教，再到书店去买了几本关于纺织设备方面的书籍，弄清了毛纺走锭车的一些基本知识。

原来，毛纺通过选毛、粗梳、混和加油后，进入纺细纱时，有走锭和环锭两种纺机设备可供选择，走锭细纱机占地面积大，是间歇运动，产量相对低，主要用于 16 公支以上的高级针织用纱，如羊绒纱、兔毛纱等。其特点是所纺毛纱柔软、丰满，表面较光洁。环锭细纱机一般纺制 2#16 公支毛纱。李先生说的毛纺走锭车，就是走锭细纱机。

接下来，顾宝玉通过朋友介绍，决定先到拥有走锭细纱机的常州一家毛纺企业去考察，看到了意大利伯特兰公司制造的大型走锭细纱机，然后又到吴江一家毛纺企业看了日本制造的走锭细纱机，再是到南通一家毛纺企业看了法国制造的走锭细纱机。通过看了三家企业的三个国家制造的走锭细纱机，顾宝玉对走锭细纱机的基本概念有了进一步的了解，也懂得了一点工艺流程和国外走锭细纱机的市场价格。

经过比较，顾宝玉觉得日本生产的走锭细纱机小型轻巧，占地面积少，比较适合使用，然后再到上海与李先生商谈。李先生同意顾宝玉使用日本设备，说他对日本生产走锭细纱机的企业都比较熟悉，购置设备的外汇由他负责。在确定了合作形式和购置的技术设备后，顾宝玉来到常熟市外经委，向有关领导进行咨询，请他们把脉。市外经委的一位科长听了顾宝玉的介绍后，认为这一合作项目在技术可行性上没有问题，主要担心在三年内能否偿还 360 万美元的设备款。他们细细地给顾宝玉算了一笔账，说产品的价格再高，市场销售再顺利，也难以偿还。如果在三年内不能偿还设备款，在正式签订协议时，对方肯定有限制措施。另外，你顾宝玉考察的三家毛纺走锭细纱机都是国有企业，而你自身是一个村办企业，根本没有那么大的能量，没有那么多的资金实力，办企业必须稳步前进，一脚踏实地才能立于不败之地。

顾宝玉也认为，自己办的是村办企业，只能盈，不能亏，这是一个总的原则。于是，他又一次来到上海，将市经贸委领导对该项目的测算全盘告知李先生，对李先生表示抱歉，说如果我们兴办了这个项目，我方不能偿还设备款，对双方都无益处，这个补偿贸易项目就不办了，如果以后有机会，再和李先生合作。这位李先生倒也宽宏大量，说表示理解，只要有缘，定会后会有期。

顾宝玉从上海回来后，丝毫没有放弃兴办合资企业的想法。他坚信，在改革开放的大好形势推动下，只要不断努力，广交朋友，有理想信念，按自己的实干精神和已拥有的经济实力，一定能找到合适的伙伴，建办在纺织行业中具有先进设备的中外合资企业，把产品推向国际市场。

中国有句话叫作"有心栽花花不开，无心插柳柳成荫"，顾宝玉在和朋友的一次闲聊中，却聊成了一个中外合资项目。

事情是这样的——

一天，在白茆农业银行工作的本村人唐应龙来到白茆纱厂看望顾宝玉，顾宝玉处理完工作后与唐应龙喝茶闲聊，谈中国的改革开放，谈常熟乡镇企业的发展，天南海北地聊。闲聊过程中顾宝玉说最近准备创办一个合资企业，问唐应龙有没有这方面的门路？唐应龙说，"我有个老战友吕喜堂，在上海闵行经济技术开发区、上海闵行发展有限公司担任接待办主任，不知他能否给你介绍外商？"

顾宝玉听了，不禁心头一亮：上海闵行经济技术开发区是国家级开发区，是改革开放后上海第一个引进外资的工业开发区。唐应龙的战友担任开发区的接待办公室主任，一定见多识广，即使不能介绍境外实业家，也说不定对他们创办合资企业有帮助，于是要求唐应龙带他去拜访唐应龙的这位老战友，唐应友满口答应。

1989 年 8 月的一天，顾宝玉和唐应龙冒着炎夏酷暑，让驾驶员开了轿车直奔上海闵行经济技术开发区。唐应龙和吕喜堂的关系非同一般，20 世纪 60 年代中期至 70 年代同在一个部队服役，唐应龙任连长，吕喜堂任指导员，两人情同手足，亲如兄弟。吕喜堂十分热情地接待唐应龙带来的常熟客人，带着唐应龙和顾宝玉在闵行经济技术开发区边走边介绍。

上海闵行经济技术开发区是上海市委、市政府对外开放的一个实验区，当时还在轰轰烈烈地搞基本建设，平整土地，修建马路，一栋栋高大的厂房已经建成，但开工投产的不多。他们来到一家大型经编企业，顾宝玉立即被这里刚从德国卡尔迈耶公司引进的 KS4FBZ 高速经编机震住了。这家企业是上海与外资企业合资组建的中外合资企业，叫"上海佳联针织有限公司"，既享受设备进口免税政策，又享受国内三年免税政策。这天他们到厂参观时，企业刚投产不久，生产的是带毛圈的毛巾坯布，正在进行技术质量分析。顾宝玉感觉眼前一亮，多壮观的工厂，多漂亮的设备啊！他是平生第一次看到这么高档的进口高速经编机。其产品毛巾坯布，质感厚实柔和，毛圈松软饱满，色彩鲜艳夺目。

事后顾宝玉才知道：德国卡尔迈耶集团是一家德国家族企业，70多年来，它引领世界经编技术和市场，具有世界一流的品质和超乎想象的效率，是被业内公认的世界经编技术的领跑者，生产的多轴向高速经编机、特里科机、拉舍尔机和花边机，代表了当今经编机制造的最高水平。高速经编机的技术难点是多轴向高速铺纬技术，既要解决高速铺纬频率，又要实现机器高速运转，正如"既要马儿跑得好，又要马儿不吃草"一样，这个"两难"的问题都被卡尔迈耶成功解决了。当时顾宝玉只是这么想，德国的高速经编机这种世界现代化织造设备引进到我们国内后，中国老式的毛巾梭织机将很快被淘汰。

上海佳联针织有限公司当时引进了 % 台高速经编机和整经机，也是德国卡尔迈耶集团首批出口至中国的设备之一，它在中国的经编行业中起到了引领示范的作用。顾宝玉看在眼里不敢多问，他知道这是企业发展的机密，一般都是回避的，不让外人参观，有的企业甚至连工厂门都不让外人进的。由于上海佳联针织有限公司是国有企业，再加上由开发区接待办主任陪同参观，因而没有哪人对顾宝玉一行过问。

顾宝玉从上海考察回来后，内心波澜起伏，久久不能平静。现在，山泾村虽然有纱厂、呢绒厂、染厂、月青纺厂等6家企业，但企业的竞争力都不强，市场抗风险能力有限。德国卡尔迈耶集团的经编技术，代表了世界经编技术的方向，如果能引进这样的先进技术，对于提升企业的档次，大幅度增强产品的市场竞争力是毫无疑义的。然而，凭山泾这样的经济、技术、资金、人才等综合实力，能不能引进并管理好世界顶级技术的先进设备呢？他细细地揣摩着，一时很难找到答案。

那天，夜色朦胧，新月如钩，顾宝玉来到了村书记徐兴保家，和这位村领导促膝商谈建办合资企业的事。两人清茶一杯，谈形势，摆困难，讲机遇，论利弊，看发展，最后达成了共识。

"兴保，你刚才说得太对了，山泾村的经济发展，特别是村办工业的发展，你我责无旁贷。我们村的工业经济起步不晚，我不想在我们的手里让它落后，让村民们说我们的闲话。现阶段必须想方设法引进高速经编机，迅速提升企业的档次，办成合资企业。"顾宝玉说。其时，他是分管村工业经济的党支部副书记。

"宝玉,你辛苦了。难得你这片赤胆忠心,为了村经济的发展壮大,为了村民们的好日子,四处奔波,费尽心思。办企业我是外行,疏通各方面的关系,也只能依靠你了,但需要我办的事,你尽管说,我会尽力做好的,也会全力支持你的。"徐兴保说。

有了徐书记精神上的支持,顾宝玉的信心更足了。其实,他去徐兴保家里的目的,也就是让村书记给他撑腰助力。在他认为,办合资这步棋,他非走不可,而且一定要走好。

第二天,他拨通了上海闵行经济技术开发区接待办公室主任吕喜堂的电话。他知道,没有吕喜堂的帮助,引进高速经编机就难以实现,应该和他继续进行联络,取得他的支持。

吕喜堂是热心肠的人,在电话那端非常热情地细细地告诉顾宝玉,他们创建上海佳联针织有限公司的全过程。为了了解在办理合资企业过程中引进设备的具体相关事宜,顾宝玉请吕主任帮助介绍一位创建"佳联"厂时引进设备的经办人员,吕主任满口答应,说这个没问题。

时隔不久,吕主任打来电话,说请顾厂长直接与上海佳联针织有限公司技术设备科的小董联系,他是具体进口德国这套高速经编机的经办人,并告诉了顾宝玉小董的联系电话和住址。

顾宝玉非常高兴,难得遇到这样的热心人呀!第二天,他拨通了小董的电话,自报家门是常熟的顾宝玉。不想小董在电话那头表现出极大的热情:"噢,是顾厂长,吕主任已向我交代了,关照我一定要帮帮常熟的企业家。这样,现在德国卡尔迈耶集团公司的设备代理商不在上海,我昨天已和他取得联系,他说一个星期后要来上海,他到达后,我马上通知你,你看好吗?"

"好,好!谢谢,谢谢!"哪有不好的呢?顾宝玉赶忙致谢。

一星期后,小董打来电话,说设备供应商已抵上海,要顾宝玉速去上海华亭宾馆会面,顾宝玉喜出望外。第二天一大早,顾宝玉从家里出发,抵达上海后先找到小董,然后和小董一起来到这家地处徐家汇繁华商业区的豪华宾馆。

这个设备供货商叫麦其源,香港人,是德国捷高机械工程(香港)有限公司的业务主管。德国捷高机械工程(香港)有限公司主要在中国内地销售欧洲进口机械设备与工程技术。小董将顾宝玉介绍给了麦其源,并对

顾宝玉和德国卡尔迈耶集团公司的设备代理商麦其源在上海华亭宾馆

麦其源说："顾厂长是我的好朋友，你一定要多帮忙。"交代完毕后，他自己先行离开。

麦其源非常客气地让顾宝玉在他那间高档的会客室坐定，泡上一杯咖啡后，两人细细地交谈起来。麦其源问顾宝玉要买什么设备，顾宝玉说就是上海佳联针织有限公司引进的德国卡尔迈耶公司制造的KS4FBZ高速经编机。麦其源说，"这台设备要的人很多，现在市场上十分紧俏，不过既然小董和我打了招呼，我一定想尽办法帮你办成"。两人从设备价格、数量，设备的先进性，如何签订合同、开信用证，如何免关税，交货时间等一一进行商谈。

麦其源对顾宝玉说："中国海关规定，外商一定要有外汇资金到账，才能得到进口设备的免税政策，这样，就必须办成'中外合资'企业。对于技术培训的事，我们有代培训机构。上海中华第一棉纺针织厂是中国第一家引进德国卡尔迈耶设备的工厂，引进的现代化针织设备有毛巾机、花边机、双针床等。当时在与德国尔商尔上华第纺厂培训技术人员，上海中华第一棉纺针织厂也承诺为引进德国卡尔迈耶设备的企业培训技术人员。你们引进设备后，可到上海中华第一棉纺针织厂接受技术培训。"

麦其源的一番话，顾宝玉很受启发，知道必须办成合资企业，至于引进设备后操作人员的技术培训，看来没问题。经过再三协商，顾宝玉和麦其源先生商定，进口德国卡尔迈耶公司制造的4台KS4FBZ高速经编机和1台整经机，还有一些辅助设备。

从上海回来后，顾宝玉向村书记徐兴保、村主任谭祖荣做了汇报，说办成中外合资企业，不仅能减免关税，而且企业办成后，可以享受国家减免税的优惠政策。两位村领导对顾宝玉近期在经济外向发展工作中取得的进展表示赞赏，但要他们一起寻找合作的第三方办成合资企业时，都表示为难，说他们连市内大企业和市机关几个重要部门的领导也不是太熟悉，不要说去找海外的企业了，还是请宝玉书记自己想办法吧！

怎么办呢？顾宝玉决定先从自己朋友圈子里去找，心想，朋友圈里是否有去境外办实业的，如果有，肯定愿意与他合作。经过一番思考，他想到了原在常熟一家单位工作的王先生，家住苏州郊区，其父亲在香港是个实业家，20世纪80年代初突然去世，他前往香港接受遗产，并移居香港。以后，王先生在香港办起了一家公司，经常回内地做生意，有一定的经济实力。顾宝玉早在70年代就和王先生熟悉，并有一定交情。顾宝玉立即拨通了王先生的电话，说明了自己的想法。王先生听了马上表态，表示愿意和顾宝玉合作，为白茆山泾村创办合资企业出力。这让顾宝玉十分高兴，心想踏破铁鞋无觅处，得来全不费工夫。

顾宝玉立即将此好事向村里两位领导作了汇报。经过商量后，他满怀激情地组织筹建人马，紧锣密鼓地筹办合资企业的一切事宜。一方面准备厂房，筹措资金，另一方面起草建办合资企业的批报文件。其中，必须先和王先生签置合作意向书，然后再做可行性报告，向常熟市经贸委提交申请。

这天，顾宝玉带了起草了一份《合作意向书》初稿，风尘仆仆地来到深圳，选定一家宾馆，办理完住宿登记手续后，便打电话给王先生，请他马上从香港乘车到深圳，一起草签合作意向书。

那时的香港还未回归祖国，去香港的手续比较麻烦，让王先生从香港到深圳就比较方便。王先生见了顾宝玉，称赞他办事效率高，作风雷厉风行。他在看完顾宝玉起草的《合作意向书》，说这意向书的内容基本同意，但是利用国家现有的开放政策，进口设备减免关税，投产后又可享受国家优惠政策，受益中应该有他的一份。

"意向书中已经明确，企业利润按照甲乙双方投资比例分成，其中就包含着优惠政策的受益部分。"顾宝玉说。

"不，在批办企业前，你应该首先给付10万美元的手续费。"王先生明确提出，且毫不退让。还说："我们朋友归朋友，但亲兄弟明算账。再说，那又不是你自己个人的钱……"

本来满腔的热情，顾宝玉顿时凉了半截，感觉到这位老朋友变得让自己不认识了，耐着性子问："在办理合资企业中和办成合资企业后，你应该负什么责任？"

"我配合你们办成合资企业，我的任务就完成了。至于资金，我不想投入，只能由你们把资金汇入我公司账户上，然后我再给你们汇过去。"王先生说。

"这样说来，你只是帮我们做个假账，对我们的经营和管理是不放心的，你的任务是在文件上盖个章，再拿 10 万美元。"

"说得简单一点，应该是这样吧！"

那不是空手套白狼吗？顾宝玉立起身来，沉着脸说："对不起，王兄，我们的合作看来不能实现，只能说'拜拜'了。"

后来，顾宝玉和许多朋友说起此事，觉得不可思议：像王先生这样，什么事都不做，既没有外汇资金投入，又不分担销售等事务，只凭一个企业名称就和内地企业搞合资，似乎有骗钱的嫌疑。

"在改革开放初期，这是有这样一批香港商人，利用香港特殊的区域优势，钻中国内地的政策空子，向内地企业敛财。"

"他是我多年的朋友呀？"

"可你的这位朋友，深受社会环境影响，已变质了，缺少朋友情了……"

# 23．好事多磨

顾宝玉是满怀信心来到深圳的，心想这下可办成中外合资企业了，万万没想到摊上了这种事，结果是竹篮子打水一场空，叫人啼笑皆非。他睡在宾馆里转辗难眠，自己花了这么多的心血走到这一步，看中了德国的先进设备，难道要前功尽弃吗？不，一定要将找到合适的合作对象，不达目标，誓不罢休！

忽然，顾宝玉想起了原来在常州永红棉纺织厂当厂长、现在在深圳南方纺织厂当总工程师的顾荣泰。在顾宝玉办白茆纱厂时，顾荣泰在设备和技术上给他很大的支持和帮助，两人关系很好。顾荣泰到了深圳后，还将自己的地址给了顾宝玉。

第二天，顾宝玉决定去找顾荣泰。然而打电话过去却没人接，当时还没有手机，顾宝玉只能按照顾荣泰给他的地址按图索骥，打的来到福田区华强路的深圳南方纺织厂。此时的顾荣泰，人在车间里工作呢！

顾荣泰见到顾宝玉，十分惊喜，问顾宝玉到深圳有何贵干？顾宝玉把准备办合资企业的意图和此次来深圳的遭遇讲给了老朋友听，说那个王先生不可靠，然而现在又找不到外商，但德国的高速经编机设备已经落实了，而且是世界先进的针织机械设备。顾荣泰说："据我所知，德国卡尔迈耶公司的 KS4 茆 BZ 高速经编机是很难买到的，这是一个难得的机会。既然已骑上马背了，那就要往前走，绝不能下马。"

"是呀，我也不想下马，所以来找你了，你帮我想想办法。"

顾荣泰思考了一会儿，说："上海的顾福林也在深圳，我们找他去，他可能有办法的。"

"顾福林？他，怎么也在深圳？"顾宝玉说。

"你也认识顾福林？"

"我们是老相识了。他是上海纺织工业局派驻在纺织工业部联系业务的干部，1984 年由我介绍，他帮助白茆镇办企业常熟市第二化纤厂引进德国巴马格 8 只喷丝机上用的卷绕头。顾福林是一个非常热情、办事十分负责的人。"

"这么说来我们都认识，那就好了，他现在被借用在华联（香港）有限公司驻深圳办事处工作。我们经常来往，他是一个很好的人。"

华联（香港）有限公司驻深圳办事处在深圳中南路，顾宝玉和顾荣泰立即打的前往。由于都是多年的老朋友，顾宝玉和顾福林说话不打弯子，直言直语。

顾福林是个爽快人，对顾宝玉说："要想办合资企业，我有办法。我给你介绍一个人，准行！但话要说在前面，我可不要半点儿好处费，都是自己人，多年的老朋友了，帮个忙，拿了钱就变味儿了……"

顾宝玉一听乐了，他可不会像王先生那样虚情假意，说帮忙，其实自己打着小九九，而顾福林真诚厚道。人呀，就是这么千差万别，有的比较阴险，嘴上说的和心中想的完全是两码事，且不露声色，让你久猜不透。

而有的人十分阳光、透明，心中存不住半句话，真诚直爽。

顾福林告诉顾宝玉，深业—华联（香港）有限公司是改革开放后第一批在香港注册的中资公司，是由深圳市政府的深业集团公司和深圳华联集团公司合资开办在香港注册的公司，专门为内地牵线搭桥，创办合资企业。深业—华联（香港）有限公司总经理唐有楷，现在是他的上级，是华联集团派遣的代表，等他星期六回深圳一起商量。又说，唐有楷先生出生在香港，读书在上海，因他小时候的香港不如上海繁华，大学毕业后，在上海纺织厂工作，几年后调到北京纺织工业局组建京棉二厂、京棉三厂，后在北京纺织工业局任技术处处长。改革开放后，他被调到深圳组建华联集团任筹建处副主任，后到香港组建深业—华联（香港）有限公司，担任总经理。

这样说来，这个唐有楷就是白茆山泾的福星了。顾宝玉好不高兴呀！说："那我就住下来等了。"

顾福林说："你尽管放心住下来，让顾荣泰陪你在深圳转转。"

"不需要陪的，荣泰要上班的，我可以自己随便出去溜达，见识一下我们国家的第一个经济特区。它是我们国家改革开放的样板，是邓小平亲自圈点的好地方。"

"没关系的，我可以请假，陪陪久违的老朋友理所应当。"顾荣泰说。

就这样，顾宝玉在顾荣泰的陪同下，在深圳参观了两天。去了邓小平1984年1月参观的罗湖国际商业大厦和华龙公园等景点。第三天是周六，唐有楷总经理从香港回到深圳了，由顾福林相约，顾宝玉和他如期见面了。

顾宝玉向唐有楷汇报了准备引进德国卡尔迈耶高速经编机，准备创办合资企业的打算，并介绍了常熟白茆山泾村纺织工业的基础，唐有楷一口答应，叫顾宝玉回去把可行性报告写好后，再到深圳来办理会签手续。

顾宝玉高兴极了，和深业—华联（香港）有限公司这样的有实力且在国内外有影响的企业合作，是最理想的事了。他为自己办成了一件伟大的事而欣喜、自豪。当然，他要感激顾荣泰、顾福林这样的真朋友帮忙，也感谢王先生的绝情，让他另择合作伙伴而绝处逢生、相遇佳人。

第二天，顾宝玉回到白茆山泾村，少不了向村主要领导汇报，然后召集有关人士一起起草建办合资企业的《项目建议书》和《可行性报告》。

又到周末了，顾宝玉与唐有楷总经理直接通电话，相约于周六在深圳见面。

这天，天气晴朗，秋风送爽，顾宝玉在上海虹桥机场登上了凌晨7时去深圳的航班，上午9时许飞抵目的地。下了飞机，顾宝玉直奔华联（香港）有限公司驻深圳办事处。唐有楷是个守信用的人，已于9点准时等候在办公室。他细细地阅读两个文件，二话没说，唐总经理就签下了大名。顾宝玉用他难得的特殊方式紧紧拥抱唐有楷，连连说："合作愉快！合作愉快！"以此表示感激之情。

顾宝玉带着激动的心情连夜回到村里，向徐兴保、谭祖荣报喜。

看来，办事情说简单就有多简单，要复杂就有多复杂。为何简单的事会变得复杂，复杂的事可以简单，里边的学问可不少。弄不懂里边的学问，就只能碰运气，这也大多数人的无奈之举。

为实现乡镇企业由粗放型、"小而散"型向集约型、规模型转变，以增强企业自身的抗风险能力和市场竞争力，常熟市委、市政府在这年要求各地组建总厂或企业集团。其时，白茆山泾村已建办了有白茆纱、白茆石灰厂、庆丰呢绒厂、上海市南翔染厂白茆联营厂、常熟市新新9纺厂，这些厂除白茆石灰厂属建材行业单独核算外，其他企业都是纺织行业，都由顾宝玉负责。为了便于管理，1989年11月2日，常熟市经委批准建立"常熟市庆丰纺织总厂"，顾宝玉任常熟市庆丰纺织总厂厂长。原有的白茆纱厂、庆丰呢绒厂、上海市南翔染厂白茆联营厂、常熟市新新腈纺厂，更名为常熟市庆丰纺织总厂的下属分厂。这样，建办合资企业的单位为常熟市庆丰纺织总厂。

1989年11月21日，常熟市外经委、经委、计委批复了常熟市庆丰纺织总厂提交的成立合资企业的《项目建议书》，标志着常熟市庆丰纺织总厂建办中外合资企业正式立项。经过一番研究论证，走过了中国经济体制下必走的多个程序后，一个月后的12月22日，常熟市外经委、经委、计委的头儿们对常熟市庆丰纺织总厂的《可行性报告》进行会签，同意了这个可行性报告。同月26日，常熟市外经委文件以"常外经（1989）资字第117号"文，批准了"合资常熟深业针织有限公司"所签订的合同、章程，确定该项目总投资108万美元，常熟市庆丰纺织总厂出资75.6万美元，占总投资70%；深业—华联（香港）有限公司出资32.4万美元，占总投资

30％，合资期限 10 年。

常熟市外经委批准建立了"合资常熟深业针织有限公司"，但批准证书要报请江苏省经贸委同意才正式生效。时任常熟市外经委副主任刘涛对白茆山泾村的合资项目非常重视，对顾宝玉说："这个项目在省里可能有难度，我陪你一起上南京，去找省经贸委的领导。"

顾宝玉非常感激，当时他还不知道这个项目在省里过关，难点在哪里？

1989 年 12 月 3。日是个难忘的日子，刘涛副主任亲自带了顾宝玉等人，一大早从常熟出发，赶在省机关干部上午刚上班时就来到江苏省经济贸易委员会。省经贸委外资科李科长和刘涛比较熟悉，他带着常熟客人来到省经贸委主任聂海清的办公室。聂主任仔细阅看了常熟市外经委关于建办"合资常熟深业针织有限公司"的批准书，问顾宝玉："你们织造的原料是不是用棉纱？"

顾宝玉回答说："是的。"

聂海清主任马上说："不行，这个项目不能批。现在国内棉纱供应十分紧张，国家纺工部已经三申五令，新办纺织项目不能与国有企业争原料。"

顾宝玉一听，感觉完了：合资企业就此搁浅了，先前的努力恐怕要付之东流了？

然而刘涛主任不罢休，与聂主任据理力争："我们这个项目是两头在外，用进口棉纱，引进的德国设备，生产的毛巾系列产品全部外销，而且是高档床上用品，这是符合国家政策的……要不，我们回去将与外商签订的进口棉纱合同和出口订单意向书拿过来给主任过目。"

聂主任久久不说话，将他那副近视眼镜从鼻梁上摘下来，用雪白的餐巾纸不紧不慢地擦拭。看得出，他在认真地思考，还在举棋不定之中。这个合资项目，究竟能不能批准，生杀大权完全掌握在这位主任大人手中。

此时，大家都不说话，墙上挂钟秒针的走动声听得清晰，空气似乎快要凝固了。待了好一会儿，可能这位大主任觉得常熟外经委的刘副主任的话讲得有道理，没有理由不批准，再说，现在国家鼓励各地创办合资企业，便对李科长说："就这样定，同意这个项目。但是要写清，该项目用的是国外棉纱，至少不能用江苏棉纱，两头在外。"

"好的，好的。"李主任说。

一块大石头终于落地了，顾宝玉和刘涛等人都松了口气。室内的空气马上缓和，每个人的脸上顿时多阴转晴，一下子春风荡漾。

当天下午，顾宝玉他们领到了"外经贸苏府资（1989）第677号"中华人民共和国合资经营企业批准证书，标志着常熟市庆丰纺织总厂建办的合资常熟深业针织有限公司正式诞生。

在回来的路上，顾宝玉对刘涛副主任说："谢谢你，如果今天没有你？主任，我们这个项目就要泡汤了，以前吃的苦头会付之东流。"

"谢什么呢？都是我们常熟的事，自家人不说两家话。那天你到我们外经委，我觉得你这个项目要有问题就出在原料上，因为我知道，国家现在棉花供应十分紧张，我们可以从棉花的价格上看到棉花供应的紧张趋势，1985年、1986年每吨仅5000元上下，现在涨到了7000元以上，且有价无货。特别是我们江苏，棉花供应的紧张矛盾尤为突出，各企业纷纷向省经贸委要计划指标，特别是国有纺织企业，所以聂主任肯定要在这个问题上说事，我觉得应该过来和他理论。"

"噢，看来你刘主任是有备而来的。"顾宝玉说。

"也不是有什么准备，只是想尽量地争取呀！"刘涛说。

刘涛这个人，办事就这么认真，很会替基层着想。不久，他调任苏州市外经委副主任，后又晋升为主任。

这天，顾宝玉拿了合资企业的批准证书回到庆丰纺织总厂时，企业职工奔走相告沉浸在喜悦之中，有人放起了鞭炮，以各种方式祝贺顾厂长为村里办成合资企业。大家都知道，合资企业的创办极不容易，是白茆山泾村的一件大事喜事。其时在常熟市针织行业中，特别是村办企业，建办合资企业，合资常熟深业针织有限公司是第一家。

合资企业成立了，紧接着就是引进德国的先进设备。

顾宝玉马不停蹄地又来到深圳，向唐有楷总经理汇报了合资常熟深业针织有限公司的整个建办过程。唐有楷也非常激动，说办成这个企业确实不容易，必须对企业倍加珍惜，他要顾宝玉尽快与德国供应商签订设备购置合同，说信用证由他们深业—华联（香港）有限公司帮助承办。

1990年元旦过后，顾宝玉立即与德国捷高（香港）有限公司的麦其源先生取得联系，相约到位于上海黄浦区陕西南路的上海城市大酒店商谈设备供货事宜，顾宝玉特地邀请了上海中华第一棉纺针织厂的工程师；正权老先生，帮助把关这批设备的型号及辅助设备。1990年1月28日，顾宝玉和麦其源分别代表双方企业，正式签订设备购置合同。订购的设备为4台KS4FBZ高速经编毛巾机，1台TSN21-30型整经机，总计金额计为97.762万马克（不包括海运费）。1990年6月底出厂，7月初装船，大约在7月底8月初到上海港。

为了节约资金，顾宝玉和徐兴保、谭祖荣商量，决定利用呢绒厂的厂房进行改建，用作合资常熟深业针织有限公司的厂房。按照KS4FBZ经编机和高速整经机的生产要求，对厂房内部进行改造。由于—这些世界先进设备技术性能高，必须在常温环境下运行，最高工作速度每分钟达650转，室内环境要求显得十分重要，包括温湿度的有效控制，才能达到预计的生产效率。所以顾宝玉一方面按照要求改造厂房，另一方面与上海中华第一棉纺针织厂取得联系，在7月挑选了12位思想品质好，工作积极肯干的青年工人前去学习培训三个月。

一切工作都在有条不紊、按部就班地展开，但外汇资金还没有最终得到解决。如果不及时解决，即使签订了设备订购合同，也不能及时交付。

按30%出资比例，深业—华联（香港）有限公司兑付32.4万美元，庆丰纺织总厂按70%的出资比例，应该出资75.6万美元，厂房、土地和配套设施作价20.4万元美元投资后，还缺少55.2万美元要付给深业—华联（香港）有限公司，贴现给信用证保证金。信用证本身不是票据，不能够直接贴现，远期信用证只有在受益人相符交单，拿到开证行承兑的远期汇票之后，才可以用开证行承兑的汇票去做贴现。

那时候，顾宝玉连美元长啥样子都没有看到过，都是国家外汇管理局控制的外汇。顾宝玉记得看到过一个报道，说改革开放前，邓小平出国访问要带几千美元，国家外汇管理局还动了不少脑筋。在20世纪80年代末，国家经济虽然已有好转，但外汇还是管理得很严，怎么办呢？顾宝玉想，只能通过和政府领导来商量解决。

顾宝玉来到常熟，找到了分管工业经济的副市长芮福明，向他汇报了山泾村建办合资企业中碰到了外汇资金难题。芮福明对乡镇企业的发展特别关心，二话没说把时任常熟市计划委员会主任朱连生叫到办公室，要朱连生主任帮助顾宝玉解决外汇问题。朱连生在部队工作多年，具有军人的严谨作风，工作认真负责，待人厚道热情，当即和顾宝玉一起来到位于常熟海虞北路的常熟市人民银行，和行长郭德明商量此事。

郭德明行长十分爽快，说："好吧，我让中国银行常熟支行帮助贷款解决。"

顾宝玉心想，有市领导重视，而且有市计委朱连生主任和人民银行郭行长表态支持，还有了帮助解决的具体措施，这下就可放心了。他知道，只要合资公司投产，生产出口产品，收取外汇后即可归还设备款，还贷是没有问题的。

顾宝玉回到村里后，一直等待中国银行的那笔贷款，可迟迟不见音信，这是怎么回事呢？顾宝玉打电话询问人民银行郭行长，郭行长回答说，"我已和中行魏行长说了，要他支持做出口产品的合资企业。你把资料带去，办理手续就可以了"。然而顾宝玉连续多次上城里去中国银行找魏行长，中行办公室的人都回答说不在。

"去哪里了？"

"不知道，他走时未说。"

顾宝玉第四次再去中行时，一位女工作人员向他透露："听说他身体不好，在家休息。"

顾宝玉觉得事有蹊跷，便打听到了魏行长家的住址，带了土特产赶到他的家中。魏行长见了，态度不卑不亢。顾宝玉将芮福明市长、计委朱主任、人民银行郭行长那里的经过如此这般说来，恳请魏行长开恩，解燃眉之急。

可这魏行长沉着脸，一语不发，待了好久，他才终于慢条斯理地从牙缝中挤出吃力的几句话："没有钞票办啥厂？"

啥？一个堂堂行长，怎么这样说话的呢？顾宝玉顿觉似乎当头挨了一棒，马上天旋地转起来。心想，世界上哪有这样子不近人情的国家银行领导？看来他的心眼里根本瞧不起我们乡镇企业，不理解国家改革开放的形势。

顾宝玉不客气地说："魏行长，你银行是有权利考虑是否满足对客户的要求，可你没有询问客户的情况就这样质问客户，我是不能理解的。我们现在确实缺钱，正因为缺钱，所以才想赚钱，目的是为了发展集体经济。

我真不理解魏行长说话的用意？"

"我们银行刚办起来不久，力量有限，对不起。"

顾宝玉十分气愤，立起身来告辞。

后来，顾宝玉向有关领导作了汇报，才了解到，这时候的中国银行常熟市支行开出的几张信用证和承兑汇票马上要到期，在贴现上发生了困难。

原来是这样，但是事情有为难处，办不了，不好办，这是常有的事，4以好好地解释呀！怎么能以那种蔑视的态度，不屑一顾的口吻对待你的一客户呢！这件事，让顾宝玉终生难忘，也促使他下决心将企业办好。

有句话叫作"遇到红灯绕道走"，顾宝玉的理解是：碰到困难不能畏缩不前，此路不行走彼路，只要通过努力，总会有路让你走出光明。

农村最基层的银行是中国农业银行，当时常熟农业银行还没有组建农行国际业务部，没有外汇业务。农业银行苏州支行已成立了国际业务部，能办理国际业务的票汇结算。不久，顾宝玉通过常熟农行领导的介绍，很快就在苏州农行国际业务部解决了另一半的贷款。美元贴现这事才圆满结束。

1990年8月底，崭新的德国卡尔迈耶公司制造的4台KS4FBZ高速经编机和一台崭新的DSN21/30高速整经机全部运到公司，经常熟市商检局验证，准时开箱安装。顾宝玉邀请上海中华第一棉纺针织厂的工程师和德国卡尔迈耶公司派遣来安装的工程师一起对设备安装调试。经过半个多月时间的

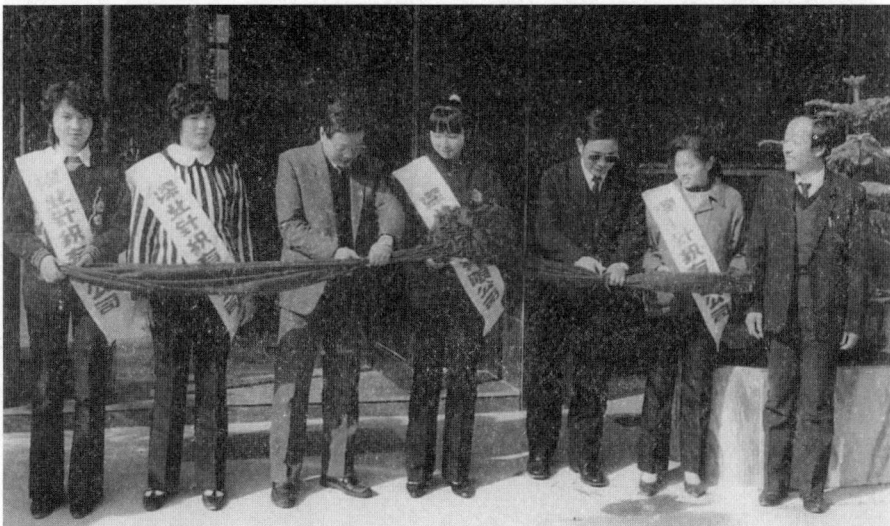

常熟市副市长吴嘉哲为合资深业针织有限公司剪彩

安装调试，机器正常运营，能正常生产，生产的产品完全符合质量标准。

1990 年 10 月 8 日是白茆山泾村的大喜日子，村里村外张灯结彩，彩旗飘扬，村民们满脸喜色，同庆合资常熟深业针织有限公司开业投产。在这个难忘的开业仪式上，村里邀请了市和镇有关领导和外资深业－华联（香港）有限公司代表一起剪彩祝贺。顾宝玉领着大家一起来到生产车间参观，看着这些铮亮闪闪的"洋设备""轻松愉快"地欢歌吐艳，又看到生产的毛巾系列高档、漂亮，浴巾、毛巾等织物柔软蓬松，不脱圈不抽丝，手感舒适，各位来宾们齐声夸赞产品档次高、质量优，常熟市党政经领导对企业也给予很高的评价。

其时，中国内地除了"常熟深业"外，仅有上海闵行发展有限公司和上海中华针织第一棉纺厂两家轻纺企业拥有德国"卡尔迈耶"公司的经编设备。常熟深业公司是江苏省第一家引进德国高速经编毛巾机，在国内同行中拥有明显的技术优势。它节能高效，工艺流程短，工效比国内设备提高 15 倍之多，产品质量、档次处于世界领先水平。所以产品受到国内外消费者的青睐，外贸出口单子接踵而来。

但是企业投产后，在棉纱的供应上费了很大的周折。当时公司每月的正常棉纱用量近 100 吨，国家棉纱计划分配虽已放开，但江浙沪地区棉纱

芮福民（右三）、吴嘉哲（右二）出席深业针织有限公司开业典礼

还十分紧缺。顾宝玉知道，国家调整棉花生产布局，早在前两年提出了"南方稳定，北方发展，新疆大发展"的指导方针，新疆的棉花产业得到发展迅速，棉花总产、单产、调出量一下位居全国首位。1991年6月，顾宝玉只身前往新疆求购棉纱。

从上海坐动车到乌鲁木齐，如今只需40多小时，可是在20世纪90年代初，坐普快需要四天四夜。顾宝玉来到乌鲁木齐后，径直去新疆生产建设兵团，找农六师五家渠棉纺厂。在之前，常熟深业针织公司曾购买过新疆五家渠生产的21支棉纱，感觉产品质量好，符合高速经编机的生产要求。当天，他就与五家渠棉纺厂供销科长魏志远订立了30吨21支棉纱的购销合同，这30吨棉纱，可装一个车皮，由五家渠棉纺厂负责发运到常熟深业针织公司。

顾宝玉在五家渠棉纺厂旗开得胜后，又来到石河子，与新疆生产建设兵团农八师的八一棉纺厂、农五师的博乐棉纺厂、农七师的奎屯棉纺厂分别进行洽谈。他在这里广交朋友，建立友谊，都分别与上述三家棉纺厂签订了棉纱的长期购销合同，供货总量从初时每年的800吨，发展到后来的1200吨。这样，不仅信守了申办合资企业时对江苏省经贸委主任聂海清的承诺：不用江苏棉纱。而且在棉纱紧缺，市场价格不稳定的形势下，有新疆朋友做棉纱供应的坚强后盾，解决了长期供应棉纱的困难。在履行出口货单合同中，从没有因棉纱紧缺而待产、停产，生产持续保持正常状态。

自顾宝玉第一次踏上新疆维吾尔自治区这片土地后，在与新疆生产建设兵团官兵的交谈中，深深感受到中国共产党对新疆人民的关爱。自1949年新疆和平解放后，驻疆人民解放军在新疆大兴屯垦戍边事业，将主要力量投入到生产建设中。全体官兵发扬南泥湾精神，实现粮食自给，为改变边疆地区贫穷落后面貌，稳定祖国疆土，维护国家长治久安做出了巨大的贡献。1954年，中央政府决定在新疆成立生产建设兵团，全国各地数以万计的热血青年，听从党的召唤，满怀开发边疆、建设边疆的豪情，奔赴新疆，参加生产建设兵团的建设，将青春献给了新疆这片辽阔广袤的大地，谱写了新疆繁荣富强的壮丽史诗。

常熟去新疆支边有1959年和1966年两批计300多人。顾宝玉在新疆生产建设兵团农五师、农七师、农八师，见到了当年风华正茂，现在都已年过半百的常熟知青。这些知青大都在建设兵团成家，见到难得的常熟老乡，感觉分外亲热，纷纷聚拢过来，询问家乡的情况。顾宝玉请他们聚餐，一起大碗大碗地喝酒，个个激动得热泪盈眶。他们说："我们扎根新疆献青春，献了青春献子孙……"顾宝玉深深感受到他们那一代，不知吃了多少苦，流过多少泪，把一生全部奉献给了国家，奉献在祖国边疆。在千里边防线、茫茫戈壁滩上，永远铭记着他们的功绩。当然，这些支边新疆的常熟人，为常熟深业公司能在新疆建立稳固的原料供应基地贡献了力量。

原料落实，生产便正常有序，顾宝玉把精力花在产品开发上。他组织技术人员不断研究开发符合客户要求的新品种，从毛巾被到浴巾、浴衣，再到床罩、床单、毛巾被、空调被和清洁布、揩地布、揩汽车布等。花型从平面印花，到立体印花、朦胧印花，得到外商客户的好评。直至今日，上海家用纺织品进出口公司和江苏家用纺织品进出口公司的单子不断。与此同时，国家批准合资企业自己有进出口权，能直接与外商签约合同，所以投产后，产品很快销往日本、澳大利亚，后来出口至美国、欧洲、芬兰等30多个国家和地区，出口产品占企业产品95%，外汇美元直接汇入到企业账户。这样，在1991年年底前，常熟深业针织有限公司与中国农业银行苏州支行国际业务部所贷的设备款已全部还清。

顾宝玉下功夫注重企业的管理和发展，努力和外方搞好合作关系，工作中相互理解，求同存异。坚持以信为本，诚信经营，坚持按章程、合同办事，努力提高企业的社会声誉。坚持以人为本，加强企业的管理，发扬职工的主人翁精神，充分调动职工的积极性创造性。努力奉行"质量求生存，信誉促发展，新品拓市场，管理出效益"的宗旨，团结全体员工奋发图强，纵横开拓，促使企业在激烈的市场竞争中持续、健康、高效发展。为了不断开发新的产品，满足市场需求，常熟深业针织有限公司还先后引进了德国梯斯公司T310/1800蓬松烘燥机一台，德国马里木公司14123康特乐两台，从而进一步提高了产品质量，为客户提供更新、更好的针织产品。

至1998年，合资常熟深业针织有限公司在海外经编针织行业中已具有广泛的影响力。由于有国家优惠的免税政策，从投产开始，公司每年都能获得非常好的经济效益，连续多年被江苏省外经委评为"出口创汇先进企业"。

# 奉献篇·责无旁贷

车尔尼雪夫斯基说："要是一个人的全部人格、全部生活都奉献给一种道德追求，要是他拥有这样的力量，一切其他的人在这方面和这个人相比起来都显得渺小的时候，那我们在这个人的身上就看到崇高的善。"

如果没有甘于奉献的人们，就没有时代的进步。奉献是默默无闻的举动，没有附加条件，没有荣誉可以显耀。有的是心中的信仰、憧憬和目标，有的是坚韧的意志和不屈的毅力。

奉献是一种蜡烛精神，它以自焚的痛苦将自己化为光和热去照亮别人；奉献是一种粉笔精神，它以牺牲自己来为别人传播知识。也许我们没有蜡烛、粉笔那样的无私和伟大，但我们可以在自己的位置上做出应有的贡献。当别人需要自己的时候，就毫不犹豫地挺身而出，哪怕自己只有那一点点的才能和能量，也要毫不吝啬将它全部付出。为了朝夕相处的乡亲，为了熟悉和不熟悉的人们，也为了自己。

奉献，是一份多么美好的情愫、一种多么高尚的境界。

167

## 24．重任在肩

1990年12月28日这天，对常熟来说，似乎没有什么特别，天还是那个天，地还是那样的地，但对于白茆山泾村来说，却有特殊的意义。这是合资常熟深业针织有限公司投产不久的时候，白茆乡党委作出了一个重要决定：山泾村党支部书记徐兴保调任白茆乡副乡长，顾宝玉接替徐兴保的职务，负责村里的全面工作。

此前，顾宝玉的职务是村党支部副书记，协助村党支部书记负责村工业经济的发展。

此时的顾宝玉，已在生他养他的这方土地上当了22年的村办厂厂长。他为山泾村办了那么多实事、好事，为山泾村的发展立下了不可磨灭的功勋，全村人民都看眼里，记在心里：窑厂、纱厂、石灰厂、呢绒厂、染厂、腈纺厂、合资深业针织公司，企业一个接着一个，生产规模越来越大，技术档次越来越高，从无到有，从小到大，从中到外。全村绝大多数男女青壮年"离土不离乡，进厂不进城"，实现了丢掉锄头柄，进厂当工人的愿望。难遮风雨的草房翻盖成瓦房，破旧的平瓦房已翻盖成楼房，这是山泾村世代村民连做梦也未想到的事，如今变成了现实。

村民们都知道，从策划到申办，从建造厂房到求购设备，从安装设备到产品的生产工艺技术，从产品开发到市场销售，从招聘工人到安排各车间负责人的每一件事，都是顾宝玉一手操办，亲力亲为。他以坚强的意志、顽强的毅力，顶着天大的困难，四处奔走，身先士足，义无反顾地勇往直前，可谓逢山过山，遇水过水，不达目的决不罢休。特别是合资常熟深业针织有限公司的创办成功，将山泾村的经济提升到在全市村级经济中冒尖的水平，引起各地同行的刮目相看和密切关注。他在20多年中很少休息，每天早上7点前到厂，到天黑才回到家，节假日都在企业值班，特别是每年大年夜吃年夜饭和八月十五的中秋节，他总是让企业员工回家和家人团聚，自己独自待在工厂，守护着集体的这些宝贝家当，并继续地工作、操劳着。

记得1980年那年，纱厂原料价格急剧上升，而产品销售骤降，是企业最困难的一年，其他纱厂都是亏损，许多企业倒闭，可白茆纱厂到年底还有2.5万元利润，那2.5万元真不容易呀！白茆纱厂于1986年被评为常熟市文明企业，1987年和1988年被评为常熟工业明星企业。庆丰纺织总厂于1989年被评为常熟市工业先进企业，顾宝玉也年年被市镇两级政府评为"工业企业家"和"优秀共产党员"正由于顾宝玉呕心沥血地工作，万事以身作则，团结全体职工艰苦奋斗、开拓进取，所办的企业才在市场竞争异常激烈的情况下年年有盈利。他不仅将全部精力用在企业的发展上，而且在工作中充分显示了他在经济建设和经营工作中的卓越才能和远见卓识，表现了他虚怀若谷，情系村民，奉献集体的宽广胸怀。

不用说，白茆乡党委真是看到了顾宝玉的忠诚于集体事业的不凡表现，才做出让他当山泾村一把手的决定的。

这是风和日丽的一个冬日，白茆乡党委书记王坤元和党委组织委员沈建昌来到山泾村，在深业针织公司车间里找到了顾宝玉。顾宝玉完全不知道两位乡领导的来意，半开玩地说："是不是想视察一下我们的合资企业？"

"我们是外行看热闹呀，好的，参观一下现代化企业。"王坤元笑着说。听口气，两位领导肯定有事，可顾宝玉也不管，领着王书记和沈委员从这个车间跑到那个车间。王书记和沈委员看着从德国引进的高速经编机，不时地赞叹老外设备的先进性，不无感慨地说，没有先进技术，乡镇企业是难以在市场上立足的，更不用说持续发展了，称赞顾宝玉引进国外先进技术，办合资企业，这一步走得正确，走在全镇企业的前列，起到了示范引领作用。

在厂部办公室，两位领导向顾宝玉宣布乡党委任命他为山泾村党支部书记的决定。这对顾宝玉来说太突然了："王书记、沈委员，你们做决定，事先怎么不征求我的意见，好像太简单了吧？"

"如果事先征求你的意见，你肯定有一百条理由推辞。你重任在肩，一家总厂、一家合资企业，事情已经千头万绪，如何再能担起全村工作的大事，是吗？"王坤元笑着说。

"是的，总厂几个分厂那摊子的事不说，深业针织公司刚刚办起来，一大堆事等着我去处理，现在省里不允许我们用江苏棉纱，棉纱原料还在天上呢？你们现在要我担任村书记，是不是想看我的笑话，看山泾村的笑话？"顾宝玉半开玩笑地说。

"宝玉，你这话也太重了一点，难道王书记在使坏不成？根据市委组织部的意见，徐兴保要调到镇里任职，总要有接替他的人。党委选用干部的程序简便了一点是真的，没有事先征求你的意见，是怕你一口回绝呀，现在党委已集体做出决定！今天我和王书记前来，一是来告诉你党委的这一决定，二是向你道歉来的。"沈建昌说。

"宝玉呀，我们党委作出这一决定是经过慎重考虑的。最近市委要求各乡镇加强基层党组织的建设，特别是配强村级党支部书记，你这些年来做出的成绩有目共睹，是最合适的党支部书记人选。如果像你这样的人才不加重用，不说群众有意见，也是我们党委的过失。这是对你对山泾村负责，才决定让你担任支部书记的。我们也知道你身上担子很重，企业的工作不能没有你，所以我们要和山泾村的班子人员讲清楚，你全面负责全村的工作，但只是负责规划性、方向性的重点工作，进行掌舵、把关。你可以管大放小，具体的工作由村主任和副书记去做。你看这样行吗？"王坤元说。

"你们呀，这是逼我上梁山了。有什么办法呢？思想不通，组织服从嘛！"顾宝玉笑着说，"但是我得事先说明，我的主要精力还只能在企业，对9村里的事，只能管大放小……"

"好，那下午开一个村支部全体党员会议，把乡党委的这个决定宣布一下，宝玉，你在会上也表个态，好吗？"王坤元说。

顾宝玉点了点头。

这天下午，山泾村40多个党员集中在村会议室，各村民小组组长列一席会议。会议由原村书记徐兴保主持，乡党委组织委员沈建昌宣读了乡党委任命顾宝玉为山泾村党支部书记的决定。王坤元代表乡党委讲了话，首先对原山泾村党支部书记徐兴保的工作作了充分肯定，接着，高度评价顾宝玉，并对他履行山泾村党支部书记一职寄予厚望。

王坤元说："顾宝玉是常熟著名的优秀乡镇企业家，20多年来奋战在村级工业经济建设第一线，为山泾村的父老乡亲脱贫致富奔小康建立了巨功。他胸有大志，腹有良谋，意志坚定，作风踏实，勤奋博学，品质高尚，在工作中充分表现出杰出的经营才能和组织才能，是最理想的村党支部书记人选。我希望他能今后的工作中，不负众望，开拓进取，发扬成绩，开创未来，团结村党支部一班人，充分运用弹钢琴的艺术，挑好企业经营和全村工作两副重担，带领全村村民和企业全体职工，把山泾村建设成现代化新农村。我也有理由充分相信，在顾宝玉同志的领导下，山泾村的未来一定更美好、村民们的生活一定更富裕。"

紧接着，主持人徐兴保让顾宝玉发言。顾宝玉说："今天对我来说应该是个特殊的日子，因为从今天开始，我的肩膀上又多了一副担子。说实在的，我何德何能做这个'双排座'呢？在座的各位中，比我强的不在少数，然而，既然镇党委选择了我，作为一名党员，我没有理由拒绝党组织对我的信任，作为山泾村的一员，我更没有理由拒绝村民们对我的期待。我今年46岁，46年来，我除了小时候离开过山泾村3年，其余43年都是喝山泾村的水长大的，我对山泾村的一草一木都充满了感情，我和山泾村的每一位父老乡亲都有很深的情谊。乡党委让我当村支部书记，无非让我加副担子，能为父老乡亲多办一些事，多出一份力，对此我乐意，我情愿，我高兴。我知道，知县是七品芝麻官，村官应该是九品了，小得再也不能小了。其实这不是什么官，是一种拜托，一种责任，一种压力，促使我用心做事，用心做人，更加注意全局意识，认真地规划好各项工作，做到发展村办工业和搞好现代农业一起抓，物质文明建设和精神文明建设一起抓，发挥班子人员的作用，团结好一班人，带领好一班人，按照镇党委的要求，把各项工作做实做好，做出成效来……"

顾宝玉话音刚落，全场人立即爆发出经久不息的雷鸣般掌声。这掌声是对他赤子衷肠的热烈回报。

会议散了，顾宝玉马上和村党支部班子人员商量工作。当时山泾村党支部委员有5人：顾宝玉、谭祖荣（副书记兼村主任）、徐静华（兼妇女主任）、谭玉珍和顾怡。大家对顾宝玉担任村支部书记都由衷高兴。他们都熟悉顾宝玉，知道他为人诚实厚道，办事决策果断，作风雷厉风行、脚踏实地。顾宝玉还未开口，几个委员已七嘴八舌嚷开了，说有顾书记当家，我们放心，全村村民也放心。

顾宝玉说："有话说，单丝不成线，独木不成林，单靠一个人是办不成什么事的，要依靠集体的力量，我们支部要形成核心，并依靠全体党员。今天请大家留下来，主要是给大家出个题目，请大家对党支部接下来的工作提建议，哪些事需要做的，可分轻重缓急，急事急办，重要的事下力气办。你们都是村党支部的老委员了，一直在全村工作的层面上。而我呢？之前忙于企业的事，对村里的事很少顾及。"

谭祖荣说："支部工作的面很广，涉及党员的学习教育，党员的培养和发展，全村农副工三业经济的规划和发展，村民之间矛盾纠纷的调解，几个困难户的关心……"

徐静华说："谭主任，你讲了一大堆，刚才顾书记不是说，要分轻重缓急，像村民之间矛盾纠纷的调解，这是村行政上的事，你都拿到支部工作上来了。我看呀，全村农副工三业经济的规划和发展这件事是大事，应该有个总体目标和发展方向。还有呢？计划生育这个国策不能放松，顾书记，你是第一责任人呀！"

顾怡说："我觉得家庭联产承包责任制实施后，现在全村青壮年都在厂里做工，在家种地的都是上了年龄的老爷爷和老奶奶，许多年轻人不愿下地了，不少田块出现抛荒现象，有的只管种，不去管理，半种半荒，我们支部应该要管一管了。另外，我觉得，刚才镇党委王书记说了，顾书记是管大放小，大的事、重要的事由顾书记把关，小的事应该不要让他过分分散精力，他还有企业那一摊的事。"

谭玉珍说："我同意顾怡的意见，现在轻农思想严重，粮食亩产下降，照此下去，国家的粮食就会出现大的问题。现在田块分散在各家各户，每个家庭的情况又是错综复杂，我们支部如何去管，确实是个难题，除非建立一个助耕队……"

顾宝玉静静地听大家发言，觉得大家都在开动脑筋，感到非常欣慰。末了他说："今天的讨论就到此为止，我们暂且不作结论。你们回去后，都去听听周围群众的意见，需要我们支部应该为全村老百姓做些什么？我们的支部应该建设成为一个勇于承担责任、工作上善于创新、朝气蓬勃的、密切联系群众的、受群众拥护的服务型支部。等到大家收集群众意见后，我们再开支部会议进行讨论。大家说好不好？"

"好，好！"大家异口同声说。

# 25．高瞻远瞩

这天，顾宝玉回到家，心情久久不能平静。他感到，全村的工作千头万绪，必须周密思考，抓住主要矛盾。在抓好工业的同时，农业生产和各项工作要全盘考虑，应该脚踏实地地为山泾村父老乡亲做好工作。

山泾村地处水网地区，河道纵横交错，有 2.8 平方公里的面积，良田面积（包括自留地）3600 亩，共 1817 名村民，与兄弟乡镇相比来说，属田多劳少地区。因此，在"以粮为纲"全面实行"双三制"的年代，起早摸黑地劳作还是干不完，必须起早工、开夜工，白天冒着炎炎烈日汗流浃背，晚上遭受蚊虫叮咬，老百姓的吃苦耐劳精神十分可贵，而且没有怨言，也没法有怨言。

顾宝玉感到，那些艰苦的日子历历在目，自己也在其中，而且走在群众前头。自从顾宝玉带领村民办起村办企业后，每逢农忙季节，在厂里上班的村民还必须回到生产队完成各队所安排的拔秧、莳秧、割稻、割麦等农活儿，否则生产队干活儿的人有意见，认为在工厂里省力、开心，当时流传这样一句话"甩掉铁莅柄，样样都高兴"。其实到他所办的纺织企业上班也非常辛苦，乡镇企业从来没有休息日，还要经常性加班。顾宝玉深深体会到，如不改革开放，农民根本没有出头之日，天天在田里彳农活，日出而作，日落而归，没完没了的十分艰辛。由于收入极低，平时日常生活艰苦，有些农民一年到头才吃到几次荤腥呢！"农民，农民，弄条命！"父老乡亲们真的太苦了……

细细想来，顾宝玉觉得，一定要把村子规划好，加快农田建设，把农民致富的事放上议事日程。顾怡和谭玉珍讲的情况引起了他的重视，现在村里办起了这么多企业，包括增挂上海天工羽绒服装厂分厂牌子，生产上海名牌秀士登羽绒服装、高德康领导的白茆羽绒服装厂，吸纳了 300 多名青壮年进厂，并把村里土地的耕种全部丢给了老人，如何保持农业生产增产增收，是到了村党支部应该着手狠抓的时候了。一定要把现有的企业搞好，实行以工辅农、以工促农，大力发展农业机械，向机械化耕作、科学种田方向努力，让农民从繁重体力劳动中解放出来，彻底改变农村原来的旧面貌……他越想觉得肩上的担子重，越想越坐立不安起来。

要当一个村的好领导，必须高瞻远瞩，全面考虑，统筹规划。

记得早在 1984 年，顾宝玉就向当时的村领导提出绿化村庄的建议："凡是村里的空间角地，大到河畔滩地，小到田埂水渠边的空地，都可以种上树木或果树。树木可美化环境，果树能增加经济收入，是今后的发展方向。"

可是有人说，种了果树难管理，当果树上的果子一成熟，就会被小偷偷光，这是自找麻烦。顾宝玉不同意这样的观点，他说："我们干部的责任就是要做好管理工作，教育村民，引导村民遵守各项规章制度，做一个好村民。同时，即使不将水果出售，分给村民们也是一种效益。"

苏州横塘织布厂厂长章桂泉对绿化情有独钟，凡是有空地的地方都种了不少树种，厂区环境十分优美。顾宝玉与他多次接触后成了朋友。那年3月的一天，顾宝玉去横塘织布厂联系业务，他们那里刚巧有培育的小香樟树出售，价格比较便宜，顾宝玉一下子买了500棵小香樟树，回来后种在山泾村的主干道上。后来这些樟树苗壮成长，长到四五十厘米粗，郁郁葱葱的，远看上去似一道天然的绿色屏障，不失为一条惹眼的风景带，来到山泾村的市镇领导都被这条绿色带子所吸引，纷纷翘起大拇指说顾宝玉看得远，想得周到。其中有一棵香樟直径足有90厘米，有一位江西的老书记看到后说："在常熟，这棵大香樟树是王，我们江西也难找。"再后来，常熟市委农工部的领导来到山泾村，就是看了这里的绿化环境，动议与村党政班子商量，让村里进一步努力，将山泾村列入第一批创建常熟市示范村的行列。

看来，村镇规划是提高村镇建设总体水平的关键。一定要有超前意识，同时还要适应本地农村经济、社会的发展的实际，处理好近期发展与远期的发展关系，做到经济、社会和环境三个效益的统一，进行合理布局。

不久，顾宝玉带领村党支部一班人，来到了常熟当时村级经济和村镇规划处于领先地位的谢桥福圩村和周行汪桥村参观，这两个村村镇规划水平高，并且坚持按规划进行建设的做法对他们触动很大。汪桥村提出以塑造村庄特色为重点，努力打造生态优美、设施配套、农民富裕的美丽村庄。福。村着力改善村容村貌，环境改造与绿化工程有序推进，开展拓建道路和桥梁的新建改建，原来泥泞的小路变成了宽阔平坦的大道，呈现出一片田块成方、绿树成行、水渠成网、道路宽敞的生动景象。顾宝玉和支委其他成员边参观边议论，决定从建桥修路做起，为提升农业生产水平打基础。

山泾河是一条不算太长的河流，自任阳南山泾起，经古镇李市、白茆联泾村、山泾村，流入白茆塘，全长5.6公里，是昆山西北部和常熟东北部地区的重要引泄航运河道之一。上文说过，"大跃进"年代，常熟县政府运用人民战争的办法，调动全县各乡镇的民工用人工挑、扛的办法开挖这条新河道。1958年，中央新闻纪录电影制片厂拍摄《万马奔腾》新闻纪录片，里边轰轰烈烈的"人海战"，其中的绝大部分镜头是在这里拍摄的。

这条新开挖的山泾河在山泾村中间径直通过，无情地将古老的山泾村一劈两半，分成东西两片。山泾河宽30多米，初时用一条小船摆渡，虽然这条小船让隔离在两岸的村民能够来往，但除了村民来往外，这小船哪里能载负农民们农产品、肥料的运输呢？1960年上半年，白茆乡政府在这里建造了一条用竹竿做栏杆的简易木桥，也许是受制于资金的筹措，这条竹木桥狭窄得只能容一个人只身通过。1961年冬，在这条简易竹木桥上发生了一件震惊全乡的惨痛事件，40来岁的山泾村农妇陆三宝，傍晚时分从农田干活回来路经小桥，由于天雨桥滑，光线阴暗，不慎跌入河中被活活淹死，家人闻讯赶来哭得死去活来，可再也无法挽救其宝贵的生命。这次事故的发生，给了当时领导一个血的提示：一定要在这里修建一座坚固的桥梁，让村民们安全、方便出行。白茆乡党委报请县政府拨款造桥，于是在1963年由县水利局出资，在这条简易木桥的原址上建造了一条宽两米左右的人行水泥桥，还给它起了一个时髦的桥名叫"为民桥"。

时隔17年后，顾宝玉和全体支部委员从福圩、汪桥参观回来，就商定改造为民桥自20世纪70年代末、80年代初以来，各生产队已经开始购买手扶拖拉机，家庭联产承包责任制后，这些手扶拖拉机转到种田大户手中，在经过为民桥时，一般需要用船进行摆渡，带来极不方便。有时有人开了手扶拖拉机冒险过桥，水泥桥腿不堪重负，摇摇晃晃的非常危险，安全事故随时发生。这条为民桥已经完全不能适应现代农业发展的形势了，因此顾宝玉将扩建为民桥确定为第一件重要工作。

将为民桥扩建到什么程度，却引发激烈争论。

顾宝玉觉得，扩建"为民桥"必须扩建到位，不能像常熟城区方塔街的颜港桥，一连扩建了5次，最后还要拆除再建。按照"农业的出路在于机械化"的要求，从发展的眼光出发，扩建的桥梁一定要让所有农业机械包括联合收割机和卡车等车辆都能通过，所以他特地邀请了常熟市水利局的工程师，设计了宽7米的国家标准的汽车15级两车道桥梁，由国家造桥工程队来建造，更名为"山泾大桥"。

然而，设计图纸出来后准备开始建造时，有些群众认为"山泾大桥"造得太大太宽了，不需要两车道，只要一辆车能通过就行了。镇里有个别干部也持同样看法，觉得山泾村的经济不是很富裕，建造两车道的大桥太浪费钱财了，是摆阔气讲排场思想在作祟。政治帽子大得很，从而引起群众议论纷纷，说三道四的人随风而起。

不少话传到顾宝玉的耳中，顾宝玉觉得不是滋味，心想有必要利用适当场合讲一讲此事。在一次村党支部会上，他当着全体共产党员说："我们办事情，一定要有发展的眼光，建造山泾大桥，也必须按照发展的要求来建，再不能像缠脚老太那样鼠目寸光、小手小脚了。至于是不是浪费了集体的钱，这要请大家理解，现在村里不是没有钱，建造大桥的钱，是由村办企业赚来的。这钱用来建设我们自己的新农村，不是向村民收钱造桥。我们做事要向前看 30 年，现在经济建设和社会事业发展得这么快，过不了几年，说不定每家都会有汽车，这不是天方夜谭，是实实在在的事实。若几年后家家都有了轿车，觉得这桥太小了必须拆了再造，这才叫浪费。再说，山泾河属国家三级航道，一定要符合国家航道标准来建造桥梁。"

经过一番解释，最后才统一了全村干部的思想认识，于是开始打桩建造。经过半年时间的建设，到 1991 年年底山泾大桥建成通车。

事实证明，当初顾宝玉的预见是正确的。不要说 25 年后的今天，山泾村大部分家庭都有了小汽车，就说时隔三五年，种田大户就有了联合收割机和农用汽车，全村在农业种植上，已全部用上机械化种田。如果当初不建成这样的汽 #15 级两车道桥梁，这些交通运输工具如何畅通无阻地通行呢？不用说无须过多少年就要再翻建，到时这帮当初说顾宝玉浪费钱、摆阔气讲排场的人，恐怕又会说那时候顾宝玉目光短浅哩！

山泾大桥建成后，联通全村东西两片，可通达大型汽车，全村农户出售小麦、稻谷，可用汽车或拖拉机直接送到国家粮库。运输工具就是顾宝玉创办的企业购置的大小车辆，企业免收所有运输费用，支持农业生产。这一举动受到了全村村民的高度评价，都说只有山泾村才能做到，顾厂长是个一心为民的大善人。白茆乡党委书记王坤元在一次会议上也高度评价白茆纱厂的做法，说兴办乡镇企业，就是为了以工辅农，让农民得到实惠，白茆纱厂不仅为村民们提供交通运输工具，而且免收一切费用，他们才是真正的为民、辅农。

紧接着，顾宝玉又给全村制定了三年实现"组组通汽车（生产队改成村民小组），块块良田进中拖"的规划，大力推进机械化耕作，以科学种田的方式解放劳动生产力。

为了能使基层党员解放思想，扩大眼界，顾宝玉带领全村党员和村民小组长，来到"全国最佳乡镇"上海马桥、全国创建文明小城镇示范点嘉定安亭、"全国文明村镇""全国文化典范村示范点"江阴华西和本市的几个先进典型单位参观学习，让山泾村党员干部扩大了视野，看到了现代化新农村发展的方向。

自1991年起到1993年的三年时间里，山泾村党支部按照总体规划，动员全村村民，持续展开了声势浩大的修筑道路和水利建设工程，一鼓作足气修建了山泾东路、山泾西路、山泾南路、山泾北路、李泾西路、沿塘路、丰产方路等近10条道路，总长9.1公里，其中有水泥路，也有沙石路。填塞了3条河浜，建造了横塘电灌站、山泾电灌站、高芳泼电灌站等3座电灌站，建了水管泼闸、蔡泾闸、横塘闸、小泾闸4座防洪闸，用工量达上万工，使得全村的农田在洪涝时不受灾，干旱时能灌溉。

与此同时，投入百万余元资金大力修建改建桥梁，先后建造10座国家标准的等级桥梁。其中山泾大桥、横闩大桥为汽车15级桥，横塘桥、高家桥、沈塔泾桥、姚家宅基桥为汽车10级桥，高芳泼桥、水管泼桥、黄泥泼桥、福寿桥、小泾桥为汽#5级桥。这些桥梁都是按照发展现代新农村要求的汽车桥梁，最狭窄的桥面宽5米，完全能使山泾村3600亩良田使用机械化耕作和收割，实现"大型车辆能进村，块块耕地通中拖，条条道路接国道"的规划目标。

山泾村的道路、桥梁，东接支塘新庙村，南连任阳盛泾村，西通上塘村，北达204国道。当山泾村的道路、桥梁接通东南西北的周边邻村时，这些村的村民对山泾村干部村民千谓寸万谓寸，说山泾村的干部有远见，工作力度大，让邻村也受惠了，方便了他们的出行，同时促进了他们所在村改变交通面貌计划的实施。

四通八达的交通，改变了山泾村的地理位置，山泾村一下与外部世界的距离拉近了，偏僻小村成为水陆交通便捷的一块常熟福地。

村里的社会事业按照既定目标在一步步实现，然而在这个时候发生了一件不能弥补的悲痛事：1993 年 6 月 25 日这天，村主任谭祖荣由庆丰总厂供销科长陆叙兴用摩托车载着，前往常熟市供电局驻徐市工程驻地，去和供电部门商谈一根过境 3.5 万伏高压线的青苗补贴事宜。他俩于上午 9 时左右开开心心地从山泾村出发，行驶 20 来公里来到何市与徐市的交界处南渡桥附近时，冷不防侧处一条小路上窜出一辆急驰的摩托车，陆叙兴紧急避让，不慎撞在一棵大树上，酿成了大祸。陆叙兴面部、胸部严重受伤；谭祖荣被甩出四五米远，后脑壳重重着地，导致脑干损坏。两人被急送至常熟市第二人民医院抢救。

顾宝玉得知此事后，马上赶到医院。医生对顾宝玉说，陆叙兴是硬伤，并无大碍，可谭祖荣是致命伤，已无法挽救其生命。顾宝玉一听，急得面色发白。他急急地来到抢救室，但见谭祖荣双目紧闭，瞳孔已经放大，但脉搏还在跳动。一位老医生把他拉到一旁，说："这病人已经不行了，你们准备后事吧。"

"医生，你们无论如何要抢救，他的脉搏还在跳动呀！"顾宝玉说。

医生向顾宝玉解释说："我们能抢救一定会抢救的，但现在已经无能为力了。这脑干，位于大脑的下面，自下而上由延髓、脑桥、中脑三部分组成。脑干的功能主要是维持个体生命，包括心跳、呼吸、消化、体温、睡眠等重要生理功能，均与脑干的功能有关。现在他的脉搏虽然还在跳动，但脑干的整体功能已经失去，我们真的无能为力了。"

顾宝玉回到抢救室，望着谭祖荣不禁深深地叹了口气。有人轻轻地对顾宝玉说，"既然老医生已这么说了，我们和他回去吧？"顾宝玉说，"不，我们等等，也许会出现奇迹。"他又一次搭了下谭祖荣的脉搏，感觉到脉搏还在跳动，虽然是那么微弱。他是多么希望能出现奇迹呀！

等呀等，静静地默默地等待……到下午 5 点来钟了，奇迹始终没有出现。医生又和顾宝玉商量，说这病人已经失去生命体征了，你们还是把他带去！

顾宝玉想，看来已经没有挽回的可能了，便俯下身去，轻轻地对谭祖荣说："祖荣，我和你回去吧！"

不想顾宝玉话音刚落，只见谭祖荣紧闭的双目微微一动，两颗晶莹的泪珠从两旁眼角潸然滚下。此景此情，纵有铁石心肠也会感动。顾宝玉忍不住内心的悲痛，掩面抽泣泪水纵横。边哭边说："祖荣，我知道你心中的痛苦，我们一起艰难走来，眼看村里经济发展了，村民们的生活也好起来了，可你却意外地走了，撇下你的家人，撇下我们同甘共苦的兄弟。祖荣，你走得好怨，也走得好狠心呀……！"

不用说，身为村书记的顾宝玉尽力处理好谭祖荣的后事，后来也尽力帮助处理和操办他两个儿子的婚事和家事，虽然全村村民称赞顾宝玉的处事，他的两个儿子都十分感激顾书记，但是，对于谭祖荣的突然离去，顾宝玉每每想起心中就隐隐作痛，总是感到他走得太匆忙，只有付出，没得到任何享受……

# 26．拥抱文明

改革开放后，特别是实行家庭联产承包责任制后，作为农村基层战斗堡垒的村党支部，如何按照社会发展要求，适应新的形势，尽快地挣脱和冲破旧观念、旧意识的樊篱，带领村民转变落后的生产方式，大踏步跨入小康社会，这是摆在顾宝玉面前一件必须考虑的重大问题。如果这一问题解决不好，他就愧对全村村民，愧对上级党组织对他的信任和嘱托。

农民对土地充满感情，特别是老农民惜土如金，不管多劳累，或者是在企业工作了一整天下班后，都要挤时间下地干活儿，千方百计种熟承包的责任田。有句话叫作"宁愿将媳妇让给他人，也不愿丢失一寸土地"。可见农民对土地的重视程度，因为祖祖辈辈是靠土地而生存的。

农民是天底下最勤劳、最辛苦的群体。然而历史车轮已滚到20世纪90年代，农民们依然是老牛耕地，人力插秧收割，依然是"面朝泥土背朝天，腰酸背痛苦和累"。顾宝玉觉得，运用机器代替人力耕作，减轻农民的劳动强度，不仅是提高农业生产效率的重要举措，也是节省人力资源，让村民们放心在厂工作的实际行动。这是转变村民落后的生产方式必须走的第一步，因为在前一阶段中，山泾村建桥铺路工程的实施，已给农业机械化的推进奠定了坚实基础。

1994年，山泾村利用企业上交的利润，投资100多万元，一下从上海拖拉机厂购买了 4 台套丰收 35 中型拖拉机配套联合收割机，并成立了一个农机服务队，专门为全村农户服务。丰收 35 型轮式拖拉机适用于水田、旱田的耕耙、旋耕、推土、挖掘等多种农业作业，并可用作运输。它时速 20 来公里，为村民们装运粮食、肥料和柴草发挥了重要的作用，大大提高了农业生产的效率。每年的夏收夏种和秋收秋种两个农忙季节里，更是农机服务队最繁忙的时节。其效率让人惊叹：一台联合收割机一个小时能收割 14 亩水稻或者麦子，一天按 8 小时计算，能收割 112 亩，相当于 150 个劳动力，既快又好，大大减轻了劳动强度。

邻村有个村民姚雪妹她丈夫已经过世，家里缺乏劳力，那年责任田里的小麦熟了，她看到收割机又快又好，临时要求农机服务队为她家服务。可她事先没有登记，那几天又是农机服务队最紧张的阶段，服务队的人没有答应她，说待几天再说。这熟透了的麦子如果遇到下雨就会脱落在田头，一年的辛苦汗水就会白流，想到这里她急得哭了起来，哭着要求收割机帮助收割。

驾驶员为这事去请示顾宝玉。顾宝玉说，姚雪妹家的情况我知道，是个特殊困难家庭，特事特办，你们加个班帮助解决。

拖拉机的驾驶员都是企业的汽车驾驶员，顾宝玉让农机服务队为村民责任田服务时，只收取柴油费用，不收人工费和设备折旧费，是不计经济效益为村民服务的。后来，农机服务队凡是遇上类似姚雪妹这样的事，不再请示便答应下来，因为他们知道，去请示顾书记、顾厂长，顾宝玉也会让他们去帮忙的。他们说，"顾厂长是天底下第一好人！"

要解决农民生产的效率和效益的问题，除了制度和政策的因素外，必须提高农作物的产量。提高产量的核心，是提高以种子技术为核心的科技水平。优良品种的引进和培育是农作物高产的"内因"，是达成最终高产的最主要因素。

这里要介绍一下常熟农科所的端木银熙，这位土生土长的常熟何市人，把毕生精力都贡献给了培育水稻良种的事业上。自 20 世纪 80 年代中期至今的 30 多年时间里，他呕心沥血，孜孜不倦地奋战在水稻育种第一线，来往于海南和常熟两地，先后培育了 18 个水稻新品种，分别通过国家级和省级鉴定，主持培育的水稻新品种在江、浙、沪、皖、鄂等省市推广面积累计超过 4000 万亩，增产稻谷 15 亿余公斤，增加社会效益 30 亿余元，2014 年被评为"全国粮食生产先进工作者"，享受国务院特殊津贴，被誉为"江苏的袁隆平"。

1984 年那年，端木银熙成功培育常熟市首个省级命名的水稻新品种"太湖粳 1 号。"1989 年又育成高产稳产的宠儿"太湖粳 2 号"，成为省内外农业界一个重要新闻，惊动了高层领导和水稻育种界的专家。刚担任村支部书记的顾宝玉得到这一消息后，马上与常熟农科所取得联系，引进端木银熙培育的这一新品种，经过 200 多亩土地的试种，收成果然不凡，亩产达到 600 多公斤。这是一个了不起的数字，原来他们村的水稻产量，一般都在 500 公斤上下，现在一下增产两成多，喜得试种的村民嘴都合不拢了。

"太湖粳 2 号"不仅高产稳产，而且农艺性状好，抗逆性强，品质优等特点。它茎秆粗壮，叶片内卷、挺拔，叶色较深，穗大粒多，米质中上。抗白叶枯病、稻瘟病、感条纹叶枯病等性能。于是在第二年，顾宝玉动员全村各家各户都换上"太湖粳 2 号"，大面积推广种植这一品种。

以后，顾宝玉还在村里推广种植早熟晚粳"9—92"，1996 年又试种常熟农科所培育的水稻新品系"89—94"和"9522"新品种，这些新品种的引进和推广，给村民们带了极大的经济利益。

1987 年 10 月，上海嘉定市安亭镇创办了上海市郊第一个镇办合作农场，实施农民家庭分散经营和集体统一经营相结合的"双层经营"模式，不久，推广直播稻、套种麦、生板油菜等轻型栽培新农艺，种植业结构几度调整，水产养殖在 20 世纪 90 年代初颇具规模，并创办了多家集体经营的葡萄、弥猴桃等果园，展示了现代化新农村的灿烂前景。那天，顾宝玉在报上看到了安亭合作农场的宣传报道，不由得激动起来，马上组织村党支部委员、生产组组长等有关人员前往参观学习。安亭合作农场的施场长热情地接待了来自江苏常熟的客人。

施场长风趣地对顾宝玉说："现在我们农村，养的儿子不会挑担，养的女儿不会烧饭，讨的媳妇每天喊她吃饭，还要嫌弃小菜烧得咸淡。眼下种田的人越来越少了，我们办起合作农场，就是为了适应形势发展需求，适应社会这个现实。"

顾宝玉深有同感，要施场长说说合作农场办起来后的具体好处。施场长说:"合作农场创办,其实就是搞集约化、规模化经营,是农业商品化、社会化的客观要求。它解决了一家一户分散经营做不了的事情。集约化、规模化经营,可以降低成本,取得规模效益。它有利于促进农业一体化生产,提高农业生产的社会化水平,有利于大面积推广机械化和科学化种田,有利于使农产品进入市场流通……"

施场长的一席话,对顾宝玉启发很大,他感觉到嘉定安亭已走在了他们的前面,办农场有一个基础条件的问题,但适度的规模化、集约化经营肯定是个方向,是提高农业整体效益的～个有效方法。从安亭回来后,他和村"两委"干部一起,商量动员村民们流转责任田,鼓励有能力、实力的农民承包土地。在种田专业户承包的规模上,考虑到便于管理,建议以。围为单位,一个。围的面积从 50 亩到 100 亩不等,承包的。围以两至三个为适宜。当时就有 8 队的李建明,李永元,9 队的毛伟良,7 队的张雪刚,4 队的徐惠林,1 队的严伙元,10 队的陆玉昌等,分别种田 100 亩左右,后来都有不同程度的发展。毛伟良和张雪刚分别扩大到 160 亩和 170 亩,李永元承包其他生产队的远田,发展到近 200 亩。李建明曾到森泉等地扩大承包范围,承包土地上千亩。由于集约化经营,粮食亩产和土地产出效益均比以前家庭承包时有很大提高。

那天,施场长还介绍了安亭农场用联合收割机收割小麦后进行秸秆还田的情况。秸秆还田腐烂后可成为有机肥,能增加土壤有机质,改良土壤结构,使土壤疏松、孔隙度增加、容量减轻,促进微生物活力和作物根系的发育。秸秆还田增肥增产作用显著,一般可增产 5%—10%。安亭农场还在场内推广水稻水直播技术,说是运用机械化耕作后,精细整地灌水,将发芽的稻种直接播入水田中,这样既不需育秧,又不需栽秧,而且产量与移栽稻相仿,大大减轻了劳动强度。顾宝玉一方面在本村大力推广秸秆还田,增加土地肥力,另一方面派出农技人员前去嘉定安亭学习水稻水直播技术,回来后进行试验种植,并邀请安亭农场的农技人员前来技术指导。经过一茬实践,山泾村获得了较好的效应,特别是解决了农民弯腰问题,受到村民们的热烈欢迎,都称赞顾书记为村里做了一件大好事。

自 1982 年起,中共中央每年以农业、农村和农民为主题颁发"一号文件",对农村改革和农业发展做出具体部署,表明了"三农"问题在中国的社会主义现代化时期"重中之重"的地位。在"一号文件"制定的各项为农政策中,粮食政策在不断变化中。以前我国实行的是粮食统购统销政策。1983年初,农村家庭联产承包责任制的推行,打破了我国农业生产长期停滞不前的局面,促进农业从自给半自给经济向较大规模的商品生产转化。1985年起,国家改革粮食流通体制,取消粮食统购,实行合同定购。1993年2月,国务院颁布《关于加快粮食流通体制改革的通知》。同年%8月,全国95%以上的县市都放开了粮食价格和经营。至此,全国的粮食销售价格基本全部放开,实行了40年的城镇居民粮食供应制度即统销制度被取消。

此后,农民不再被国家限定的种植"计划"所束缚,而是能自主选择种植模式,在不抛荒责任地的前提下,选择种植如蔬菜、果园等经济作物,也可以扩大牛、羊、猪、鸡、鱼、螃蟹等养殖。只要种养殖的农副产品、水产品有市场,政府都进行鼓励和扶持,给予技术上的指导培训和资金上的支持。对于专业户只要与承包责任田的农户签订合同,完成政府所规定的各种上交费用,政府也同样给予支持,真正做到了各尽其才,各展所能。这样,农业效益获得有效提高,农民和专业户腰包里的钱马上多了起来,而且极大地丰富了市场供应。在农贸市场上果品、蔬菜、肉类、水产品应有尽有,一年四季都能吃上新鲜的农副产品。

在国家政策的鼓励下,在顾宝玉的大力倡导、支持下,山泾村一批有一技之长的"巧农民"发展成为专业种养大户。除了种田大户外,出现了8队陆祥元等养牛专业户,5队的李雪君和大闸村的严建龙,王玉龙,毛类村的王祖明,坞丘村吕祖明一起,从上海畜牧场和无锡牛场引进奶牛16头,日产量过200多公斤。另外,太仓双凤的李尚林夫妇曾在山泾村养鸭多年,最多时的鸭子有2000多只。

# 27．教育先行

"再穷也不能穷教育,再苦也不能苦孩子。"据说这句话是出自敬爱的周恩来总理之口,他精辟地指明了让孩子受到良好教育,是一个国家一个社会的应尽义务和重要责任。古希腊哲学家亚里士多德说过,教育的根是苦的，但其果实是甜的。一个国家的发展，要靠人类用学来的知识去改变它；一个正确理论的产生，也要靠人类用学来的知识去总结；要推翻迷信思想，更需要人类用知识来改造。

顾宝玉在农业规划发展取得一定实效的同时，首先想到了教育。他觉得，要用知识武装农民，特别要用知识开启孩子们的智慧。教育是百年大计，它关系着国家的兴衰，体现着社会的文明程度，它是社会事业和经济建设发展的原动力、助推器和润滑剂。顾宝玉回想起自己在少年时代由于受社会、家庭条件的影响，上学读书是多么的艰难！现在，我们国家的经济迅速发展，山泾村的经济条件有所改善，更应该把教育放在突出的位置，让每个孩子都有书读。孩子是希望，是祖国的未来，是民族的脊梁，自己在任村支部书记一天，一天就应该对得起孩子，对得起下一代。

上文说过，山泾村在 1955 年就办了一所民建小学，校舍在山泾村的东南端老百步泾南岸，后在原地翻建，扩建了几间校舍。经过"大跃进"，人民公社和文革年代，随着时光流逝、时代变迁，村里的自然宅基起了很大变化，特别是新开了山泾河，民建小学的位置变成了偏僻之地，家住西北边的孩子去学校上学，每天必须跨过山泾河和百步泾两条河上的简易桥，遇上风雨天是多么危险呀！每家的父母少不了在雨天接送孩子上学，给每个家庭带去了很大不便。民建小学的校名数次更改，人民公社时山泾村为第二生产大队，民建小学也更名白茆公社二大队小学。由于村经济薄弱贫困，民建小学（二大队小学）在"弯煞角落"里勉强维持，校舍被几十年的风雨侵袭已经破旧不堪，快成为危房了。直到 1973 年，大队才决定将小学搬迁到村中心为民桥的桥塊旁，这样方便了各家各户的孩子上学。

当时搬迁村级小学也是一件大事，顾宝玉也是其中的筹建小组成员，一起参与新校舍的规划设计和建设。由于他那时负责大队的副业队，建校用的建筑材料八五砖、平瓦、铁梁等由顾宝玉去想办法解决，木匠、泥水匠等师傅也由顾宝玉负责组织，顾宝玉和工匠们按人工天数结算工钱。其时建筑材料十分紧张，顾宝玉到王庄砖瓦厂去商量购买砖头、平瓦。建筑材料落实后，他又鼓励工匠们努力工作，最后新校舍终于赶在 9 月 1 日开学前落成。校舍虽是平房，但在白茆公社的大队办学校中是最好的学校了。

掐指算来，从 1973 年搬迁学校到 1993 年，已经 20 年了，当时崭新的校舍已显得比较破旧，不适应时代的发展。按照新农村规划要求，顾宝玉和支部一班人商量翻建校舍，尽到关怀和培养下一代应尽的责任。支部全体委员一致同意顾宝玉的意见，在 1993 年暑期结束开学前，将原二大队小学，改建成山泾小学。

新建的山泾小学应该建造成什么样的学校？顾宝玉提议，设计应该有现代化气息，符合教学发展需要，因属基础教育，外观要有几何图形。在常熟市教育局的支持下，顾宝玉邀请常熟市建筑设计院的专家进行设计，学校建设纳入村的整体规划中。经过紧张的筹备包括审批立项，1994 年 2 月 18 日这天，市教育局领导和镇领导一起为山泾小学新校奠基。

新建的山泾小学

山泾小学占地面积 17400 平方米（26.1 亩）、建筑面积 1328 平方米，总投资 100 多万元。工程建设由村主任李炳元具体负责，工程建筑由常熟市兴隆建筑公司进行承包。建设者们在历时一年零 3 个月的时间里，顶烈日冒严寒，精心施工，于 1995 年 6 月基建结束并通过验收，又经过内部装饰，于 8 月 28 日举行落成典礼。

一所崭新的从幼儿园教育到小学六年级毕业的完全小学建成了，学校设施包括教学及辅助用房、办公用房、生活服务用房、教学仪器设备和活动场地等配套齐全，全部达到完小的建设标准。

1994年9月1日，由常熟市教育局局长朱树忠先生题写"山泾小学"校名的新学校正式开学。小学落成典礼这天，校长唐浩龙握住顾宝玉的手激动地说："顾书记，感谢你为全村的孩子盖了一座漂亮的学校，我代表全校学生和教师向你致敬！"

顾宝玉说："今天我也非常高兴呀，能有机会为全村父老乡亲和周边百姓服务，为他们的下一代创造一个良好的学习环境，也完成了现代化新农村当中的一个重要组成部分。但这不是我个人的成绩，是全村村民的功劳，也是改革开放政策带给我们的红利。如果没有改革开放的好政策，哪有我们村工业企业的发展，如果不是全村村民的努力，我们村的农工副三业如何并驾齐驱获得较好经济效益呢，我也感谢全体教师为培养山泾村孩子作出的辛勤努力。"

任何事物有利有弊，工业生产的发展极大地推动了经济建设，然而它却给环境造成了污染。

乡镇企业未发展时，农村的环境没有污染，河水平静如镜，可以看见水下悠然游动的鱼虾，夕阳照在水面上，闪着金子般的光亮，显得波光粼粼，掬一捧河水放在嘴里，感觉是那么清冽甘甜。干了一天活儿的农民回到家，放下锄头、畚箕、粪桶等家具，女人上厨房烧菜做饭，男人跳下河去洗刷身上的泥土和疲劳。这时候的农家孩子在大人们的呵护下也跟着下河洗澡，在大小不等、形状不一的河浜、池塘里游泳，不时地在水中嬉戏打闹，发出阵阵笑声，此刻是孩子们一天来最开心的时刻。

自从农村发展工业后，乡村河道里的污泥不再利用，有些乡镇企业缺乏长远规划，没有很好地处理"三废"，污染问题日益严重。加上农业生产对化肥农药不合理的大量使用和畜禽养殖业废水、废气和废渣的任意排放，使各种污染物在农村地区内循环，造成水体污染现象日益严重。在很长一段时间内，苏南一带清冽冽的河水不见了，不要说直接饮用河水，就连洗衣服都是不可能的了，人们不能再在河浜里洗澡游泳，孩子们在小河里的笑声也消失了。

对此，顾宝玉看在眼里，痛在心里。他深刻地感觉到，人类经济水平的提高和物质享受的增加，在很大程度上是以牺牲环境与资源的代价换来的。环境污染、生态破坏、资源短缺、酸雨蔓延、全球气候变化、臭氧层出现空洞等，正是人类对自然采取了不公允、不友好的态度和做法的必然结果。自然环境是人类赖于生存的基本条件，环境保护是我国的一项基本国策，一定要把环境保护同两个文明建设紧密联系起来，做到既发展经济，又保护环境，使经济、社会和环境协调发展。顾宝玉在各种场合振臂呼吁，办企业一定要注意社会效益，不能光顾赚钱，忘了保护生态和环境，忘了赖以生存的脚下这片土地。

山泾小学建成后，顾宝玉看到孩子们没有条件学习游泳，便和村里几位干部商量决定，在山泾小学东边建造了一个小型、标准的游泳池。该游泳池长25米、宽15米，边上有几何图形的小半圆池。水深有两个不同标准：50厘米到1米水深的区域供幼儿园使用。1米到1.8米水深的区域供成人使用。配有更衣室、厕所等配套设施。这样，在学校上学的农村孩子也有学习游泳的机会。

水网地区到处是纵横的河流和水塘，学生学会游泳后如不慎跌入河中，自己就有了自救能力。顾宝玉建造为村民服务的游泳池，得到了全村村民的高度赞扬。游泳池修建后，山泾小学将学习游泳定为学生体育必修课。如今全村村民基本上都会游泳，不少村民是那时候在山泾小学上学时学会的。

学校不仅是教育的基地，也是一个地方文化活动的重要场所。解放初期，党和政府组织开展扫除文盲工作，白荡乡政府派了工作队每天晚上来到山泾村教识字，顾宝玉跟着姐姐也经常到民校听课、学唱歌，几首"嗨啦啦，嗨啦啦，天空出彩霞，地上开红花……"还有《谁养活谁》和跳舞时唱的"找呀找呀找，找到一个好朋友，敬个礼、握握手…！"的儿歌都是在民校里学会的。

顾宝玉从农业中学提前毕业后回到生产队参加集体生产劳动，晚上就和另外几个农中生到夜校教唱歌、讲故事，民建小学在晚上不仅是扫盲的基地，也是开展文化活动的重要场所，具有音乐天赋的顾宝玉在这里大展身手，因而白荡二大队夜校成了苏州地区先进夜校。在这些活动中，也离不开民建小学的各位老师的支持和帮助，所以顾宝玉对这所学校充满了感情。

山泾小学的重建，为山泾村党支部、村委会开展各项活动带来了便利。这里，白天书声琅琅，晚上灯火通明，成为村民们开展政治、文化、体育、娱乐活动的理想场所。

在企业发展过程中，顾宝玉看到有的企业兼生产面包，为企业员工服务，他由此得到启发，购置了两台面包机生产面包，一方面供应给企业员工，另一方面免费供应给在校学生。在那几年中，山泾小学的学生每天中午都能无偿吃到新鲜的面包。

农村实行家庭联产承包制后，山泾村周围村不少村民的子女等到初中毕业，其父母就不让他们再读高中、大学。早早辍学的主要原因是有的家庭经济不佳，不让孩子上学可以省去学习费用，还可以多多少少帮助家庭挣一些钱。另外的原因是，实行家庭联产承包制后，由于父母一般都在工厂上班，责任田里的活儿大多让上了年龄的老人承担，孩子不上学了，可以帮助爷爷奶奶减轻一些负担。顾宝玉看到这些情况后在心里想开了：那时候我们这一代要想读书也很难读到书，现在党和政府给孩子们创造了优越的学习条件，为什么轻易地放弃呢？孩子们这个年龄段是读书学习的最佳时机，如果长大成人了再想读书就很难的了。做父母应该有所担当，必须放远目光，再苦再累都不能耽搁孩子，影响了他们的前途。不管他们现在的学习成绩如何，都应该鼓励他们胸怀抱负，珍惜美好时光，好好学习，增长才干，长大成人后报效祖国，建设家乡，服务人民。

不久，顾宝玉和村"两委"班子成员商量后做出一个决定：凡本村出生的学生，不管在哪里就学，读高中和中专的每月补贴20元，读大专和本科的每月补贴30元。从1984年开始执行，鼓励和支持本村的孩子读完初中后继续读高中，高中毕业后考大学院校，力争考名牌学校，不断进取、学有所成。区区几十元钱，却在当时是很有价值的，而且每月定期给付，对学生及其家长在经济上帮助很大，特别是在精神上是极大的鼓励。

顾宝玉还用美国著名的女作家、教育家海伦·凯勒的故事去激励学生。

海伦·凯勒在一岁多的时候，因为发高烧，脑部受到伤害，从此以后，她的眼睛看不到，耳朵听不到，后来连话也说不出来了。这对一般人来说是不可想象的，但海伦并没有悲观，更没有向命运低头。在她的家庭教师沙利文的帮助下，用手触摸学会手语，摸点字卡学会了读书，后来用手摸别人的嘴唇，终于学会了说话，并且学会了5种文字。24岁时，她以优异的成绩毕业于世界著名的哈佛大学拉德克里夫女子学院，此后她将毕生的经历和心血都投身于慈善事业。一个盲聋人居然会有这么大的成就，难道不让人惊讶吗？如果海伦屈服于不幸的命运，不用知识和学习改变命运，那么她就会成为一个可怜而又愚昧无知的寄生者！但她却与不幸的命运做斗争，她以惊人的毅力和顽强的精神，不断学习，用知识充实自己，为人类做出了巨大的贡献。

直到今日，当初受到经济补偿和听到顾书记讲述海伦·凯勒的故事的学生，碰到顾宝玉都会提及当年被资助和受教育的事。说海伦·凯勒的故事在精神上激励他们成才；当初每月的几十元钱补贴，让他们解决了物质上的困难，使他们坚持读完大学，完成了学业，为此由衷地感激顾书记。

山泾村用企业挣来钱补贴、奖励学生，这一政策一直延续到村办企业转制成民营企业。

随着山泾村更名为康博村，1999年山泾小学也更名为"康博小学"。由于长年执行国家的计划生育国策，山泾村的生育人口逐年减少，影响了康博小学的生源，于是在2004年初，常熟市教育局和白茆镇的领导商量决定，将康博小学并入白茆中心小学。2003年11月23日，时任小学校长刘培新曾邀请所有在这所学校里任职的40多名老教师和现职教师，邀请为创办和支持这所学校做出贡献的有关领导举行联谊会，共忆难忘历程。联谊会的主题是："忆往昔辛勤耕耘桃李满天下，看今朝事业兴旺共聚同事情。"大家欢聚一堂，畅谈在学校中的工作和生活，纷纷赞赏当初顾书记所领导的村党支部为创办学校作出的努力，和对学校发展的大力支持。

自1993年9月1日诞生，至2004年6月底并入白茆中心小学，山泾小学（康博小学）走过了11个春秋的不凡历程，按每年毕业一个班级计算，从这所学校一共走出了400多名小学毕业生。400多名小学毕业生中，绝大部分进入初中阶段的学习，有一部分学生在以后顾宝玉激励政策的支持鼓励下，进入高中和大学学习，有的还真正"学有所成"，如今已在科技、医学、教育等领域的重要部门工作，正在国家的现代化建设做出贡献。如毕业于清华大学，现在公安部任职的陆建华；毕业于国防科技大学，现在上海某科研单位工作的高级工程师严志军；毕业于厦门大学，现在福建某县任文化局长的江春明，在中共江苏省委主办的《群众》杂志任处长的戈尚达和连云港大学招生办干部张宝元等，当年都是毕业于山泾小学。

在充分重视教育事业的同时，顾宝玉也十分重视村里医疗卫生事业的发展。1993 年 7 月，顾宝玉感到村里医疗卫生室的赤脚医生年龄偏大，处于后继无人的状况。由于山泾村离市镇偏远，遇上感冒咳嗽之类的小毛病无需到白茆医院就诊，如何来巩固村医疗卫生室应成为村党支部着手解决的问题。赤脚医生是在 20 世纪 60 年代后期农村实行合作医疗制度的产物，是农民对"半农半医"卫生员的亲切称呼，它为解救中国农村地区缺医少药的燃眉之急做出了积极的贡献。然而这些年轻人大多只是送到乡卫生院培训后就回大队做医生，由于文化水平有限，未受过正规医学知识教育，医疗技术不高，不少地方多次发生医疗事故。顾宝玉与村主任李烦元商量后，准备送本村两个考大学落榜的高中毕业生去医学院代培训，费用由村里负担。准备连续两年送 4 人，毕业后回来挑选 2 人为村民服务。顾宝玉主动和医学院取得联系，并落实了培训名额。

将此事联系妥帖，顾宝玉是多么的高兴啊！然而，当顾宝玉和时任白茆卫生院院长徐炳兴一同向镇领导汇报时，不知道这位领导出于什么样的考虑，不同意他们的意见，说村里自费代培训村级医生，不能给你们开这个先例，这事就此作罢。

这件事已过去 20 多年了，如今的山泾村卫生室缺少服务人员，村民们患病就诊多么不方便，如果当初顾宝玉的计划能够落实，就不会出现像现在这样医务人员脱节的情况了。前些时候，顾宝玉看到了常熟市卫生局的一则通知，要求各个乡镇和村委会注意多渠道培养乡村医生，与各地医学院挂钩学习培训，毕业后回到农村为村民服务。他说，上级领导对农村基层医疗事业缺乏人才的情况难道不了解？等到出现问题才忙于解决，真是亡羊补牢呀！考虑得这么迟，其实是没有真正地关心农民，至少说与农民缺少感情。

# 28. 不忘先辈

在广袤、富饶的神州土地上，中华民族世代繁衍，生生不息。一个个王朝的兴衰更替，一代代叱咤风云人物的交替出现，演绎了一幕幕荡气回肠的传奇话剧，留下了许多可歌可泣的动人事迹。五千年的中华文明史，有我们的屈辱和骄傲，也告诉我们做人的准则。

在近代史上，国父孙中山先生领导的辛亥革命推翻了清朝统治，结束了两千多年来的封建制度。1949 年 10 月 1 日，中国共产党在毛泽东主席的领导下，成立了中华人民共和国，从此中国人民站起来了。

一个国家一个民族不能忘记历史，一个家庭一个家族不能数典忘祖。每个家族都有一部难忘的兴衰史，都有值得后人骄傲的荣耀历史和才智出众的俊杰，只是随着年代的久远，时光的冲刷，让那些本来清晰生动、荡气回肠的故事和人物黯然神伤，若隐若现，变得隐约模糊起来。如何让逝去的往事历久弥新？智者告诉我们，作为传承人，应该寻根访祖，去追寻、去数点那些珍贵的陈年"佳酿"，去探究、去还原真实的故事情节和局部的历史。只有这样，才是对先祖和逝去亲人一种最好的真情缅怀。于是，他决定请山泾小学的几位老师，利用假期召开多个座谈会，采集有关材料，特别是采访七旬以上的老人，抢救将要失去的宝贵素材，写一部反映全村姓氏家族的族谱，并设想每个家庭的家谱，或每个家族的族谱，按姓氏笔画为序，由他来写村谱序言，记述各个家庭、家族的延续，请老一辈人回想家庭、家族中先辈实名及简历，直到想不到为止。这部村谱修好后，由村长负责，放在保险柜内，每年清明添减其内容，这样可以一代一代地传承下去。

考虑问题的起点较高，设想规划也相当周全，然而，由于顾宝玉当时不是村的主要负责人，任凭他如何积极工作，他这一好倡议和周全设想都未能得到认可实施。真是太可惜了，因为不少老人已经离去，好多历史素材已无法搜集。现在每当想到这件事，顾宝玉十分遗憾。常熟地处冲积平原，都是外地移民过来的，他们的祖先从哪里来的？已无法考证。就是像他的

奉献篇·责无旁贷

顾氏家族，也只知道爷爷一辈的名字，再往前老祖宗的名字都一概不知道，祖籍哪里迁移来的更一无所知，这让顾宝玉茫然若失，心情十分沉重。

村谱没有修成，顾宝玉觉得，应该将各家各户的祖坟好好地保护起来。

从小时候起，顾宝玉就痛苦地看到，老一辈人的坟墓一个个地流离失所。随着河道的开掘疏浚，田地的平整翻耕，加上后人的疏忽保护，一些墓葬几经搬迁，最后难以分辨是哪个家族的祖宗了，成为无名冢墓。这些无名冢墓被遗弃在路边和沼泽地里，还有的被人为地埋没。即使是有名有主的墓葬，有的随意埋葬在自留地上。

顾宝玉感到，让先辈英灵四处游荡，不得归宿，是后辈的忘恩和失责，也是一种罪恶。在现代化新农村整体规划中，顾宝玉在村党政会议上提议建立一座公墓，让先辈们的英灵有一个归宿之处，得到了大家的一致赞同。

为了建造一座与现代化新农村相匹配的公墓，顾宝玉与村主任李炳元一起前往上海嘉定方泰镇参观松鹤墓园。松鹤墓园是经上海市民政局批准，由嘉定区民政局主管的大型墓园，占地面积 96 亩，总容量规划为 30 万穴。园内绿树成荫，地势明阳高燥，著称"风水宝地"。为适合社会殡葬客户的需要，松鹤园实行葬式多样化。由于服务规范，环境优美，先后获得"全国殡葬改革先进单位""上海市一级公墓""花园单位"和"上海市服务诚信先进单位"等称号。

苏州和常熟也有规划建设的公墓，顾宝玉他们一一前往参观，借鉴其科学的规划，结合本村的实际情况，尽量不占用良田，最后选择在靠近山泾村的白茆塘转河口，即山泾河和与白茆塘交界处的四叉河道口（俗称"塘角嘴里"）的低洼废地上，在那里划出十多亩面积的一块空地，填土筑高建公墓。

1994 年春开始，经过规划，经白茆镇政府同意，顾宝玉他们请来了几十个民工，按沪淞水位 3.8 米的高度填土筑高。为了能使公墓具有历史纪念意义，顾宝玉亲自设计，公墓大门口建造琉璃瓦牌楼，取名"青松园墓"。牌楼两边的对联是"去途无愧，来生有福"，牌楼前一对石狮子左右守护。从中可以看到，在世的人们对他们先辈的崇敬之情，并寄托着无限的哀思和良好的祝愿。

顾宝玉他们考察借鉴常熟具有悠久历史的兴福寺牌楼和言子墓牌坊

后，商定青松园墓坐北朝南，高 8.4 米，中间净宽 5.4 米，两边净宽 2.4 米。园墓前建有牌楼，牌楼前的小河上建造石拱桥，取名"福寿桥"。福寿桥南侧的仿古代建筑，除了由两位明朝文官守候外，还有两匹雄壮的石马看守，显得气势宏伟，古色古香，典雅庄严。牌楼正面的"青松园墓"和两边的对联"去途无愧，来生有福"，由时任常熟市人大常委会主任戚李生题写。牌楼前后对联分别是："祖功宗德流芳远，子孝孙贤世泽长""春露秋霜本支衍百世，萍繁藻洁俎豆祝千秋"。

青松园墓的一侧，建纪念碑一座。纪念碑墓前立一牌坊，上面"梦中园"三字由常熟书法家裴谷云先生书写。

纪念碑基石高 144 米，宽 5.04 米，长 4.04 米。第一台阶往上走 4 步，第二台阶往上走 5 步，然后再往下走 12 步，意思是当我们去祭祖先时抬着头走，看到祖宗坟墓低下头走下去表示哀思。

纪念牌基石中间矗立着一块独块石碑，石碑高 204 厘米，宽 80 厘米，厚 22.4 厘米，正面写着："祖先业绩铭记心，积德育人代相传"，后面的碑文是"为悼念历代先辈之勤业丰绩，谨建造青松园墓，以致敬仰与哀思，愿先辈之躯灵安息，常熟市白茆镇山泾村村民委员会，一九九五年元月立。"纪念碑碑文特邀常熟籍中国著名书法家言恭达先生题写，于 1995 年 4 月

1996 年 3 月，山泾村公墓"青松园墓"建成。图为门口的石人石马和福寿桥、碑坊

清明节揭幕。言恭达现为中国书法家协会副主席，江苏省文学艺术界联合会副主席。

其时，白茆周围乡镇还没有公墓，村里建造公墓完全是首创。青松园墓的建造，使山泾村家家户户历代先辈的英灵有了最好的归宿，也使山泾村成为常熟全市第一个建造公墓的先进村。

建造青松园墓，时任山泾村的领导功德无量，村民们无不称赞顾宝玉、李炳元等人的不凡之举。可顾宝玉没有被乡亲们的称赞所陶醉，他觉得这是一个村领导的职责所在，他还在想着更深层次的事情。

在青松园墓揭幕不久那年 9 月的一天，白茆镇党委书记章迈和镇长杨崇华两人来到山泾村，与顾宝玉商量建造烈士陵园一事，说："白茆镇在解放战争和社会主义建设时期有 20 位革命烈士，我们想能不能在山泾村的青松园墓里再建造一座革命烈士纪念碑和革命烈士事迹陈列馆？"

顾宝玉说："最近我也在考虑这一问题，虽然那是镇里的事，可我也觉得，我们今天的幸福生活，是无数革命烈士用生命和鲜血换来的。在血雨腥风的战争岁月里，革命先烈们为了国家的前途，为了人民的解放事业，抛头颅、洒热血，献出了宝贵的生命。他们用宝贵的青春和热血，谱写了可歌可泣的壮丽诗篇，为我们创造了美好的生活和发展环境。我们村也应该为革命烈士做些什么？革命烈士都是时代的先锋、民族的脊梁、祖国的功臣，现在两位镇领导说在青松园墓里建造一座革命烈士纪念碑和革命烈士事迹陈列馆，此事正合我意，我想我们全村村民也会举双手赞成和欢迎的。"

章迈说："未想到顾书记答应得这么爽快，太好了！"

顾宝玉说："白茆镇的 20 位烈士，有的牺牲在解放战争中，有的牺牲在抗美援朝战争中，也有的牺牲在社会主义建设时期。这些烈士是我镇人民的楷模，建造纪念碑和革命烈士事迹陈列馆，可以更好地缅怀先烈，学习他们的精神，是一项极其有意义的社会公用事业，我们一定认真负责地把它建设好。"

纪念碑和革命烈士事迹陈列馆建造前，顾宝玉和镇领导一起，参观了常熟和周围边县市的几个烈士陵园，经过规划设计，当年国庆期间便在青松园墓奠基。按照既庄重又节约的要求，整个革命烈士事迹陈列馆和纪念碑占地 4000 平方米，纪念碑高 9.04% 米，碑基石高 1.04% 米，陈列馆 70 平方米。经过紧张施工，于 1996 年 5 月揭幕。

纪念碑上的"革命烈士纪念碑"的几个字特请时任中共常熟市委书记江浩题写，刚劲有力的字体上嵌贴金箔，其金箔款是由中共常熟市委组织部党费里面支付的。纪念碑前面安放着汉白玉雕刻的花圈，以作永远纪念。纪念碑后面的碑文是："在伟大的革命战争和社会主义建设时期，白茆的英雄儿女为国家独立，民族解放，人民幸福，社会繁荣，艰苦奋斗，英勇献身，用鲜血和生命写下了辉煌的一页，烈士们的献身精神将永远激励人们为实现共产主义而奋斗，革命烈士永垂不朽！公元一千九百九十六年四月，中共白茆镇委员会、白茆镇人民政府敬立。"

1996 年 5 月 3 日，白茆镇党委、政府举行革命烈士纪念碑和革命烈士事迹陈列馆落成仪式和纪念大会，常熟市副市长黄治中以及市委、市政府有关领导，南通市委常委和组织部领导，白茆镇党委、政府领导，戈仰山烈士遗孀陈金妹女士和她的女儿戈雪芬（时任南通市总主席）等烈士家属出席，在庄严肃穆的气氛中凭吊烈士英魂，缅怀先烈的丰功伟绩。落成仪式结束后，与会者参观革命烈士事迹纪念馆，瞻仰戈仰山烈士石雕像，观看 20 位烈士的事迹介绍。

新中国的诞生，是千百万革命先烈用生命和鲜血换来的。自第一次国内革命战争以来，全国先后有两千多万名烈士为中国革命和建设事业献出自己宝贵的生命。这些先烈大多数没有留下姓名，有姓名可考、已列入各级政府编纂的烈士英名录中的仅 180 万人左右。

烈士陵园落成仪式

具有革命传统的沙家浜儿女，为国捐躯的烈士、有姓名可考的为797人。

白茆籍革命烈士和全国各地各个历史时期的先烈一样，革命事迹可歌可泣。在这20名革命烈士中，年龄最小的仅19岁，他们是朱阿根和邹祥兴。朱阿根于1939年参加李白区常备队，后被编入新四军第6师，1940年7月在昆山石牌剿匪战斗中光荣牺牲。邹祥兴在抗美援朝战争中执行运输任务时，踩敌雷光荣牺牲。朱福兴牺牲时年仅20岁，他于1939年加入新四军第三支队，后被编入苏北新四军老二团，1940年在黄桥战斗中光荣牺牲。烈士中年龄最大的是王根生，1939年参加革命，任"民抗"梅南区民众自卫队分队长。1941年日伪"清乡"时被捕，先后囚禁于苏州第三监狱、南京第一监狱。在强制劳役中患严重伤寒，牺牲于南京浦口，时年44岁。

这20名烈士中，有12名烈士是在抗日战争中参加革命的，有的还是现代京剧《沙家浜》中的原型人物。徐阿二于1939年参加唐市区常备队，1941年被编入"江抗"第三支队，同年底在横泾塘与敌作战中负伤进入后方医院治疗，在日伪"清乡"时被日军杀害，年仅22岁。戈仰山是《沙家浜》剧中常熟县委书记陈天明的原形人物之一。他是白茆坞人，1939年参加抗日，历任中共李白区、任石区委书记，苏州县委组织部副部长、县委副书记兼组织部长。1944年在梅李塘桥一次战斗中受伤被捕，抗日战争胜利后出狱9月任中共东横区委书记。新四军北撤时戈仰山留任苏常太工委委员，1946年调任锡东县特派员，因被叛徒出卖，3月在无锡查桥附近遭国民党自卫队袭击被捕，1947年壮烈牺牲，时年33岁。

这些烈士受尽残酷折磨和考验。严正样于1938年参加革命，常年在外地为革命奔忙，1939年在苏州被捕，在狱中受尽严刑拷打，同年被敌枪杀于苏州，时年21岁。郁林林抗战爆发后加入"民抗"部队1939年为破坏日伪通讯设施在庄祺茶馆被捕。在审讯过程中他坚贞不屈，后被押往苏州第三监狱、南京第一监狱强制劳役，受尽折磨伤重牺牲，年仅25岁。徐代宗于1939年参加革命，1940年任江抗义勇军小队长。1941年7月在日伪"清乡"时被捕。在狱中，他坚持斗争，不屈不挠。越狱后被日军枪杀于芦苇荡中，年仅21岁。王友庆于1939年参加革命，任李白区抗日自卫队副队长、"江抗"联络站交通员，曾打入敌人内部，从事抗日统一战线工作。1941年7月曰伪"清乡"时在白茆镇邢家场被捕，关押于苏州第三监狱。狱中受尽酷刑，被用硝镪水浇淋，他坚贞不屈壮烈牺牲，年仅22岁。金根根于1940年参加梅南区常备队，1947年11月被捕，押往常熟审讯。遭敌严刑拷打折磨而死，年仅29岁。黄再兴于1945年在任石区参加革命工作，同年入党，北撤时隐蔽在白茆附近。1946年任任石区委候补委员，后任秘密交通员。1948年初春以合法身份掩护在上海开展革命活动，任常熟市委书记陈刚的交通员。是年11月，他携带了一份密件从江阴渡江去苏北途中，遭敌人盘查搜身，为了保护党的机密，他迅速将密件吞吃掉。但他吞吃密件的动作引起了敌人怀疑而被拘捕，后因无真凭实据，敌人只得将他交保释放，但派人经常监视。同年底被敌人密捕。

龚忠元是中华人民共和国成立后的烈士。他于1955年9月大学毕业后参加中国人民解放军。1956年7月被授予少尉军衔（正排级），1960年5月晋升中尉（副连级），1961年5月27日在青藏交界郭当松多地区剿匪阻击战斗中光荣牺牲，时年27岁。在20名牺牲的烈士中有一位女性，她叫姚明华，白茆毛泼村人，1986年6月担任村保健医生、妇代会委员。1991年7月2日早晨，她出诊后返回参加抗洪、防疫紧急会议途中遭雷击牺牲，时年29岁。1994年2月江苏省人民政府批准，追认姚明华为"革命烈士"，中共常熟市委、常熟市政府、共青团常熟市委、常熟市妇女联合会分别追授她"常熟市模范乡村保健医生""常熟市优秀共青团员""常熟市三八红旗手"等光荣称号。

此外，还有周兴、叶喜麟、邹大大、邱传兴、杨金生、鲁阿雪等，他们为了中华民族的解放事业，早早地献出了宝贵的生命，他们的革命事迹同样催人泪下。

革命烈士事迹陈列馆和纪念碑建成后，来这里吊唁的人络绎不绝，特别是全镇中小学生，每年都要到此参观瞻仰，成为白茆镇一处重要的青少年爱国主义教育基地。

# 29. 时 代 要 求

　　新农村建设是在我国进入以工促农、以城带乡的发展新阶段后面临的崭新课题，是时代发展和构建和谐社会的必然要求。从国家的战略意义上说，农业丰则基础强，农民富则国家盛，农村稳则社会安；没有农村的小康，就没有全社会的小康；没有农业的现代化，就没有国家的现代化。世界上许多国家在工业化有了一定发展基础之后，都采取了工业支持农业、城市支持农村的发展战略。在党的十六届五中全会上，党中央对社会主义新农村建设提出了"生产发展、生活宽裕、乡风文明、村容整洁、管理民主"的明确要求，对于积极稳妥推进新农村建设，加快改善人居环境，提高农民素质具有重要的意义。

　　从顾宝玉这位基层党组织领导看来，新农村建设是时代的要求，历史的必然，但要彻底改变农村的旧面貌，是一件极不容易的事。特别是要走城乡一体化的道路，谈何容易！就说农村房子按照规划集中统一这个问题，必须打破千百年来在农民头脑中形成的老观念、老思想，老祖宗传下来的老宅基地是他们的命根子，老房子搬迁，老宅基地没了，就等于将他们的根子掘了，他们说啥也不干呀！有的做了国家的大干部，家早已搬到大城市几十年了，还千叮万嘱当地政府，不能将他的老宅基拆除，死死地霸占着那方土地，可见他们对老宅基和老宅基地是多么的重视。

　　农民的小农经济思想，是阻碍社会主义新农村建设的绊脚石。进入大工业的今天，山泾村的部分村民还停留在"两亩地，一头牛，老婆孩子热炕头"式的小农经济时代，真让顾宝玉哭笑不得。

　　白茆山泾村有 59 个自然宅基，417 户人家都傍河而居，世代村民用水饮水靠河水，运输靠小船，而且都非常分散。随着河水污染的日益严重，1992 年年初白茆镇政府根据经济和社会发展需求，决定办一家镇级自来水厂，解决全镇人民的饮水问题，资金由各村支持解决。在由各村党支部书记、村委主任参加的会议上，当镇长顾明宝提出这一问题时，顾宝玉第一个站出来表示支持。早在 1986 年，为了解决工厂染色用水的工厂用水，村里建造了 100 吨容量的蘑菇形水塔。但这样的容量已不能满足村办企业发展的需要,顾宝玉早已有了兴办自来水厂的想法。因为河水已经污染,即使有水塔,水质也非常差,必须要有净化设备,化验设备,达到饮用标准水质,否则影响产品质量。现在镇里提出建自来水厂,一是可以解决村民们的饮水大事,二是可以解决企业的用水问题,所以顾宝玉双手赞同。其时企业虽然资金困难,然而顾宝玉率先把 35 万元资金汇入镇自来水厂筹建小组。

让顾宝玉意想不到的是,当镇村两级紧锣密鼓筹建自来水厂,将自来水的管子接通到各家各户时,却出现了"公要馄饨婆要面,众口难调"的现象,自来水主管道费用和安装费等一切费用由村里解决,这在全镇其他村是没有的,每个家庭只需负担从主管道到各个家庭的管道费用和水表费共 300 元,可是村民们还是各有各的想法,有的认为不必安装自来水,可以开挖水井。甚至出现了许多不能理解的笑话。

在山泾村六组,有家农户与隔壁邻居平时有矛盾,时常吵架,他家拿出种种理由不想装自来水,可隔壁邻居家要装,水管要从他家通过。这家不想装自来水的人家不同意邻居家的水管在他家的边上经过。这可怎么办呢?这一家通不过,下面多家人家也都装不成了,这是万万不能迁就的事。村主任谭祖荣到这家去做工作,可这户人家?不讲理,非但不同意,还把谭祖荣骂个狗血喷头。

谭祖荣气得脸色发白,回到村部告诉顾宝玉:"这家人就是说不通?横不讲理,真气人呀!你想他们是如何说的?说人家村都不在搞建设,为啥我们要搞?言外之意我们无事找事,花了钞票还要被人骂……"

顾宝玉说:"不要有气,我们干部做事就是要准备受气。现在上面号召建设社会主义新农村,一定要坚定信念,而且要有耐心。有全心全意为民服务的思想,才能改变农村落后的旧面貌。我们不能和一些目光短浅,自私自利的人一般见识。听说这两家邻居平时有意见才造成这样的局面的。我们不妨多用些水管,在外面多兜个圈,这样照样可以安装,如他不装,儿子已大了,招个媳妇也困难。"

谭祖荣高兴地说:"对,还是书记你有办法。不去理睬他,兜个圈就解决了。"

经过努力,山泾村总投资 60 万元,到 1993 年农历十二月二十四日,全村除了那家坚决不同意外，户户通上了自来水。顾宝玉家离白茆自来水厂最近，但他吩咐，全村通水后他才通水，获得了村民们的称赞。

不出顾宝玉所料，那家没通自来水的村民，第二年来找顾宝玉，要求给他家装自来水。

顾宝玉问他："是你媳妇提出来的吧？"

这个村民红着脸说："是的。真对不起，去年是我不对，给村里带来了麻烦，现在儿子、媳妇都怪我呢！"

顾宝玉说："你的要求我们肯定会同意的，因为全村是一个整体，不会不管你一家的。但你要认识一个问题，那就是目光要放远，不要只看眼前的鼻子底下的事，不要斤斤计较，乡邻之间要和睦，俗话说，金乡邻、银亲眷，和睦相处是我们农民的传统美德……"

"是，是……"这个村民不住地点头。

顾宝玉是常熟市人民代表，他在参加常熟市人民代表大会召开期间，连续三年提案，要求市政府把白茆片区的自来水接通常熟市第三自来水厂。最后市政府采纳了这个提案，不久，白茆镇全镇人民喝上了纯净、合格的长江水。

还有几件事让顾宝玉难以忘怀。

村里有户人家翻建新屋，屋基上需要填土，于是用船到外边去装运泥土，可是由于小河里淤泥多，加上长满了水花生，一船满满的泥土很难运回来。这个户主不去想办法行船，却喝了酒乘着酒兴去找顾宝玉，没说上几句话便破口大骂，说你这个村书记怎么当的，河道里弄成这样？顾宝玉稍一争辩，这人便动手动拳，把顾宝玉的手指也弄成了轻度骨折。

一个年轻村民，他妈妈进了村办厂工作，可他觉得安排的岗位不够好，于是走到顾宝玉的办公室，质问顾宝玉："我母亲为什么不能去某厂某车间去？"

"这要考虑到企业的需要和各个人的不同情况，比如文化、年龄和才能等，我认为你母亲现在的岗位比较合适。"顾宝玉说。

"合适什么呀，某某某为什么能去那个车间，我母亲难道比她差吗？她有什么文化，有什么才能？"

"这个就难说了，你认为你母亲各个方面比某某某强，可从我们的眼中可能不是那么回事。对于你们的想法,我们会认真考虑的。但从现在来说,必须服从工厂的安排。"顾宝玉耐心地说。

"此次来,我就是让你作出更正的决定!"

"这可不行呀,这里可不是在你家里,你可以随心所欲。如果都像你这样,企业不是要乱套了!"

"这个我不管,我觉得你是存心欺侮我老娘。你这个书记、总厂厂长是怎么当的?……"这个年轻人话越说越难听,越说火气越大,竟一把揪住了顾宝玉的衣服,三推五擦把顾宝玉的一套西装撕破了。

此事闹大了,有人报告了派出所。派出所领导前来调查,最后做出处理决定,叫这个青年向顾宝玉道歉,并赔付 80 元钱。

当天下午,这个青年由父母陪同,一起来到村部办公室向顾宝玉赔礼道歉,并送上了 80 元赔款。顾宝玉没有收他们的钱,对这个青年说:"知道错就好了,我们说话办事,都要换位思考,不能强求于人,更不能随便动粗,要吸取教训。你还年轻,今后的路还很长……"

这个青年听了连连点头,说今后再也不会了。

还有一次,顾宝玉白天去市里开会了,晚上回来后在企业处理事情,所以很晚才回家。在回家的路上,他在夜幕中突然发现远处渠道上有个黑影在晃动。走近一看,原来这人背了一扇木门不紧不慢地走着。这是极不正常的情况呀,顾宝玉立即上前盘问:"你,为何背了一扇门,做啥呀?"

不料当这人看清楚是顾宝玉后,硬硬地说:"这门是你家的,我就是要你家这扇门。"

这是怎么回事?顾宝玉丈二和尚摸不着头脑。"你为什么要拿我家的门呀?"

"我今天找了你一天了,都不见你人影,我只能拿你家的门了。"这人说。

"你有事可以好好说,你不经我的同意就拿我家的门,性质就起变化了。你现在马上将门背到我家去,有事可以慢慢说,否贝你要承担责任的。"顾宝玉说。

"我没让你承担责任,你反倒让我承担什么责任了?我呀!就是要把门背回去……"

"你不能这样做!"顾宝玉去拉他,他并不是为了这扇不太值钱的门,而是考虑到对方如果真的把门背回去,不就成了偷盗行为了。可这人不明事理,竟和顾宝玉拉扯起来,最后将顾宝玉推搡在渠道沟里,弄得这位村书记浑身湿透。

就是为了区区一件小事,找不到人一时性起竟会大动干戈,扛木门、吵架推人,把衣服也撕破了,这是低素质的表现,或者说是小农经济意识在这人身上的特殊反映。

顾宝玉从上述几件事中强烈感受到,不管村民做的事如何出格,自己是村党支部书记,应该负有一定责任。平时缺乏对村民的教育,有重经济,轻思想政治工作的倾向,没有把准备做的事宣传好,取得全体村民的理解和支持。毛泽东在《论人民民主专政》中不是有个经典论断:"严重的问题是教育农民。"要推进社会主义新农村的建设,一方面,要加快经济发展步伐,这现代化新农村建设提供物质保障;另一方面,必须解放思想、与时俱进,不断突破旧的观点和客观规律的束缚。这就是要各级党组织加强对农民的宣传教育,做耐心细致的思想政治工作,将广大农民的思想统一到建设社会主义新农村的目标上来,让他们看到农村现代化的生活环境和农村城市化的光明前景,只要这样,才能心往一处想,劲儿往一处使,齐心协力共创美好的明天。

1993年年初,根据形势发展需要和上级要求,中共常熟市委农工部在常熟全市建立10个农村现代化示范村。其时常熟市总人口104万,其中城市居民25万,农村人口79万,是标准的大农村小城市。也许其时的市领导已经意识到,只有农村发展了,才能体现改革开放的政策,才能使农民得到真正的实惠。

此时的山泾村,经过全村干部群众的艰苦努力,已得到全面发展,村级经济已名列全镇、全市前茅,是名声在外的常熟市的先进村。你看这个村的显赫荣誉:

1976年、1978年、1986年、1993年荣获"常熟市农业先进集体"称号;

1977年、1999年、1991年、1993年荣获"常熟市工业先进村"称号;

1984年、1988年和1989年、1992年和1993年荣获"常熟市文明村"称;

1988年、1992年荣获"常熟市工业明星村"称号;

1992 年、1993 年村党支部荣获"常熟市先进党组织"称号……

在挑选基础扎实的先进村作为全市第一批农村现代化示范村时,白茆山泾村理所当然地被选入其中。

# 30. 科学规划

1993 年 9 月 8 日对白茆镇山泾村来说是个好日子,中共常熟市委农村工作部组织了常熟市建设委员会的领导和专家一起来到山泾村,帮助村里规划设计现代化新农村。

改革开放前,村里的邻里间经常发生争吵,大部分起因是为了争夺一个取水河滩,或者为了一只粪缸的安放而相互谩骂、吵架,甚至大打出手。村干部是救火队员,哪里吵架就去哪里调解,往往这个生产队的矛盾平息了,那个生产队又起事端了,一天来回奔跑,还解决不了问题,有的只得惊动派出所和法院来处理。看来,建设现代化的新农村,不仅是改造旧村落后面貌的必要措施,也是提高村民文明素质的重要途径。

规划设计人员经过深入细致的调查研究,按照国家对新农村建设要求和市委市政府农村现 4 化示范村的建设标准,发挥政府政策扶持和村级领导发挥主观能动性的两个积极性,编制了"科学种田规格化,住宅别墅城市化,文化教育科学化,出入交通便捷化,生活质量现代化"的规划设计方案。规划设计人员认为,山泾村前几年所做的诸如造桥、做路、防洪、发展规模种植和社会公共事业等项工作,符合农村现代化发展的要求,现在进行整体布局的设计,是在原有基础上提高、创新和完善。

1994 年 9 月 27 日,中共常熟市委农工部组织专家在山泾村召开山泾村农村现代化规划的论证会议,规划人员将《山泾村农村现代化建设总体规划方案》交给与会领导和专家讨论。该方案按照"园区经济、新型村庄、绿色生态"三位一体整体推进的新农村建设思路,突出重点,全面兼顾,整合资源,立足发展,将山泾村建设成为常熟市农村现代化发展示范村。具体来说,规划建成五大区——

一是农业保护区。坚持区域连片、规模发展、效益优先、生态园林化和产业特色化的原则，加大科技投入和产业结构调整力度，稳定农业基础，发展现代设施农业，将全村3600亩耕地，建设成为机械化、水利化、科技化、标准化生产的稳产高产田。稳步发展土地规模经营，扶持发展种田大户，提高农业化规模化、集约化经营水平，实现传统农业向现代农业的转变。

常熟农工部在山泾村召开农村现代化规划的论证会议

二是副业食品区。贯彻执行"以农为主，以副养农，综合经营"的发展方针，大力发展绿色无公害蔬菜业，林木果种植业，特种水产业，鸡、鸭、鹅、猪、羊、牛等家禽家畜业，科学规划建设瓜果蔬菜高效栽培区、特种水产养殖区、竹木果园，积极扶持蔬菜种植、水产养殖和家禽家畜饲养专业户。多渠道繁荣市场，增加农民收入。

三是村民居住集中区。农民建房实行民建公助，发挥村民和集体两个积极性，统一规划设计，按户计算进行适当补贴，农民住房相对集中。以山泾河为基点，在河东、河西两岸，南北各建一个住宅区，全村423户农户，分成%个住宅区。坚持"以人为本"方针，建筑与环境并重，现实与适当超前相结合，满足人们的居住需求、健康运动需求、安全和休闲需求。住宅设计体现当地传统建筑，并结合现代建筑理念和生态理念，建成生态园林式村庄，并给每户相应的自留地种蔬菜。

四是工业企业规划区。以江苏康博集团公司、合资常熟深业针织有限公司、常熟市庆丰纺织总厂为主体，在现有基础上扩大企业规模，更新经营理念，提高经营管理水平。积极引进国内外先进技术和可用人才，大力开发具有市场竞争力的新产品，提高企业经济效益，为山泾村的发展积累雄厚的经济实力。

五是文化生活（学校、商业、休闲）活动区。坚持经济建设和社会事业和谐发展原则，大力发展各项文化教育、卫生保健事业。巩固和发展山泾小学，提高学校的装备质量，美化校园环境，加强学校游泳池的管理。办好村医疗卫生保健室，提高合作医疗水平。以学校为依托，组织村民开展文化活动，通过多种渠道培养守法、文明的新型农民。规划建设农民小公园和老年茶室，为农民提供休闲娱乐的活动场所。加快通信设施建设，在全市率先建成电话村，为村民们提供信息利用方面的便利。

论证会上，专家们对《山泾村农村现代化建设总体规划方案》提出了不少有益的建议。1995年1月25日，常熟市政府正式批准该方案，这是继谢桥福、村、周行汤桥村之后，常熟市的第三个农村现代化发展示范村方案。

《山泾村农村现代化建设总体规划方案》经市政府批准后，很快地进行实施，其他各项工作按照规划也比较顺利的开展，中共常熟市委农工部也经常组织山泾村干部到外地先进村去学习参观，借鉴他们的先进经验，在常熟农村树立典型。

生长在21世纪的人们，享受着手机、电子信箱、QQ、微信等现代化的通讯工具，随时随地可以联系沟通，很难理解20世纪中期那种通讯设施的落后。当时的电话机是手摇的，由邮局接线员分别接通通往各地的线路才能通话，所以占线现象十分普遍。白茆有14个生产大队和1个渔业大队，农村人口2万余人。1958年安装第一部电话总机，到1980年总机容量增加到2台120门。直到1987年，由常熟市邮电局和白茆镇政府共同投资，在白茆塘南建造新局，直接安装了半自动的供电交换设备，才丢了"摇把子"的电话机。1993年4月投用全自动交换机，所有电话可全国直拨，通信质量、效率才大大提高。

想当初80年代末，顾宝玉在上海人民广场邮电大楼打长途电话回来，都要等上一两个小时，甚至等上大半天才能通上电话。遇有急事，只能干着急。

20世纪90年代中期，是我国电信行业飞速发展的时期。常熟邮电局在1991年开通了万门程控通信设备，1992年冶塘余巷村建成全市第一个电话村。1995年年初，全市程控交换容量达到15.6万门，所有这些信息，给了顾宝玉极大的鼓舞。他主动与常熟市电信局领导商谈，准备按照山泾村实际情况，家家户户通电话。

1995年前，山泾村仅有寥寥几户农户在家里安装了数台电话，他们都是有一定经济实力的家庭，连村支书顾宝玉家里也没有装上电话。其时，电话安装费十分昂贵，一部电话机安装费用在6000元左右，这对一般家庭来说是承受不起的。顾宝玉与电信局领导反复商量、测算，最后局领导同意，将每部电话机的安装费降为2400元，这已是给了顾宝玉很大的面子了。如果从现在的目光看，那是不可思议的事，现在每部电话的安装费是150元，每部电话的移机费是50元，竟减少了16倍之多。其时山泾村还规定，哪个村民如果在村企业工作的，给予一定的补贴。因为村民在本村企业做工，效益留在企业。其时人员流动，有的村民转到别处企业做工，企业招工存在一定困难，才做出这一决定的。

按全村400户人家测算，每部电话2400元，共计需要投入96万元，这是一笔不少的费用，可顾宝玉还是咬咬牙，下定决心让村民们步入现代生活。到1995年10月1日，全村423户人家，除特殊几家外，都装上了电话机（实际安装416部），建成白茆镇第一个电话村。不久，经公安派出所同意，山泾村又建办了液化气站，使村民能用上瓶装液化气，既方便干净，又清洁卫生，提高了生活质量。

建设电话村和建办液化气站是山泾村建设现代化示范村的第一步，在接下来的村民居住集中区建设中，顾宝玉他们碰到了一个又一个难题。

山泾村各家各户的宅基地大小不一。按照规划，围绕村中心周围，集中到四个新区建造小别墅，这样既交通方便，又美观实用，将极大地提高农民的生活质量。房屋全部集中后，把小河小潭垫平复耕，让农田能成片耕种，适应机械化耕作，全村能节约近百亩土地。

然而，由于农民历代耕种在自己的几亩田地里，生活圈子狭窄，所带来的视野十分狭小，虽然政府将他们组织起来，走上了集体化的道路，又不断地进行教育，灌输新的思想，但沉淀在他们脑海中的老思想、老观念依然难以改变。将宅基地视为"出生的血地"而不愿离弃，同时十分看重自家的房屋："金屋银屋，不如家里草屋。"要想让他们按照村里的整体规划拆除老宅基，放弃宅基地，如同挖他们的祖坟一样艰难。

怎么办呢？顾宝玉和村"两委"班子人员商量，确定了推进规划方案的实施方法：一要攻坚克难，做耐心细致的思想工作。二要制订相关政策，推动规划的实施。发挥村民和集体两个积极性，要搬到新的集中居住区，必须把老房子拆掉，把有用的材料用到新的别墅上。宅基地必须复耕复种，村里给村民补贴四项费用：基础设施建设费用、通水通电费用、屋面观赏费用和液化气费用（因新村不允许砌土灶），施工现场的水通、电通、路通、通讯通和施工现场的土地平整的"四通一平"费用和硬路亮化工程费用，由村集体负担。三要分工协作，注意工作方法，讲求实效。

随后，"两委"班子成员分成几个工作小组，深入生产小组分头做村民的工作。将村里的规划方案和盘托出，一方面让大家看到新农村建设的光明前景，另一方面大力宣传上级政府和村里制订的优惠政策。这样，通过大小会议宣传和工作小组深入工作的上下配合，村民们的思想问题彻底获得解决，纷纷自愿报名进入新区安家落户。

经过艰苦努力，山泾村终于在1996年年底完成了第一个小区的建设，那就是现名为"康博苑西区"的小区，村民们在此看到了新农村建设的美好前景。

这里，道路宽敞，绿树成荫，整洁亮丽，1+幢崭新小别墅掩映其中，既美观大方，又实用新颖，洋溢着现代文明的时代气息。小区别墅边有一泓清冽冽塘水，池塘四周有石驳岸相围，并安装护栏，池中建有一座古色古香、取名"憩亭"的六角亭，通过蜿蜒小曲桥走入亭中，可观赏掩映在一片绿色之中的别墅和飞鸟点水、荷叶多姿的美景。往北有一座较高的长方形琉璃瓦古建筑"阁亭"，这里原是河浜底垃圾堆积地，为了留作纪念，顾宝玉出资建造了这座阁亭，取名"观砾阁"。每天早晨，顾宝玉来到这里"晨练"，站在"观砾阁"上呼吸新鲜空气，观看周围的香樟树、榆树、小毛竹、葵花树、枫树成林，前有鱼塘，后有果园，但见增氧泵的喷泉喷出高高的水柱，落下来的水花在阳光的照耀下闪闪发光，像一颗颗美丽灿烂的珍珠。这时候，鱼儿跳跃，白鹭飞翔，鹅鸭成群，百鸟齐鸣，环顾四周，真是心旷神怡。完全体现了江南水乡现代农村的美丽景色。

在第一个小区"康博苑西区"建成的同时，另一个拥有 18 幢别墅的小区也按规划开始建造。至 1998 年年底，第二个村民集中居住小区竣工，

康博苑西区小区

两个小区共建成别墅式住宅 36 幢，建筑面积 8050 平方米，村里投入资金 101.2 万元，建房户投入 487.8 万元。1996 年，山泾村接通有线电视，并安装山泾北路 1323 米长路灯 50 基，公共绿化（路旁和住宅区）48500 平方米。

1999 年 1 月，康博集团公司总裁高德康接任山泾村党支部书记。1999 年 8 月 16 日，山泾村更名为康博村。从此，农村现代化示范村的建设，由以高德康为首的村"两委"班子负责继续实施，将原规划区调整为"村庄集体化，经营集约化，农业机械化，种养区域化，口粮商品化，管理服务化，服务社会化"的社会主义新农村，并于 11 月动工建设"康博苑小区"。

"康博苑小区"总占地面积为 23.4 公顷，其中居住用地 16.3 公顷，公建用地 0.5 公顷，道路用地 2.8 公顷，绿化用地面积为 3 公顷，其他用地为 6 公顷。区内道路骨架为"丰"字加环结构，区内住宅本着"以人为

本，合理聚居，有序建设，文明居住"的原则，划分为"晨曦""碧墅""夕照泾""春风""夏霖""秋雨""冬雪"等小区。全区 422 户（包括先前建设的 18 户），自北向南，自西向东划分为 7 个独立的居住组团、两个共享空间和一所小学，为"小区组团"两级结构。建筑均采用行列式、改良行列式和庭院布局，户均占地 0.58 亩，户均建筑面积 206 平方米，总建筑面积 8.8 万平方米，绿化覆盖率为 45%。康博苑小区建设至 2011 年完工。

康博苑小区内设有医疗中心、物业管理中心、休闲广场、文化活动中心、农贸市场等设施，是全省目前户数最多、范围最大、设施最齐、结构？佳、环境最优的省级文明住宅小区之一。

山泾村（康博村）在推进农村现代化示范村的建设中，各项工作齐头并进 1995 年和 1996 年被评为常熟市工业先进村、常熟市村镇建设先进村、常熟市社会治安综合治理先进村，1996 年至 1997 年被评为常熟市妇女工作先进村 1998 年至 1999 年被评为常熟市文明村，1998 年被评为苏州市安全文明村 1999 年被评为江苏省创建文明村镇工作先进村、苏州市农村现代化建设示范村，2006 年荣获"第三届中国十佳小康村"光荣称号。

# 31．开 发 山 庄

宗教是一种以信仰为核心的文化，同时又是整个社会文化的组成部分。在漫长的历史发展中，宗教文化已成为中国传统思想文化的组成部分。

宗教信仰自由是中国处理宗教问题的一项长期基本政策，由于人们的观念意识受到极"左"思想的严重干扰，寺庙、宫观、教堂等宗教活动场所曾遭受严重破坏和无情拆除。各级政府在纠正错误的过程中，为恢复、落实宗教信仰自由政策做出了巨大努力，恢复开放了宗教活动场所。

1991 年，党中央、国务院正式提出"使宗教与社会主义社会相适应"的方针，党的十六届六中全会和党的十七大、十八大，都要求各地发挥宗教在促进社会和谐方面的积极作用。此后，中国的传统文化获得弘扬，公民的宗教信仰自由权利受到宪法、法律保护和司法行政保障，政府对独立自主办宗教事业给予支持。

20世纪90年代中期，白茆部分村的村民已经在酝酿、聚集社会资金，恢复和修建被拆除的小庙。顾宝玉认为，自己是个共产党员，对群众性的精神文化需求不能熟视无睹，一个镇应该有一个像样的佛教活动场所，供信仰佛教的人活动，满足他们的精神需求。此时的顾宝玉，由于企业转制后经营得法，已积累了一定的财力，他觉得，自己在这方面应该有所贡献。

1999年上半年的一天，常熟市佛教协会副会长、江苏省鉴定古文物专家、常熟市博物馆馆长周公太先生来到白茆山泾村，顾宝玉便向这位专家请教："白茆是否有寺院，寺院能否搬迁？"

周公太说："白茆最大的寺院是坞垣山的增福禅寺，由宋理宗端平三年（1236年）僧人无暇主持建成，在历史上名气很大，至今已有800年历史，历经5个朝代，先后有4位高僧建造重修，寺内文化殷实，名士墨迹较多。有明代苏州吴门画派首席沈周的《坞垃图》、明代文学家、礼部尚书吴宽等人的诗作，明嘉靖年间的吏部尚书严讷居白茆时的撰写的《公田弛碑》也在寺内。由于战乱兵燹，寺院已废多年。按佛教常规，寺院可以搬迁。"

1999年8月，白茆镇召开党政经联席会议，顾宝玉作为白茆镇农工商总公司副总经理出席会议。会上，党委书记王罗宝提出开发红豆山庄。对于红豆山庄的历史渊源，本书在"青春篇"已经有所叙述。开发红豆山庄这一议题前几任书记已提及数次，但由于资金等问题迟迟没有落实规划。王罗宝书记让大家充分发表意见。

与会者普遍认为，红豆山庄历史悠久，距今已有700多年，作为一代文豪钱谦益与江南名妓柳如是的居所，是常熟历史文化中的重要一页，在全国也有一定的地位。开发红豆山庄，做足文化、相思和祈福等文章，演绎浪漫传奇，拓展圣地灵气，有利于保护历史古迹，传承历史文化。

那天的党政联席会议开得很晚，讨论十分热烈，最后形成基本的共识：将开发红豆山庄列入党委政府的议事日程，规划设计和筹措资金同步进行，通过开发红豆山庄，演绎历史和现代红豆传奇，把红豆山庄风景区打造成江南著名浪漫圣地。在具体操作上，有人提出，建设一个以红豆山庄为主的古建筑群，并用活有限资金，逐步开发配套工程设施。顾宝玉提了一个建议意见：把原坐落于坞垣山庄现已废多年的增福禅寺，重修于红豆山庄东侧，可筹集社会资金，建造成一处佛教的活动场所，丰富红豆山庄的景区内容。这一提议得到了与会人员的赞同。

党政经联席会议结束后，白茆镇党委办公室主任丁建新，代表白茆镇政府拟就了一份申请重修增福禅寺的报告，这份报告很快获得常熟市政府批复，同意在红豆山庄重修增福禅寺。白茆镇政府根据常熟市政府的批复，向常熟市土管局提出用地申请，得到了土管部门的支持，便马上办理了土地征用手续。

常熟市古建筑设计院经过一段时间的精心设计，拿出了增福禅寺的整体设计方案，包括山门，大雄宝殿、天王殿、观音殿等在内，整个寺院用地33亩。白茆镇政府决定分步实施，首先建造大雄宝殿。该殿由白茆镇最大的企业"江苏康博集团公司"董事长高德康夫妇捐建，常熟佛教协会会长、兴福寺资深方长妙生先生为增福禅寺大雄宝殿诵经奠基。两年后的2002年11月18日，增福禅寺隆重举行大雄宝殿全堂佛像开光庆典，各地的高僧、嘉宾、居士，以及常熟市、白茆镇有关领导和当地群众数百人见证了这一盛况。

2001年7月的一天，中共常熟市委宣传部和白茆镇政府曾联合举办规划建设红豆山庄座谈会，邀请北京、上海、南京、苏州等地的30多位研究历史文化的专家、学者会前来商讨红豆山庄的建设规划，后又委托上海园林建筑专家进行调研设计，建设钱柳感情主题游览区、白茆山歌文化游览区、爱情文化主题游览区、佛教文化游览区、婚庆文化游览区、旅游服务区6个功能区。山庄周围广植芙蓉配以乔木修竹，形成幽雅、怡静和洁净的格调。河上建仿古拱形石桥，河道两侧建林荫道、配置垂钓亭等，让游客享受回归大自然的田园乐趣。庄内建一个以红豆树为主体的"相思园"，仿苏州园林风格，再从南方移植若干棵红豆树，种在"相思园"周围，构成"此物最相思"的气氛，供青年情侣玩赏。庄内塑造钱谦益、柳如是蜡像，蜡像旁布置图片文字，陈列有关红豆树、红豆山庄和钱柳姻缘等史料书籍，突出景点的历史遗韵。建造几处可供新婚伉俪和老年伴侣住宿的"鸳鸯楼"和"月下老人祠"，增进同心永爱、白头偕老的情意。将镇上的白茆山歌馆移来山庄，改为"白茆山歌博物馆"围绕景点的建立，搞好特色鲜明的配套设施，开辟商业、餐饮、游艺和服务基地。

　　上述的整体设计布局，可谓缜密、周全。其中的景观景点，至今有的已经建成，有的还在建设或酝酿之中，最终将红豆山庄打造成自然生态优美、文化内涵丰富，集景观观赏、休闲娱乐为一体的旅游景点。

# 发展篇·华丽转身

"发展是硬道理"，这是一个颠扑不破的真理。

人类社会进入了一个飞速发展的时代，市场经济促使整个社会飞快运转，熟悉的逝去了，陌生的出现了。时代潮流气势磅礴，浩浩荡荡，势不可挡，顺我者昌，逆我者亡。国家如此，落后会挨打，发展才能解决前进中的问题。企业亦如此，停留于原地，等于自我灭亡，发展才能增强竞争力，才会融入这个伟大的时代。如果我们的思想仍偏安于一隅，滞留在原有的领地，那么，整个心灵将会窒息。

匆匆地追赶时代的脚步，这是当今社会的特征。学习学习再学习，不断用知识丰富自己，充实自己，使自己不断强大。积累积累再积累，"实践是检验真理的唯一标准"，是持续永恒发展的法宝，是解决一切问题的根本。果敢的华丽转身是英明的选择，迈开持续前进的步伐，瞄准更新目标创新发展，和时代合拍。

时代催生智慧，推动变革，有志者会在现代化的道路上勇往直前。

# 32．人心思富

中国农民在苦度"三年困难年"等漫长的穷日子以后，于20世纪70年代末期终于看到了渡过苦海到达彼岸的希望，那就是出现了一个激动人心的改革典型——小岗村。

小岗村，这个位于安徽省滁州市凤阳县东部25公里处的小村，1978年以前是全县有名的"吃粮靠返销，用钱靠救济、生产靠贷款"的"三靠村"，每年秋收后几乎家家外出讨饭，贫穷两字压得他们抬不起头。1978年11月24日，人心思富的18户农民，以敢为天下先的胆识，趁着夜色，悄然走进了那座破败的农家茅屋，勇敢地在土地承包合同上按下了18个手印。他们没有想到，这个普通的冬日夜晚，正是中国农村改革的黎明。他们忍受不住贫穷的煎熬，走出这关键的一步，率先在全国实行生产大包干，搞起家庭联产承包责任制，从而揭开了中国农村改革的序幕。

此前，包产到户在中国一直受到思想界、理论界的严厉批判，认为社会主义就是公有制，就是集体化，包产到户就是分田单干，就是资本主义的复辟，就是让人民群众吃苦受难，两者水火不容。在人们对小岗村人的举动瞠目结舌之时，中国共产党第十一届三中全会在北京人民大会堂隆重召开了，在关系国家命运和前途的严峻历史关头，以邓小平为代表的中国最高层的政治家，以敏锐的目光和不凡的政治洞察力，高度评价了小岗村人的这个历史性动举，称赞小岗人是农村改革的先锋。从而，小岗村成为中国农村改革的发源地，点燃了中国农民劳动致富奔向小康社会的希望。

1993年和1999年，全国人大两次修宪，都把农村家庭联产承包责任制写进《宪法》，确立了"大包干"的法律地位。小岗村人创造的"包"字，不但在法律形式上明确了广大农民的责任、权利和利益，而且用法律的手段调动了广大农民的生产积极性，促进劳动生产率的提高，为农村经济注入了新的生机和活力，促使农村发生了巨大的变化。

在小岗村人按手印后13年零3个月的1992年1月，88岁高龄的邓小平视察武昌、深圳、珠海、上海等地，高屋建瓴地发表重要谈话。虽然小岗村的家庭联产承包责任制推动和形成了中国当代改革的大趋势，为包括城市经济在内的整个经济体制改革提供了借鉴，但对于私营经济的发展，在姓"社"还是姓"资"这一问题上还在争论不休，为此，邓公在广东和上海等地说，"有条件的地方要尽可能搞快点。要抓紧有利时机，加快改革开放步伐，力争国民经济更好地上一个新台阶"。"社会主义的本质，是解放生产力，发展生产力，消灭剥削，消除两极分化，最终达到共同富裕。""计划多一点还是市场多一点，不是社会主义与资本主义的本质区别。改革开放胆子要大一些，抓住时机，发展自己，关键是发展经济。发展才是硬道理。"他特别强调："判断各方面工作的是非标准，应该主要看是否有利于发展社会主义社会的生产力，是否有利于增强社会主义国家的综合国力，是否有利于提高人民的生活水平。"这些讲话，和他在1985年提出的"让一部分人先富起来"和"不管白猫黑猫，抓住老鼠就是好猫"等论点一脉相承。

邓小平的南方谈话，科学地总结了十一届三中全会以来党的基本实践和基本经验，从理论上深刻地回答了长期困扰和束缚人们思想的许多重大认识问题，从而在全国掀起了又一轮改革开放发展的热潮。

在以后的经济发展中，明显的特征是：人们思想解放，思维活跃，意识超前，行动开拓。国有企业实行厂长负责制，向下推行多种经济责任制，企业活力大增。个体私营经济在改革开放政策的感召下雨后春笋般涌现，推动了整体经济的发展。

在个体私营经济迅猛发展的态势中，内部管理体制实际上照搬国有企业那一套模式的乡镇企业，受到了国有企业放开和私营企业发展的左右夹击，出现较大的波动，企业活力大大减退，市场竞争力明显减弱，所谓的"跳槽"即人才和劳动力流动的个案也明显增多。

在左右夹击之下，苏南的乡镇企业的生产、经营一度严重受挫。

请看常熟全市乡镇工业那几年的统计数字：镇办企业数：1992年和1993年分别是979家和951家，1994年和1995年分别下降至916家和839家。村办企业数：1992年和1993年分别是2481家和2680家，1994年和1995年分别下降至1843家和1430家。再看镇村两级企业的职工数：1992年和1993年分别是287526人和267266人，1994年和1995年分别下降至250169人和230605人。

在那几年中，白茆镇乡镇企业如常熟市彩电配件厂、常熟市白茆水泥厂、常熟市化纤二厂、常熟市白茆服装厂、常熟市金属粉末厂、常熟市白茆建材厂、常熟白茆木器厂、白茆砖瓦厂相继关闭。1995年白茆镇镇村两级企业总产值82006万元，1996年下降至68012万元，下降17.1%。1995年镇办企业的利润130万元，到了1996年却亏损17万元；上缴税金1995年564万元，1996年432万元，都是属于下降趋势。

在山泾村，常熟市庆丰纺织总厂等企业也同样面临发展中的种种难题。

白茆山泾村自 1968 年起创办烧砖瓦的窑厂后，到 20 世纪 90 年代初先后建办起包括 8 家企业在内的"庆丰纺织总厂"和"深业针织公司"，同时还有康博集团公司。全村的大部分劳动力都在工厂干活，除此之外，还有外村的劳动力也来山泾村务工。这在常熟低乡地区，也是说田多劳少地区是少有的，白茆山泾村是常熟市工业经济发展的先行者。其时的村民，对村里能有这样多的企业而充满自豪，从心底里感激企业的创办人、领头羊顾宝玉和高德康。祖祖辈辈"修地球"的他们，以丢掉锄头柄，少晒、不晒太阳为目标，以能踏进工厂大门为荣耀，以能挣到多少不论的现钱为满足。他们觉得自己是时代的幸运儿，是先辈带给他们的福报，完全沉浸在欣喜的幸福之中。对于进了工厂做什么工种？能挣多少钱？当初是没有人去考虑的。

在第二次改革浪潮中，人们的思想随着改革形势的变化而变化，特别是"允许一部分人先富起来"政策的宣传鼓动下，一部分人不满足仅在企业工作挣"死工资"的现状，已经目光向外，见异思迁，想方设法挣钱"捞外快"了。在庆丰纺织总厂的几家分厂中，有的生产技术骨干经不起利益的诱惑另攀高枝，跳槽至外单位工作。有的职工辞掉现职，离开了村办企业，利用在工厂学到的技术，自己创办私营企业当起了老板。有的分厂厂长工作责任心丢失，心思不在企业，导致企业管理混乱。有的销售人员花天酒地搞关系，身在曹营心在汉，光销售产品不去回拢销售款，导致产品积压严重，应收款剧增，企业效益低下。

1993 年春节，山泾村勉强兑付了企业员工和村领导的 1992 年全年工资，身为村党支部书记又是庆丰纺总厂厂长的顾宝玉，面对着企业难以支撑、岌岌可危的困局，眼前一片茫然。过了春节这些企业该做什么产品？拿什么资金来周转？如何收拢职工人心？如何管理好各个分厂？如何把应收款收回？他心中无底。

顾宝玉自我感觉自己为了山泾村的经济发展和每户村民的利益，这些年来很少睡过安稳觉，企业的人财物、产供销方面的工作，他没有少费心思呀！可企业怎么会出现这样的困境呢？平日里经常想：农业是基础，工业是主导，只有工业经济发展了，村里的事就好办了。然而，现在企业人心涣散，经营出现危机，工业的主导地位发生了动摇，这可怎么办呢？有话说，"人心齐，泰山移"，而自己光顾着具体的事务，却忽略了职工的思想政治教育，忽略了科学管理，忽略了凝聚人心，自己有责任呀……

有话说，"男儿有泪不轻弹，只是未到伤心处"。那天晚上，顾宝玉喝了点酒，不禁大哭起来，任凭热泪汩汩流淌……似乎，他要让泪水冲刷心中的懊恼，促使自己在困境挺起腰杆。他的家人不知道发生了什么，都惊呆了，再三询问他，可他什么也不说，只是一个劲儿地拭目擦泪。

这年春节，也许是顾宝玉多少年来最难过的日子。说实话，有谁能来帮他解脱困境呢？自己是村里的一把手，有谁能帮助他分担呢？没有，天下没有救世主。他思前想后，觉得工作千思万绪，自己纵有三头六臂也难以完成，唯有承包能调动起职工的积极性，把扛在一人肩上的担子，分摊给多人来承担，把绝大多数职工的积极性和创造性充分地发挥出来，这样才能搞活企业，使企业起死回生。

顾宝玉把自己的这一想法拿出来和村里的几位领导商量，得到了大家的支持。

这年 2 月，庆丰纺织总厂开始和各分厂试行生产经营承包责任制。经过简单测算，给每个分厂定人员、定产值、定销售、定上交，由总厂监管账目。各个分厂除了上缴核定的利润外，其余利润由承包者自主支配。这一生产经营承包责任制初定三年，每年结算。由于放手管理，各个分厂自主经营，马上呈现出少有的生机活力，本来心思不在工厂的企业人员一下来了积极性，原来积压在仓库里的产品很快销售了出去。

出现这样的局面看起来是件好事，可是时隔不久，问题又来了，库存产品销售出去了，可账上的钱财却没有相应地水涨船高，这是为何原因呢？原来企业的产品都是民用的纺织品，家家户户都用得上，消费者大多用现金购买商品，而且交易结束后不需要发票，这样给企业经营者提供了"瞒天过海""暗度陈仓"的机会。这些销售人员拿到销售款后，竟然没有全部上缴入账，有的根本没有入账。后来提供原料的客户找上门来催讨应收款时，企业却难于支付，有的人一走了事，避见债权者。讨债人找不到承担责任的人，就去找顾宝玉，你顾宝玉是总厂的法人代表，不找你找谁呀？分厂厂长在法律上不承担任何责任。

发展篇·华丽转身

217

对于企业的应收款，承包人收到现金后自己得益，应付款却由顾宝玉负责，这是哪门子的道理？

到了第三个年头，企业的问题越来越突出，部分分厂濒临关门的边缘，再不采取措施，先前的创业成果将会全功尽弃，而且还会留下严重的后遗症。顾宝玉深感问题的严重性，向镇领导汇报村里企业的具体情况。

镇领导说："承包若包赢不包亏，这样的承包，根本没有约束力。我看还是改制吧？"

顾宝玉知道，所谓改制，就是明晰产权，建立新的符合市场经济规律的以产权为核心的现代企业制度。它的根本目的在于要从根本上改变无人对企业资产真正负责的状况，把企业的盛衰和企业经营者和职工的利益捆在一起，利益共享，风险共担。顾宝玉想，眼下只能改制，从源头上解决根本问题，改制是企业生存和发展的唯一出路。

"对于这些失职的承包责任人怎么办？"顾宝玉说。

"你拿他们怎么办呢？只能这样了！他们没有资产，拿什么来抵挡亏损，赔偿企业的损失？如果治他的罪，企业还是照样受损失。"

其时，白茆镇政府也遇到了相同的问题，和几家镇办企业签订了合同承包，有些承包者也是经营管理不善，有的还吃里扒外、中饱私囊，造成企业倒闭。企业倒闭后，这些厂长未担什么责任。原因是，当时镇领导决定创办这些企业时，企业干部都是由镇领导决定指派的，被指派人来到企业任职时，也没有和镇政府签订什么协议和合同，没有约定要承担什么责任。况且在市场经济中，没有常胜将军，没有不倒的企业。所以，在造成这些镇办企业资不抵债，被迫停业倒闭后，资产土地抵给银行，还剩下不少贷款和坏账，最后由各银行帮助核销处理。那种领导指派企业领导的传统做法已经和时代的发展潮流相违背。

"唉！看来也只能这样，可能这就是'制度缺陷'了。在市场经济条件下，一个没有成本约束，没有风险约束，没有利益驱动的企业要搞好是难以想象的。"顾宝玉无可奈何地摇摇头。

# 33. 与 时 俱 进

改制，是20世纪90年代中期苏南地区乡镇企业面临的生死抉择。

有着苏南"四小龙"美誉的昆山、江阴、常熟、张家港，当初由于思想解放释放了巨大潜能，它为振兴苏南农村经济找到了一条出路。如果没有乡镇企业，光靠原始的传统农作，城镇建设也好，农民致富也好，农村剩余劳动力的出路也好，都是不可能解决的。有了乡镇企业的坚实基石，再加上昆山处于中国最繁忙的交通线上，全域城市化的规划促使外资企业聚集；江阴有江阴长江大桥的交通优势，沿江开发有力，因而上市公司云集；常熟有雄厚的文化底蕴，发展基础扎实；张家港依托良港，集团经济突出，港口经济优越，所以这"四小龙"经济建设和社会发展在全国遥遥领先。乡镇企业是"四小龙"腾飞的法宝，也是苏南人的骄傲。

然而，随着时代的发展，乡镇企业产权模糊、政企不分的弊端日益暴露出来，成为制约发展的障碍。在以集体经济为主的模式中，苏南个体私营经济在很长一段时间没有多大发展，潜能爆发不出来。20世纪90年代末，就在不少人仍陶醉于"苏南模式"时，浙江的主要指标全面超过了江苏。

浙江省经济的异军突起主要来自民本经济的迅猛发展。以"小商品、大市场"为特色的温州模式，成为中国民营经济发展的杰出代表，此后，相继又出现了以混合经济模式为特点的宁波发展之路，以资本经营为特色的绍兴发展之路。浙江非公经济之所以持续快速发展，在很大程度上是浙江地方各级政府对改革开放国策认识到位、积极抢抓机遇，为发展非公经济营造良好的政策环境的结果。因为有了宽松的社会政治环境和市场经济体制，才使群众的创造个性在经济领域得到极大的解放和张扬，充满创业冲动和竞争活力的市场主体脱颖而出。

江苏经济桂冠的失落，惊动了全省上下。苏南人放下架子，奔赴浙南等地"取经"，并对自己做了一次全面的"体检"：在20世纪80年代，江南乡镇企业突破计划经济的框架，其活力来自市场导向的找米下锅。1987年6月，邓小平看到江苏乡镇企业蓬勃发展的材料，在会见南斯拉夫

发展篇·华丽转身

219

外宾时说："农村改革中，我们完全没有预料到的最大收获，就是乡镇企业异军突起"。从此，"异军突起。"成为乡镇企业的代名词。然而进入90年代中期，乡镇企业的宏观经济环境发生了很大变化，越来越多的国有企业走向市场的时候，乡镇企业"独钓寒江雪"的历史一去不复返了，再加上外资企业的进逼和整个国民经济买方市场的形成，乡镇企业便面临着前所未有的压力。

"苏南模式"有其弊端和局限性。苏南模式是以政府推动、乡镇企业以集体经济性质为特征的。在特定历史阶段，政府推动对苏南乡镇企业发展所起的作用是巨大的。然而在"苏南模式"中，政府在经济中究竟应扮演什么角色，始终是一个说不清、道不明的问题。到后来，政府推动逐渐变成了政府的包袱，变成政府直接插手、直接干预。企业经营者是上面任命的，指标是上面下达的，重大项目是上面拍板的，再加上名目繁多的检查、评比、达标、考核、验收，企业的自主权越来越少。政企不分带来的直接后果，就是乡镇企业从市场导向变为政府导向，进而丧失了它的活力和看家法宝。"早改制少流失，晚改制多流失，不改制要消失"，逐渐成为苏南各县的共识。

1995年，常熟在全国率先启动企业产权制度改革。1996年下半年以后，常熟市围绕经济结构调整，以明晰产权、政企分开、重新进行工商登记为基本要求，全面推进乡镇企业产权制度改革，先后进行了三次改制，一次比一次深入。不少企业厂长反映，改制后企业的兴衰成败都由自己负责，等于引进了"跳楼机制"，由原来的"要我发展"转变为"我要发展"事实证明，乡镇企业改制，至少起到了三大作用：一是改制使企业真正成为独立的法人实体和市场主体；二是改制让乡镇企业增强了自我约束机制；三是改制后企业的管理成本骤减。企业转制后，总体上出现了"三增三减"的良好发展势头。"三增"即产品销售收入、利税总额、职工报酬有了比较明显增长；"三减"即企业资产负债率、非生产性开支和企业两项资金占比都比以前有显著的下降。

在自身企业矛盾多发的情况下和常熟全市上下对改制逐渐地统一认识并采取措施的大背景下，顾宝玉和村主任李炳元及"两委"班子人员反复商量，决定对村办企业进行改制。其时改制有资产增值承包、风险抵押承包、租赁承包、股份合作制等多种形式，而山泾村采取的是租赁承包。

1996年年底，山泾村村委请来了有关机构，对庆丰纺织总厂的4个分厂（白茆纱厂、庆丰呢绒厂、上海市南翔染厂白茆联营厂、常熟市新新腈纺厂）以及山泾石灰厂的资产进行盘点，实行设备出售买断、厂房租用。采取自愿报名的办法招选业主，原分厂厂长为优先购买对象。结果，大部分厂长都离开了山泾村到外面去承包经营了。顾宝玉后来算了一笔账，庆丰纺织总厂的这几家分厂，从承包到彻底改制的三、四年中，企业原来的在产品和应收款共计600多万元消失了，除此之外还给村里留下了近400万元亏损和货物应付款。当然，各个分厂的亏损额、留下的应付款数额和亏损原因各不相同，但有一点是清楚的，所有承包厂的厂长都负有不可推卸的责任。

顾宝玉的内心是非常痛苦的，这是一笔不小的数字呀，都是全体职工和村民的血汗钱。企业承包以后，承包者没有为企业负责，为职工负责，为全村村民负责。有的对企业内部管理不严，放任一些人到外面讨了原来的应收款装进自己的腰包，有的把企业产品装出去变卖后回来不上交入账。这些现象的产生，其原因是多方面的：规章制度有问题，承包时确定的权、责、利没有明确到位，领导管理不严格。还有，思想不纯、贪图享乐、发财心切的社会背景也是很大的因素。

在40多年中，顾宝玉白手起家创办了一个又一个企业，一批又一批的村民"丢掉锄头柄"进厂做了工人，其中不少青年得到他的器重和培养，特别是在技术上，手把手地教导他们，本来完全外行的"泥腿子"，一点一滴地教会他们做事，慢慢地懂得了一点儿生产技术，认识了一些销售客户。当他们应该能为集体企业做出一点儿贡献的时候，由于社会不良风气的影响，金钱的欲望加速膨胀，促使他们决意离开培养他们成长的企业，跳槽出去企图赚更多的钱。

俗话说"讨了老婆忘记妈"，像山泾村的这些企业，由于规模小，经济效益相对差，根本留不住企业的技术骨干。人往高处走，水往低处流，顾宝玉谈心也无用，挽留无望，只能这样说，"希望你们到别处去更好地为社会做贡献"。

顾宝玉这样安慰自己：离开了我顾宝玉没有离开常熟，离开常熟也没有离开江苏,离开江苏也没有离开中国,都是为社会服务。其实从内心来说,他是非常痛苦的,培养一个能干的人是不容易的,要花一定的代价,特别是能干的骨干,企业没有骨干连正常生产都会有问题,对企业的损失是无法估量的。所以在山泾村的周围,有不少很好的企业没过几年就垮台了,真是应了这样的话:"乡镇企业,三年河东、三年就到河西。"

顾宝玉对村里的干部说:"如果把他们的问题通过法律途径起诉,有个别承包人肆意贪污挪用集体的资金,有可能要坐牢的。起诉他们后,他们真的要戴手铐进牢房,他们自己不流泪,我却要流泪的。因为是我创办了企业,亲手把他们招进来,却要亲手再把他们送进监狱,我割舍不下,我于心不忍呀!这些人都是本村父老乡亲的子女,朝不见夜相遇,不管在感情上,还是在血缘上都有千丝万缕的联系。所以我想,如果他们要走,就让他们走吧,他们离开村里后,如果再在另外的地方犯罪坐牢,那是他们的事了。至于我这样做,是否是偏护、包庇了他们,从法律上讲可能是一种错误,如果要治罪的话,那我也只能认了。"

事实也真的印证了顾宝玉的话。在离开村子去他处承包经营的人中,有一人老毛病复发,案发后走进了监狱,他的家人四处奔走,呼天唤地也无法消除他的罪孽,既自己受罪,也害了家庭,悔之已晚矣!还有一人,借了高利贷外出盲目办厂,结果血本无归,年纪轻轻在家自杀了。有一分厂厂长,自以为懂得一些技术,便妄自自大,出去办厂,结果也是未获回报,至今家里讨债人不断,弄得鸡犬不宁。所以,在改革开放的经济浪潮中,各种诱惑每时每刻、每处每地都存在,稍不谨慎就会一失足成千古恨。社会流行有一警句说得好:"开放搞活,自己把握。"开放搞活这是国家的大政方针,不开放搞活,国家的经济就得不到发展,但作为你个人,必须把握好自己。

1996年年底,山泾村的改制工作宣布结束,白茆纱厂由原副厂长高景良接棒任企业主;庆丰呢绒厂由原副厂长高雪良接棒任企业主;上海市南翔染厂白茆联营厂由原副厂长徐良保接棒任企业主,后来并入深业针织有限公司;常熟市新新腈纺厂由原该厂供销员周振义任企业主,石灰厂由原副厂长周建新任企业主。

到了1998年,常熟乡镇企业的改制已接近尾声,按照常熟市委市政府的要求，必须将所有市属企业和乡镇企业彻底改制，白茆镇只剩下山泾村"合资常熟深业针织有限公司"等几家企业了，于是，白茆镇政府与顾宝玉等山泾村领导反复商量，必须对合资常熟深业针织有限公司进行改制。经白茆镇改制企业领导小组和镇经营管理办公室审计小组对合资常熟深业针织有限公司资产进行资产核查和评估，合资常熟深业针织有限公司净资产为1300多万元。在对山泾村的资产进行全面清算，村里的银行贷款有1200多万元，应收款和应付款相抵结欠200多万元，总负债1400多万元，主要是用于全村的示范村建设。两者相抵，负债100多万元。从而得出结论：山泾村全村在发展和建设示范村的过程中，没有出现资不抵债。一个村在经济发展过程中，出现100多万元负债纯属正常情况。可当时社会上却风传：顾宝玉这几年在村里当党支部书记，村里负债累累，顾宝玉这辈子贷款是还不清了，在他儿子手里还清也不太可能。言外之意，山泾村被顾宝玉搞糟了。顾宝玉听后心情好不难受啊！委屈、懊丧袭上心头。

　　他觉得，自己土生土长在山泾村，苦水里出生，苦水里长大，从懂知识开始，到积极要求上进，从农业中学读书回来后，就入团入党，努力工作。当上青年干部后，为改变落后的山泾村，让村民们摆脱穷困，过上幸福美满的生活，不仅吃苦耐劳，任劳任怨，而且开拓进取，创新工作。自己听党话、跟党走，忠心耿耿为村民做好事、办实事，几十年奋斗为社会服务，逐步改变了山泾村的落后面貌，尽到了一个共产党员的责任。那些人为什么不顾事实，胡言乱语，恶意中伤？为什么对他这样的不公正、不公平呀！既然这"祸害"是自己闯的，就得由自己来承担，来收场，虽然这副担子不轻，但纵有千斤重，也必须把它挑起来。自己做的事自己当，自己负债自己还，全部责任由自己一个负责。否则，把债务留给后人，便成为一个不负责任的农村干部，这样就对不起父老乡亲，对不起组织，对不起社会，也对不起子孙后代。

　　经过村"两委"班子联合商量，经白茆镇改制企业领导小组批准，决定将合资常熟深业针织有限公司转制给顾宝玉。

　　其实，讲那些话的只是个别人而已，大多数人对顾宝玉心中自有一杆秤。

　　村主任李炳元说："那些人是睁着眼睛说瞎话。自1968年10月创办砖瓦厂起到如今的整整30年中，顾宝玉为村里办了大大小小8家企业，村里用的每一分钱，大部分都是顾宝玉领头挣来的企业钱。在这30年中，村民们除了在现代化村示范村建设中获得实惠外，基本上每户都有人在顾宝玉创办的企业中工作，说那些风凉话的人，怎么不算一算单是工资一块，自家获利多少呀！在这整整30年中，顾宝玉哪有把自家的私事放在首位，在实施现代化示范村建设过程中，他冲在第一线，日夜为村民们操劳，而在整体规划建设新区时，他却最后一个搬进新区。我们说话要有根据，遇事要讲良心……"

1998年5月18日，白茆镇镇政府领导和村领导一起在山泾村办公室签订了"资产转让协议"，全村所有银行负债由"常熟深业针织有限公司"负责，也就是由顾宝玉负责。两年后，顾宝玉把"常熟深业针织有限公司"的土地办了集体流转手续，每亩流转费7万元，结算余额160万余元分两次汇给村委会，这样，常熟深业针织有限公司的改制工作全部结束，山泾村也就没有任何债务了。

# 34．坦荡胸怀

1998年10月，顾宝玉考虑到现代化示范村的规划特别是村民集体居住区还没有完成，自己是合资常熟深业针织有限公司的法人代表，同时又是村党支部书记，这样既当媳妇又当婆，有些事情不好处理。再说企业工作千头万绪，工作任务很重，自己53岁了，已到了退居二线的年龄，应该让年轻有为的人来挑村党支部的担子。于是，他向白茆镇党委写了一份辞职报告，请求辞去山泾村党支部书记的职务，请镇党委挑选有经验实力的年轻人来担任村的主要领导。

白茆镇党委考虑到顾宝玉的企业负担较重，批准了他的请求。1999年1月11日，顾宝玉卸任山泾村党支部书记，山泾村书记由原在山泾村起家的江苏康博集团股份有限公司董事长高德康担任，由高德康带领山泾村继续前进，完成山泾村的现代化规划建设，逐步实现小康村的目标。这一目标几年后实现了，也圆了顾宝玉的梦想。

在完成山泾村现代化示范村的过程中，有一件事让顾宝玉魂牵梦绕，那就是村主任李炳元的经济待遇。那年谭祖荣因交通事故去世，继任山山泾村村主任一职有4个候选人可供选择，顾宝玉不由分说地向白茆镇党委推荐了李炳元。李炳元当过9年生产队队长，后在石灰厂工作，虽然那时他不是石灰厂的主要负责人，但他工作认真负责，踏实肯干，还有创新精神，给顾宝玉留下了深刻印象。李炳元担任村主任后，由于石灰厂原厂长离厂自创企业，石灰厂厂长一职由李炳元兼任。他工作兢兢业业，任劳任怨，一方面和顾宝玉紧密配合，加速推进现代化示范村的建设，另一方面兼顾石灰厂的工作，做到村里工作和石灰厂的工作齐头并进，在补办村主任选举手续时，他获得全票通过。1996年村里对石灰厂进行改制，按理说，改制当老板的第一人选应该是李炳元，然而顾宝玉考虑到村里的现代化示范村建设刚刚展开，作为实干家的李炳元如果脱离村主任岗位，肯定不利于现代化示范村的建设工作，所以他和李炳元商量，请他留在村主任的岗位上，石灰厂的改制人选改为其他人。李炳元欣然接受了顾宝玉的意见。过了一年，顾宝玉辞去党支部书记的职务，李炳元和新书记高德康搭档，工作仍然是那样的踏实、勤奋，促使现代化示范村建设的目标得以实现。

对于李炳元未能当上企业主，顾宝玉心里总觉得很愧疚，因为他听到这样一个确切消息，村主任退休后只拿少得可怜的保养费，不像村支部书记，只要做满5年，便可进事业编制，退休后享受事业单位职工的待遇。在李炳元55岁按组织规定于2006年离岗时，顾宝玉找到白茆镇人大主任薛忠明、党委副书记沈建昌，对两位领导说："那时村党支部的决定，让他放弃当企业主负责人的，为了集体的事业，李炳元将要受到很大的损失，我要对他作些补偿。虽然我现在早已不担任村里的任何职务，可那件事当时是我经办的，补偿也应该由我负责。"

两位领导同意顾宝玉的意见，但不知道顾宝玉如何补偿。顾宝玉说："我想给他买一辆桑塔纳轿车，让他离岗后方便走动。为了不违反组织上的规定，他现在离岗，我可以借给他使用，等到他退休了，我再将产权转给他。"

薛忠明和沈建昌都说可以，称赞顾宝玉考虑周到。

李炳元办理离岗手续后，在白茆镇上开了一家茶叶店，开着顾宝玉借给他的一辆崭新的桑塔纳轿车四处推销茶叶，倒也比较自在。2010 年 6 月李炳元退休时，顾宝玉在他办理退休的第二天，就把这辆轿车转给了他。

村里村外的人都说，从挽留到补偿李炳元一事上，可以看出顾宝玉的全局观念和正直为人。对于顾宝玉改制后迅速还清债务一事，又可看出顾宝玉坦荡的胸怀。一次，有朋友告诉顾宝玉，在一次闲谈中，原常熟资深的农业银行行长毛兴元说："在常熟白茆周围，只有山泾村的顾宝玉老总，当了 40 多年厂长，一心一意为集体企业，到企业转制时所有负债全部自己吃进，从未赖过银行的贷款，本金、利息不欠一分钱，我对他的人品十分佩服！"顾宝玉听了非常欣慰，觉得自己的行为得到了认可，体现了自己的人生价值。他粗略地估计了一下，在几十年办企业过程中，被人糊弄掉了不少钱，而自己从未赖过客户一分钱，所以感觉心安理得。

的确，一个人不管有多聪明，多能干，背景条件有多好，如果人品低下，不懂得如何去做人、做事，那么他最终的结局肯定会失败。在漫长的人生道路上，不可能一帆风顺的，时时会遇上暴风骤雨，关键是有所坚持：一要有爱心。有爱心才有你的善良与温存，有爱心才会付出爱，也就得到回报的爱，这样大家才能聚在一起，形成凝聚力。二要负责任。你的一言一行，所作所为，只要你说了，只要你去做了，甚至你去想了，你一定要负起责任来，这样才对得起自己，也对得起你的行为与言行所产生的后果。勇于承担责任是一个人真正成熟的标志，但这个社会多得是缩头乌龟或者推卸责任的人，碰到问题扭头就跑，一走了之。三要有诚心。诚心诚意的对人，人家也会诚心诚意的对你。人际交往中现在最缺少的就是真诚。你真心对人，至少自己会心里舒坦，即便是不求回报，自己也会光明正大，一生磊落。也只有有了诚心，才可以交到知心好友。四要刻苦努力。人的一生很短暂，必须抓紧做每一件事，一着不让、锲而不舍地做事，切不可松懈马虎。俗话说，吃食看来方，着衣看门面，节约、苦干、勤奋，努力学习，才能改变我们的生存条件。如果社会上都像顾宝玉这样处世为人，我们的社会发展得会更快，更加温馨和谐。

合资常熟深业针织有限公司是于 1989 年与深业 – 华联（香港）有限公司签订的合作协议，合资期为 10 年。深业 – 华联（香港）有限公司投资 30% 股份（计 32.4 万美元）后，才能顺利引进德国先进的经编机设备。

根据合资章程、合同的规定，双方是共担风险，共分红利。投产两年后，顾宝玉看到了中国南方地区几家合资企业采用承包办法较好，于是与外方代表唐有楷先生商量，得到了他的赞同，双方于1991年12月签订了《资产总承包经营和还款协议》，目的在于让他们的投资不受损失，合资常熟深业针织有限公司也便于管理。新签的协议书规定：从1992年起到1999年年底，按投资股本金加10.5%的红利（利息），逐步返还给外方，结算按当年投资基数加红利，来年扣除已返基数，立表到1999年年底返还结清。这样的承包经营双方都满意，也没有后遗症，是总结了周边地区一些引进外资的合资企业，双方矛盾重重，难以结算，有的闹得面红耳赤，经常由外经委领导出面调定解决。

1999年12月29日，合资常熟深业针织有限公司合资到期，顾宝玉和深业—华联（香港）有限公司的人一起，再去工商管理部门办理了延长5年合作期的手续，外方也乐意签字。因为企业持续健康发展，经济效益良好，外方投资企业何乐而不为呢！到2004年年底，由于投产方主体已注销，原集体企业变更为民营企业，与外方投资公司延长的合作期也已到期，原合资已经不存在了，企业必须重新登记。经审计部门审计，并办理了相关的法律手续，顾宝玉于2004年5月将企业重新进行登记，成立了"常熟神花针织有限公司"，原注册的"神花"牌商标也转让给常熟神花针织有限公司，法人代表为顾宝玉。

改革开放后，全国上下发生了根本性变化，各行各业都在飞速发展。尤其是地处上海经济圈中心的常熟，具有得天独厚的区位优势，外向型经济发展迅猛，投资环境不断改善。跨入21世纪以后，随着苏嘉杭、沿江高速公路的建成通车，常熟交通区位优势更加显现。常熟沿江经济技术开发区成为外资投入的高度聚集区，形成了以造纸、能源、建材、化工、汽车零部件为主导的临江产业群体，吸引了国际上一批著名的跨国公司前来投资。东南经济开发区和虞山高新技术产业园也不断地吸引着国内外的投资者。与此同时，常熟农村个体私营企业如雨后春笋般涌现，从乡镇企业转制演变为的民营企业，也爆发出极大的生机和活力，两者叠加成为常熟农村经济的重要力量和富民强市的重要支撑。各企业以改革为先导，以市场为导向，以创新为抓手，生产经营高招、绝招频出，发展势头喜人。正如邓小平所讲的，"我们是摸着石头过河"，在发展经济过程中，只要有利于对社会做贡献，有利于把经济搞上去，有利于提高人民生活质量，都可以在激烈的竞争中尝试。只有不断地总结经验，积极探索，开发新的思路，企业才能在市场上有一席之地，没有压力也就没有动力。

公司改制成民营企业后，顾宝玉卸去了村支部书记的职务，感觉轻松多了，真是"无官一身轻，万岁老百姓"。但对于企业的事，他所要做的事也很多。

合资常熟深业针织有限公司转制时，扣除外方投资30%外，还有70%的投资额需要顾宝玉等人承担。顾宝玉向村"两委"的领导和企业干部、职工分配股份，村主任、原副厂长，村党支部副书记、村主办会计和妇女主任等，每人分别9股和6股，原车间、科室负责人每人3股，职工每人1股，每股1000元。而且言明，入股后头三年不分红，如果企业出现亏损，非但不分红，还要在原始股中扣除；三年后如果有利润，加倍补偿，每年有一配一。当入股者退休时退出股份时，以股金的5倍返还。这就叫作风险共担，利益共享。面对这样的"风险共担"，不少人吓退了，村"两委"人员中，只有村主任李炳元一人拿出9000元入股，其余人不吱声了。在企业中，许多人不仅不入股，还脱离企业另攀高枝。在这些人看来，你顾宝玉一人占40%的股份，大多是银行贷的款，企业有这么多的负债如何运转，光利息每月就有好几十万元呢！还清这些债务不知要到猴年马月？还是趁早离开吧！

更让人意想不到的是，正当顾宝玉满怀信心准备大干一场时，突然间有两个重要的技术骨干向他提出辞职，理由冠冕堂皇，无懈可击。顾宝玉只能对他们说，祝贺你们获得更大的成功。

顾宝玉嘴上这么说，心里却是沉重的，他们的离去对他来说是一个很大的打击。在这些年汹涌澎湃的改革浪潮中，形势发展一日千里，顾宝玉虽然亲历时代的变迁，但一时也难于适应。他完全没有想到，在企业最需要人才的关键时刻，竟会有人突然离他而去。他觉得，自己太没有防备心理，想得太简单了。人的思想是活跃的，是千变万化的，作为企业主，一定要做好人的思想工作，发挥团队精神，团结和带领一班人马同步前进。团结协作才能有所作为，凝心聚力才能锦上添花。其中很重要的一点是沟通，沟通是相知的桥梁，理解是互信的平台。不能独自一个劲儿地向前冲，忘了还有周围众人的力量，忘了将自己的意图、企业的光明前景告诉大家。如果用真挚坦诚尊重的心去和人交往沟通，以一颗包容之心展示自己，也许就会得到同事们的理解，取得鼓舞士气的效果，就会换来不一样的局面了。

顾宝玉细细回想起前一阶段的经历，自从1990年当上村党支部书记后，自己左右兼顾，四出奔波，精力疲惫。村里的工作要全面抓，不仅涉及农、副、工三业，社会、行政、生活等方方面面，而且必须考虑村的长远规划，完成常熟市委市政府下达的现代化示范村的建设任务。另外，自己还担任庆丰纺织总厂和合资常熟深业针织有限公司的法人，所有企业的设备改造、产品开发，生产经营，人财物管理，也都要自己动脑筋。此外，上级来人"关心"你了，相关部门的人前来检查工作了，你难道能够不出场接待、招待？纵有三头六臂，即使是日夜兼程，工作都来不及做。因此往往是"按下葫芦瓢又起"——顾此失彼。这说明，一个村的人才是有限的，另外也说明自己精力有限，同时也缺少领导艺术，请不到外面的人才来为本村的企业服务。现在，自己真是一身轻松，相信通过努力，一定能发挥自己的技术特长，运用在纺织行业上几十年的经验，拓展思路，把企业搞好的。

对于部分职工和骨干的离去，顾宝玉完全理解。他知道，常熟神花针织有限公司为劳动密集型企业，高成本，低效益，相对于机械、电子等企业来说，职工收入要低一点。如今周边民营企业蓬勃发展，而且还有更大更好的企业，在工作环境、工资收入肯定比神花针织要好，人往高处走，水往低处流，自己完全能理解年轻人的想法。俗话讲："人为财死，鸟为食亡。"但是，它没有动摇顾宝玉办好企业的信心。事实告诉他，事在人为，天道酬勤。爱迪生曾说过这么一句话："成功是百分之一的灵感加上百分之九十九的汗水。"当我们面临着满地荆棘与坎坷时，不能屈服于它们。正如是雄鹰就要搏击天空，是强者就要挑战生活。"不经一番寒彻骨，怎得梅花扑鼻香。"多一点勤奋，多一点坚持，成功的大门自然而然会向你敞开。只要我们珍视现实，发奋努力，树立必胜信心，困难是暂时的，胜利是永恒的。人生不是一支短短的蜡烛，而是由我们擎着的一支火炬，我们一定要把它燃得旺盛……他暗暗下决心，在三年中要把企业的债务全部还清，做到轻装上阵，加速发展，让大伙重新认识我顾宝玉，显示自己的人生价值。

任何事物都在取得一点点成绩、积累一点点经验的过程中，一步步地向前迈进的。否则，中国怎么会有那么一句经典的谚语："活到老，学到老。"好在顾宝玉自己对企业的技术工艺全部在行，从原料进厂到产品出厂的每一个技术环节他都了如指掌，所以技术骨干的离去没有对企业生产的发展造成大的影响，但在精神上、心理上对他是个不小的打击。

最终，顾宝玉成功了。到了2001年年底，即企业转制后第四年，顾宝玉在转制时欠下的1400多万元负债贷款全部还清，企业也有了较大的发展，在同行中获得了较好的声誉，受到了干部群众的赞扬。常熟神花针织有限公司在2004年度被古里镇评为十大纳税企业洞时被评为环保工作先进集体，这两大奖项是民营企业较高的荣誉，2007年常熟神花针织有限

常熟神花针织有限公司

公司又被古里镇评为科技进步企业2009年度评为江苏省民营科技企业。

常熟神花针织有限公司的大踏步发展，对于当初那些生怕顾宝玉一蹶不振而未入股的人来说，真有点后悔莫及。李炳元算过一笔账，199+年他拿出9000元作为股金投入到常熟神花针织有限公司，在2013年到他退休的15年中，他每年"一配一"拿到9000元，再加上退休时拿本金的5倍为4.5

万元，总共前后拿到 18 万元。

# 35. 发 展 提 速

在三年内还清 1400 多万元债务，这应该说是奇迹了。那么，顾宝玉是如何奇迹般地创造奇迹的呢？

原来，企业转制后，常熟神花针织有限公司面临着一个发展契机，那就是市场形势十分有利，公司生产的产品市场看好，但由于生产设备有限，满足不了国内外客户要求。尽管常熟神花针织有限公司负债累累，可顾宝玉并没有缩手缩脚，守株待兔，而是主动出击，大刀阔斧地发展生产，用发展生产这一手段来解决生产发展中的难题，这是顾宝玉的高明之处，也就是顾宝玉对"发展是硬道理"的理解和生动应用。

顾宝玉采取引进技术和开发产品"两手齐抓，两手都硬"的方法来发展企业。

设备是生产的根本，技术是企业的命脉。企业转制后，顾宝玉就着手解决生产中主要矛盾，大胆地引进先进设备。他委托四方朋友，了解全国各地的国有针织企业，改制后有否德国进口的经编机转让。经过一段时间的联系，工作见效了，那是 1999 年的 2 月，上海的一位姓秦的朋友告诉顾宝玉，说是位于辽宁省大连市金州区哈尔滨路的大连佳地针织厂，有两台经编机要转让掉。顾宝玉得到消息后，立即前往大连实地察看机器。

顾宝玉抵达大连佳地针织厂，看到机器后喜出望外，这里的经编机，原来是与合资常熟深业针织有限公司初创时引进的设备相同型号的德国卡尔迈耶原装的 KS4FBZ 高速经编机，而且还是原装的新机器，安装调试后基本没有生产，按机器的出厂编号和腊克字母计算，两台经编机织造的坯布不满 10 吨，而且盘头上还有棉纱。他掩饰住内心的喜悦，坐下来和大连佳地针织厂的负责人周炳举商量设备的转让价格。不管怎么说，这些设备已生产过产品，就只能作为旧设备来定价了。经过协商，两台德国的高速经编机和一台整经机总价为 137 万元人民币，不到当初直接引进的一半价格。

其时的大连佳地针织厂已经倒闭，厂房已租给一家服装厂使用，办公大楼租给了一家外贸公司。他们把两台经编机和一台整经机移到了厂房角落里。租用厂房的服装厂急着改造厂房，在粉刷白涂料，雪白的涂料掉在这些在国际上仍处于一流技术的先进机器上，顾宝玉十分惊奇，深感痛惜，用国家外汇买回来的这么好的宝贝，却放着没有人去管理使用，白白地闲置在那里，这是对国家财产极大的不负责任。

顾宝玉和周炳举签订设备购置合同后，第二天就赶回常熟。他这人办事就是这样，雷厉风行，说干就干。

第三天一早，顾宝玉带了足额汇票，让人驾驶着企业里的两辆五十铃大卡车直奔辽宁大连。抵达大连后立即投入紧张工作，当他们把两台经编机和一台整经机装上汽车，将要开出厂门时，原在大连佳地针织厂工作的许多老工人，闻讯赶来了。他们前往大楼办公室大吵大闹，批评企业领导不负责任，把好端端的设备卖掉。其实，此时那些老工人的吵闹干预已经晚矣！作为国有企业的大连针织厂已经转制停产，这些设备已经派不上用场了，老工人去和领导交涉，只是感情上过不去，发泄对厂领导不作为的不满意而已。另外，双方所有购置设备的手续做好，出售设备已是既成事实。因此，这些老工人没有对顾宝玉他们加以阻挡，顾宝玉他们的车辆没耽搁多久便安全驶出厂门。

汽车在路上开了两天回到工厂后，立即卸车安装。三天后，机器经调试就开始运行了，织出来的经编产品完全符合质量要求，逐步满足了市场供应解决。常熟神花针织有限公司原有 4 台高速经编机，现在增加了 2 台，产量提高了 50%，经济效益也明显增加了。顾宝玉对员工说，我们要发挥这些机器的功能，把国家用外汇买回来的设备，通过我们的产品向海外出口，把外汇赚回来。

有人开玩笑说："宝玉你福气好，拾到了一只皮夹子，能赚大钱，对国家也能做创外汇的贡献。"顾宝玉笑着说："机器是死的，要让机器成为皮夹子，离不开大家的努力呀！"大家纷纷点头称是。

真是好事连连。2000 年 4 月 25 日这天，顾宝玉在新疆购棉纱认识的一个在东北辽宁一家公司工作的朋友魏建国打来电话，说在抚顺有家国有经编厂有 6 台经编机准备处理转让，这个厂已不再生产了，问常熟神花针织有限公司是否要扩建购买这 6 台经编机。顾宝玉听到这一消息，真是喜出望外，他对这位老朋友说，我们正在扩建厂房，虽然已从大连购了两台经编机，然而这 6 台还是需要的。魏建国说，"好呀，我全力配合你"。

第二天，顾宝玉就登上了去沈阳飞机，同魏建国总经理一起前往抚顺商谈购置经编机。这家有经编机设备的公司叫辽宁省抚顺市经行毛巾制品有限责任公司。在以前，只有国有针织企业才能引进德国高速经编毛巾机，有 6 台德国进口经编织机的工厂，在全国针纺行业中已是小有名气的企业了。改革开放后，国家对国有企业大刀阔斧地进行改革，对连年亏损的抚顺市经行毛巾制品有限责任公司进行整顿。1998 年 7 月东北遇上特大洪涝灾害，大水把抚顺市经行毛巾制品有限责任公司淹了，厂房车间进水，设备浸泡在洪水中，一时间难以运转。后经财产保险公司评估后，给了企业相应的赔偿，但企业倒闭了。由于抚顺市经行毛巾制品有限责任公司原先欠了中国银行很大一笔贷款债务，企业倒闭后便把企业（包括厂和设备）抵给了中国银行。中国银行对这些陌生的机器一筹莫展，他们把这些视为沉重包袱的设备搬到他处，将厂房拆除开发房地产。顾宝玉前去看到 6 台德国进口经编织机，被乱七八糟地堆放在一家里弄小厂里，听说已被闲放两年多了，如果再不处理，这些进口设备真的只好当废铁卖掉。

2000 年 4 月 27 日，顾宝玉和中国银行抚顺市支行的负责人李洲商谈，很快签订了设备购置合同，6 台经编机和 3 台整经机和盘头，还有些配件，总价为 200 万余元，装车运输费用由顾宝玉负责。顾宝玉当场付定金 5 万元。按合同规定，如违约超过 10 天不将所有设备费结算，定金归中国银行抚顺市支行所有。

顾宝玉在当天办好手续后，立即乘飞机在晚上 9 时许回到家中。第二天，他办好了中国银行的汇票，带好了所有的工具，叫了两位司机开了自己企业的五十铃卡车先走，自己在 29 日一早带了 8 个技术人员，乘飞机前往沈阳，再乘公共车到抚顺。抵达抚顺后，马上做准备工作。为了便于搬运，将机器的部分零件拆卸，并在当地租用了 7 辆 10 吨载重量的超长大卡车。30 日，常熟神花针织有限公司的一辆五十铃卡车赶到了，于是由顾宝玉亲自指挥，开始一台接着一台装车，到晚上 7 点前把设备全部装上了 8 辆大卡车。

第二天是五一国际劳动节。这天一大早，抚顺街头出现了由8辆大卡车组成一个车队，浩浩荡荡地穿过街道，引来众多的目光。它们以傲慢的姿态一路上高速向江苏常熟出发。顾宝玉坐在自家企业的五十铃卡车上，做起了当仁不让的领队，内心的喜悦之情溢于言表。此次一次性购置的这些设备，从付出的设备款总金额来说不是最多，但购置的设备数量之多是空前的，这些设备拉回到企业，可为企业的生产量提高一倍。想到这里，顾宝玉能不激动，能不兴奋吗？

车队到达抚顺检查站时，检查人员上前询问装运这些针纺设备的原由，由于顾宝玉早做准备，在30日那天已去抚顺纺织工业局打了一份设备证明，检查人员看过证明信后，二话没说便顺利放行。

5月3日，车队安全到达常熟神花针织有限公司。第二天，顾宝玉指挥有关人员卸车，一天时间就把6台经编机、3台整经机和其他附件全部卸下，然后逐步地把机器移到新建的车间里，再由技术人员一台一台地安装调试。经过半个月的努力，6台经编机全部安装调试完毕，能正常运转正式投入生产了。

看到这6台先进设备源源不断地喷吐出一卷一卷洁白的经编毛圈布坯布，顾宝玉从心眼里笑出声。业内人士都知道，德国卡尔迈耶公司生产的高速经编机质量高，使用寿命长，真所谓是德国正宗老牌货。我国多家经编机械厂生产的经编机，用上三年大多会出现零部件松动和漏油等状况。2009年8月顾宝玉参加全国在云南昆明召开的全国经编技术交流，会上我国的专家们在发言时说，德国的经编机，有的已经三四十年了，但在传动部分还是没一点问题，比我国部分企业新造的还好，我国不知还需要多少年才能跟得上这样技术水准？这是告诉我们机械制造企业还要不断努力，这完全是真话。

常熟神花针织有限公司增加了6台套经编机，产量一下子提高了，而且所花价格只是两台经编机的价钱，真是又拾到了一只丰厚的大皮夹子。后来，沈阳的朋友告诉顾宝玉，当他们把设备拉走后，又出现一些国有企业工人去询问质疑企业领导，特别是一些闲散在家的工人，他们的心中是不平的：别人家拉回去后可以赚钱，可你们却偏要将它们处理掉？听说抚顺纺织工业局领导出场解释，才平息了这件事。当时在抚顺的街头巷尾风传："南方有个大老板，一下子把整个工厂的设备全买了，了不得！这些人聪明能干，有眼光，有气魄。这些机器估计至少要三天才能装完，可他们一天就全部完成了，佩服！"

这是顾宝玉在差不多三年时间内完成的事情，使企

进口经编机

业的产品产量提高一倍多。三年后，他仍然不放松设备的配套和改造。

不管什么企业，每个环节、每道工序都必须前后配套，正像一道管子一样，如果哪个地方出现阻塞，水就不能畅流，就算是前头的水源再充足也是白搭。必须彻底消除生产技术上的瓶颈，生产才能顺畅，效率才能高。

装备的先进决定企业的发展方向，设备配套决定产品的开发能力，这是顾宝玉在几十年工业经济的实践中得出的结论。

企业改制后，常熟神花针织有限公司的主要针纺生产设备成倍增加，但是染色设备、后整理设备仍然是老样子，因此染色和后整理马上成为制约全厂生产的一个瓶颈，突破染色和后整理短板这一瓶颈，成了企业发展的关键之举。

然而，要在短时间内提高染色和后整理的生产水平谈何容易？特别是提高染色的生产量，必须增加染色设备和蒸汽设施，这不是一件容易的事。其时所有的染色设备和蒸汽设施都很难买到，而且要有一定的技术人员。早在1986年，为了染腈纶开司米，顾宝玉就创办染厂，安装了一台2吨蒸汽锅炉。使用锅炉是压力容器，国家管理非常严格，锅炉生产厂家要有生产许可证，生产的锅炉要有出厂合格证，安装人员要有安装证，烧锅炉人员要有经严格培训后才能获得的操作证，锅炉验收有安全合格证才能使用。后来顾宝玉创办中外合资企业，生产毛巾棉织品后，1991年又增加了

一台 4 吨蒸汽锅炉，淘汰了染开司米的 309 染缸（因开司米不做了），新增了 % 台常温绳状染色机，主要用来染棉织品。

如何突破生产中的短板这一瓶颈呢？顾宝玉采取一方面想方设法扩大和更新染色和蒸汽设备，另一方面大力引进和培养相关人才，双管齐下地解决突出矛盾。

1999 年 5 月后，顾宝玉果断地淘汰了一台 2 吨锅炉，投资 50 多万元增加了一台 6 吨锅炉，同时在企业原有 4 台常温绳状染色机的基础上，又增加了 3 台高温高压溢流染色机，这样不仅能染棉织品，而且也能染化纤涤纶产品。2010 年，又淘汰了一台 4 吨锅炉，投资 80 多万元更新了一台 10 吨的锅炉，使生产量成倍增加，出口量也大幅提升。

设备的新增和改造，离不开厂房的扩建。合资常熟深业针织有限公司的厂房，原来是呢绒厂的老厂房，是在 1984 年建造的。当时市场上建筑材料十分紧缺，水泥、钢材、砖头都是通过关系才解决的，最重要问题是缺乏资金，是以厂养厂发展建造的，其时首先确保企业能正常运转，在此基础上再逐步扩大，因此尽量地节约资金，做到少花钱多办事，少花钱也能办事。所以，其时建造的呢绒厂厂房十分简陋。进入 21 世纪后，顾宝玉根据发展生产的需要，对旧厂房进行了翻建，到 2000 年所有旧厂房翻建一新。2000 年后又逐年扩建新厂房。不管是翻建和新建的厂房，都按照要求达到防火、防震等方面的建筑标准。改制前，企业厂房的建筑面积为 9000 平方米，到 2015 年已达到 3.5 万平方米。

改制前，合资常熟深业针织有限公司年产 600 吨左右的棉织物毛圈产品，总销售额在 2500 万元上下。跨入 21 世纪后，常熟市政府大力支持民营企业发展，新办的民营企业像雨后春笋一样涌现，老企业也不断改造扩大，各个行业呈现出欣欣向荣的发展态势。由于其时市场需求大于供给，那几年企业发展迅猛，政府在土地批租政策比较宽松，银行在信贷上也给予大力支持，再加上产品有市场，因此发展得特别快。顾宝玉也紧跟时代潮流，根据自身能力适当地增加设备、改造设备，持续稳步地发展生产。到 2015 年，常熟神花针织有限公司已有 24 台经编机、10 台大圆机，和与之相应的后整理设备，从原料进来到一条龙生产，最后成品出厂，前后配套，年生产能力达到 3000 吨，连续多年产品销售超亿元，利税也比较理想，对国家的贡献逐年增加。对此，顾宝玉十分欣慰。

# 36．转型升级

当今世界，科学技术日新月异，经济形势一日千里地在向前发展，新事物不断出现。因此，我们每个企业主的思想也必须跟上快速发展的形势，善于研究新情况，解决新问题。

2010年以后，政府要求各企业转型升级，鼓励企业通过走产品经营、资本经营、品牌经营相结合的道路，打造一批拥有自主知识产权和自主品牌的创新型企业。企业转型升级，就是要从劳动密集型为主，向资本、技术密集型为主转变；从制造初级产品为主，向制造中间产品、最终产品、高附加值产品为主转变；从某一产业内部的加工为主，向再加工、深度加工为主发展，实现高加工度化与技术集约化。从企业管理上说，从粗放型管理向精细化管理、科学化管理方向转变。在生产过程中，要符合环保绿色、安全生产。在职工待遇上，又要不断地提高工资，享受社会保险。从外部条件来看，市场竞争越来越激烈，企业风险也相应地在提高。要想在激烈竞争的社会环境中立于不败之地，是多么不容易的事，作为一个企业领导人，需要在各方面不断努力，提高自己的思想政治水平、科学决策水平和经营管理能力。

创新是企业的生命所在。掌握市场动向，开发新产品，不仅是为了满足消费者需求，还是企业转型升级的需要，是企业获得生存权利的必然。

2000年后，针织轻纺市场上开发了一种叫作超细纤维的新产品，针织行业一下子热了起来。超细纤维又称微纤维、细旦纤维和极细纤维。超细纤维是涤锦复合丝，是合成纤维六种纶（涤纶、锦纶、腊纶、维纶、丙纶、氯纶）中的涤纶和锦纶所喷纺的 POY 复合长丝，经加弹机加弹后成 DTY 低弹丝，所用的规格是 150D/72X16，就是说每根长丝有 1152 根中空纤维所组成。一般来说，纤度 0.3 旦（直径 5 微米）以下的纤维称为超细纤维。现在国外已制出 0.00009 旦的超细丝，如果把这样一根丝从地球拉到月球，其重量也不会超过 5 克。它的吸水性能是棉纤维的五倍，是做家用的清洁用布和家用纺织品的极好的原料。

超细纤维是在 1990 年前由西德科学家发明的，1993 年才引进到中国。超细纤维用途很广，经砂洗、磨绒等高级整理后，表面形成一层类似桃皮茸毛的外观，并极为膨松、柔软、滑爽，用这种面料制造的高档时装、茄克、T 恤衫、内衣、裙裤等凉爽舒适，吸汗不贴身，富有青春美；国外用超细纤维做成高级人造鹿皮，既有酷似真皮的外观、手感、风格，又有低廉的价格。由于超细纤维又细又软，用它做成的洁净抹布除污效果极好，除了擦拭椅桌、地板、门窗及门窗玻璃外，还可擦拭各种眼镜、影视器材、精密仪器，对镜面毫无损伤。用超细纤维还可制成表面极为光滑的超高密织物，用来制作滑雪、滑冰、游泳等运动服可减少阻力，有利于运动员创造良好成绩。这一纤维在我国上市后，开发的产品大部分出口，造成国内所有经编机全力生产超细纤维还是供不应求。湖南常德、广东、常州等机械制造商抓住发展机遇，几年中一下子生产了众多市场需求的经编机，在几年时间内都飞黄腾达，跃上了新台阶，经济效益丰厚。

以前，常熟神花针织有限公司主要生产经编毛巾、浴巾、浴衣、毛巾被等，其中印花毛巾、浴巾在 1995 年还被评为"中国纺织新产品"金、银奖，阔幅割线绒云纹印花毛巾于 1998 年被评为常熟市科技二等奖。

2000 年年初，顾宝玉开始利用超细纤维，开发洁净抹布。

开发新产品，需要在原有设备上进行革新。例如，顾宝玉原来从抚顺购进的六台经编机，其中四台是 E=24 针经编机，两台是 E=20 针经编机。这两台 20 针经编机所织的产品难以适应市场需求，为了开发超细纤维产品，必须改进原有的设备。其时，德国卡尔迈耶又推出了一款新的机器康特乐，叫 14123CKANDLER），宽幅 136 英寸。顾宝玉得到这一消息后，决定再向德国卡尔迈耶订一台康特乐时，一起订了两台经编机的针床，将两台 E=20 针经编机改造成 E=28 针的经编机，适应新产品开发的需求。这些几台设备共计 28 万美元，签订合同 6 个月后准时到达上海港。由此，超细纤维洁净抹布产量日益增多，从初时年产 100 吨，逐渐增加到 300 吨、500 吨，经济效益明显提高。

客户是上帝，企业生产的产品必须以客户为中心，认真负责地按照客户要求，尽力地配套设备，改进工艺，提高质量，这样才能使生产订单源源不断。常熟神花针织有限公司在生产出口到日本的割绒毛巾被时，开始采取的方法是请外单位加工割绒，结果产品质量一直不稳定，成品率较低，损耗费用大。2003年7月，顾宝玉得到消息，上海祁连山路上的一家国营企业——上海毛毯厂由于管理经营不善濒临倒闭，该厂有一台旧的意大利生产的"COMSTTS/200"抓剪机准备转让，他赶忙前往上海考察，发现这台抓剪机适合自己企业使用，马上如获至宝地和对方商谈，最后花了+万元把这台意大利生产的"COMSTTS/200"的抓剪机装回来了。当时这台抓剪机是国家用不少外汇买回来的，代价是8万元的好多倍，这台机器为常熟神花针织有限公司开发产品，提高产品质量，增加出口创汇发挥了重要作用。

产品的开发在市场上能起到领先作用，是件不容易的事。常熟神花针织有限公司的产品，是在做日本客户生意的过程中不断提高的。按照客户方面的来样，要生产出完全符合客户要求的产品是很难的，因为对方是在小样机实验室里研究出来的，让生产企业生产大样产品，大批量生产是有一定的难度，但能锻炼一个企业，逼使企业加强管理，提高技术水平。由于中国和日本的劳动力用工价值不一样，迫使日本客商到中国进行来样加工，这样就锻炼了企业。在那几年里，常熟神花针织有限公司连续开发了众多优质产品。例如，朦胧印花毛巾被，2003年获"苏州市名牌产品"称号，并获得国家实用专利。国内凡是有德国经编机的厂家，都向常熟神花针织有限公司学习，照搬朦胧印花毛巾被的生产技术，就连朦胧印花毛巾被的花型都是常熟神花针织有限公司设计的花型。在山东淄博，就有几家公司经常性地步常熟神花针织有限公司的后尘，顾宝玉这里开发什么产品，他们就学做什么产品。

那年，中国华东进出口商品交易会在上海隆重开幕，顾宝玉赶去参观，山东淄博有家规模型企业的老总王纪胜见了顾宝玉说："顾老总，你不要来参展了，你一来，我们就没饭吃了。"顾宝玉仔细观察他们参展产品的品质，感觉到他们的产品确实比不上常熟神花针织有限公司的质量。其实在棉纱、织造、印花、刷毛、缝制、转笼、蓬松去尘等工序，都有一定的技术含量，并和车间的现场管理有很大关系。还有，顾宝玉带领技术人员开发的1.8米门幅的朦胧印花割绒云纹毛巾床单，一般厂家都生产不出来，为此，他们获得了江苏省纺织工业协会的新产品奖和国家专利局实用新型产品专利证书。证书号为第 591987 号。

开发产品必须与客户配合，才能做到适销对路，拥有一定的市场。

2007 年 6 月，欧洲有位客户让常熟神花针织有限公司做超细纤维毛巾，并在包装上有较高要求：6 条超细毛巾一包装。但每条毛巾 4 折有 6 层，6 条加起来就是 36 层，必须用塑料枪针穿包装。有这样的厚度，用常规手工打枪针打几十枪，不能达到包装要求。那怎么办呢？客户提供说，香港有专门的设备供应。顾宝玉马上与香港供货商联系，可是对方回答说，该产品德国一家机构正在研究，眼下香港没有该产品供应。

怎么办呢？顾宝玉想，还是自己动脑筋用液压气泵设计研制吧。经过两个多月的努力 6 条超细毛巾的专用液压包装针枪机终于研制成功了。有了这个专用包装针枪机，每个包装只要在液压针枪机上轻轻地用脚一踏，就完成了打枪针这道包装工序，达到了既迅速又牢固、美观的效果，得到了客户的好评，由此承接了一大批订单。

该专用包装用针枪机研制成功后，顾宝玉向国家专利部门申请了专利，于 2011 年 4 月 13 日由中华人民共和国知识产权局批准了"发明专利"证书号：第 760728 号，专利号 212007100261798。

为此，顾宝玉不无感慨地说："世界上没有做不像事情的事，只有做不像事情的人。在我们同一行业里，他们做得出，我们应该做得出，我们的目标要我们做的产品，他们做不像，才体现我们的开发能力。"

保护环境是国家的基本国策，是每个公民的责任和义务，也是对每一个企业转型升级的具体要求。

纺织产品染色是纺织业中的一项传统工艺，在产品染色过程中造成的印染污水，一直是纺织工业中亟待解决的技术难题。纺织印染废水具有水量大、有机污染物含量高、治理难等特点。在计划经济时代，政府对印染企业的污水排放管理不严。那时候，顾宝玉他们开船到上海积肥料，路过太仓、嘉定到达上海的苏州河，河的两岸都是印染厂，红、绿、黑、黄的污水不停地直接排放到河里，造成苏州河河水臭气冲天，苏州河成了黑浪翻滚的黑河。

1962 年，美国生物学家蕾切尔·卡逊出版了一本名为《寂静的春天》

的书，书中阐释了农药杀虫剂滴滴涕（DDT）对环境的污染和破坏作用，引起了美国政府的重视，并于 1970 年成立环境保护局。1972 年 6 月 5 日至 16 日，联合国在瑞典斯德哥尔摩召开"第一届联合国人类环境会议"，提出了著名的《人类环境宣言》，这是环境保护事业正式引起世界各国政府重视的开端。中国的环境保护事业也是从 1972 年开始起步的，1973 年成立国家建委下设环境保护办公室，后来改为有国务院直属的部级国家环境保护总局，以后逐步制定了相关的法律法规。

自从山泾村于 1986 年创办了上海市南翔染厂白茆联营厂后，顾宝玉才知道污水必须进行处理才能排放到河里。刚开始时，由于生产量不大，染厂排放污水量很少，只是排放在一条很小的死河里，不通大河。三年后，在政府的要求下，染厂建造了简单的污水处理池，里面放一些次氯酸钠和硫酸亚铁进行中和，便排放污水。1990 年，染厂开始将污水进行物化 + 氧化处理后排放。到了 1994 年，政府对环境保护的要求提高了，顾宝玉将污水处理改造为二级排放，即进行沉淀 + 气浮 + 氧化处理。1998 年，顾宝玉再次提高污水处理水平，将污水处理的等级又提高了一级，即改造成沉淀 + 生化 + 物化 + 气浮处理。1999 年 5 月，常熟神花针织有限公司一下增加了三台高温高压溢流染色机，污水的排放量迅速增大，这时候的顾宝玉，又自觉地提高污水的排放级别，将污水处理改造为沉淀 + 生化 + 活性污泥处理 ++ 物化 + 生化处理，要求 COD 低于 120mg/L。2005 年，顾宝玉又一次改造废水排放设施，扩大了气浮、生化、加药，将 COD 的指标降低至 100mg/L。

"COD"即化学需氧量，是以化学方法测量水样中需要被氧化的还原性物质的量。在循环冷却水系统中，COD 大于 5mg/L 时，水质已开始变差。在饮用水的标准中，I 类和。类水的 COD，必须等于和小于 15mg/L；Ⅱ 类水的 COD，必须等于和小于 20mg/LoCOD 的数值越大，表明水体的污染情况越严重。2008 年 12 月 19 日，国家环保部发布了《纺织染整工业水污染物排放标准》，新标准自 2013 年 1 月 1 日起实施。规定从 2009 年 1 月 1 日起到 2012 年 12 月 31 日，现有企业水污染排放浓度限值 PH 值必须在 6—9 之间，化学需氧量（COD）直接排放限值必须在 100mg/L 以内，间接排放必须在 200mg/L 以内。到 2015 年，现有企业和新建企业的直接排放废水的 COD 必须降至 80mg/L 以内，间接排放同样必须在 200mg/L 以内。

看来，顾宝玉在 2005 年就将废水排放中的 COD 的指标控制在 100mg/L 以内，提前 2 年达到了国家规定指标。即便这样，顾宝玉治理污水的脚步始终没有停下。由于常熟白茆属太湖地区，水质要求高，2010 年该地区作出规定，排放的污水 COD 要求不能超过 60mg/L，否则要进行罚款处理，并且要限期治理。这一要求超过了欧洲国家的规定标准，怎么办呢？顾宝玉是个有责任心的企业家，他绝不会违反政府的规定。他请来了苏州环保设备有限公司和常熟绿色环保有限公司的工程师商量，研究制订了一个符合环保局要求的方案，工艺流程为：集水池—调节池（气浮）—（加药）沉淀池（压滤机）—厌氧池（垫料细菌）—气浮池—生化池（气浮）—气浮池过滤达标排放。经过近一年的土建和设备安装，将废水排放的 COD 降低到 60mg/L 以内。这一耗资一千多万元的污水处理工程于 2011 年 3 月经常熟市环保局验收合格，才准予排放。

自 1998 年 5 月企业改制，到 2015 年年底的 17 年时间里，顾宝玉先后 4 次进行污水处理工程，共计耗资近 2000 万元，可见顾宝玉具有高度的社会责任感。他说，"我当初办企业，是为了山泾村的发展，为了全村百姓过上好日子。改制后，我成了民营企业的企业主，我同样要为社会着想，为周边的村民的生活环境着想。"

# 37．逆势而上

不知从什么时候起，中国乡镇的撤并成为了风气。据有关资料显示，截止到 2004 年，全国乡镇总数与 1985 年相比，一下子下降了 40%，就是说，100 个乡镇中有 40 个乡镇被撤并。常熟本来有 33 个乡镇，到 2004 年调整为 10 个镇，一些在历史上留有英名的福山、浒浦、唐市等乡镇屈居为街道办事处，曾经辉煌的白茆镇也和森泉镇一起，分别于 2003 年 10 月和 2 月被并入古里镇，改设白茆社区和森泉社区。

2004 年年初，顾宝玉的外甥周卫良想买 5 亩土地建造厂房，创办小型五金加工厂，由于土地政策限制没有买到。他找娘舅顾宝玉商量，让娘舅帮助想想办法。顾宝玉没有答应他，对他说，政府不批，肯定有政府的道理。后来周卫良在自家旁边搭建了几间简易厂房。

2006年下半年，古里镇在204国道旁芙蓉村地段划出一大片土地，规划建设"白茆工业经济开发区"，招商引资，发展工业经济。

一天，古里镇招商办公室干部王英打电话给顾宝玉，问顾宝玉要不要购买原白茆工业开发区的土地。原来，王英的丈夫陈先生在家中办有纸箱厂，想扩建搬迁到开发区，购买10亩土地，可古里镇政府嫌他们申请的土地太少，没有批准。后来他们想到了顾宝玉，认为顾宝玉这几年的神花公司搞得风生水起，有可能外铺摊子扩大再生产，如果也想进入开发区的话，可以合在一起批土地。其时，顾宝玉正想开发化纤产品，又考虑到外甥周卫良最近五金加工业务量充足，正愁增添设备而无地方安放，于是顾宝玉答应下来，由他去和镇长商谈购买开发区土地一事。顾宝玉向领导汇报了企业的发展情况和发展规划，准备购置50亩地，镇长一口答应，表示支持。当天，顾宝玉就去开发区办公室办理50亩土地流转购买手续。

顾宝玉看中的这块土地，有一根11万伏的高压电线跨越，顾宝玉和开发区办公室负责人商谈流转土地价格，提出应该比别的土地优惠一些，最后确定每亩流转费为10万元人民币。在这50亩土地中，王英在东边拿下16亩，余下34亩由顾宝玉购买。然而在办理手续的时候，江苏省政府发文通知，县市级的土地批准权限最多只能20亩，于是顾宝玉便被批准20亩，于2006年11月30日付款。这20亩土地中，包括了顾宝玉外甥周卫良的用地。

随即，顾宝玉和周卫良便去工商行政部门办理在开发区建办工业企业的申请手续。经工商局批准，周卫良的企业核准为"常熟市惠瑞达机电配件厂"，顾宝玉的企业核准为"常熟市深业雅兰纺织品有限公司"。然后，顾宝玉和外甥周卫良请来了常熟市工业设计院，按现有建筑标准为他们设计两幢车间：一号车间建筑面积2076平方米，由常熟市惠瑞达机电配件厂使用；二号车间三层结构，建筑面积4442平方米，按照缝制车间的要求设计，由常熟市深业雅兰纺织品有限公司使用。2007年10月，两幢车间奠基动工建造，经过一年多时间的建设，于2008年年底竣工。建造两幢车间后，还有一大半土地，因有高压线横跨通过，不能动工建造车间，停在那里等候。

三年后的 2012 年年初，常熟市供电局在白茆开发区调整供电线路，把原 11 万伏的高压电线杆搬掉，另外架设线路，这样不影响厂区的厂房建设。因政府规定，流转土地如三年不建造要收回，顾宝玉随即考虑建造车间。他觉得，自己是国家干部，又是企业家，应该带头做好这些工作，先前建造的厂房生产纺织产品，做缝制车间。那么，再建造的车间做什么呢？生产化纤长丝吧？投资规模太大。

2012 年 7 月的一天，顾宝玉来到浙江萧山的朋友家喝喜酒，接触了当地几位化纤厂的老总。他们介绍说，"浙江萧山是我国化纤纺丝的集中地，长丝、复合丝、POY、DTY 各种品种应有尽有，而且每家化纤生产企业都是年产几十万吨，并且还在发展。"听了他们意见，顾宝玉考虑到经编机用的复合丝，是由 PTA 溶剂纺成 POY 长丝，加弹后成 DTY 的。不少企业增加纺丝，肯定要增加加弹机做成低弹丝，顾宝玉公司用的就是低弹丝。

回来后，顾宝玉觉得还是购买先进的加弹机为好，于是决定按加弹机的要求设计厂房，然后到浙江萧山的杭州惠丰化纤有限公司去学习，借鉴他们的加弹车间设计情况，按照实用要求设计。这样，三号车间为二层结构，建筑面积 7995 平方米，上面安装设备，下面做包装和仓库，于 2012 年 9

深业雅兰纺织品公司

月破土动工，在 2013 年 4 月底建造完工，开始安装加弹机设备。

为了使加弹机生产的低弹丝质量优良，顾宝玉购买的巴马格加弹机，是德国在苏州独资企业生产的设备，是目前国内最先进的加弹机。其时，生产加弹机的制造商遍布浙江、广东、江苏无锡等地，经顾宝玉调查，苏州的巴马格加弹机质量最好，但价格最贵。顾宝玉觉得，按市场要求，应该向高标准方向走，这样就一下订购了 3 台高速加弹机，型号菂 K6V-1000。当顾宝玉与厂方签订好设备购置合同，付掉预付款后，却受到了很多外界及同行人士的议论和批评，说在这样的形势下，还要上加弹机？要买加弹机，二手货多得是，价格只有三分之一，你这投资不值得。

为什么会有这样的议论呢？原来进入 21 世纪后，化纤这一新产品上市几年后，在太仓一下子发展到 3500 多台高速加弹机（通常叫高速纺），大多是家庭作坊式经营。在前几年化纤涨价时，《经济日报》曾经刊载《化纤产品富裕了老百姓》的报道，讲的就是太仓市。一个家庭如果有一台高速纺，一年就能赚上 100 万元。难怪有的人家一家买不起高速加弹机，就两家三家把钱合并在一起合资购买，设备买到手后，一年就能出本了，于是马上在太仓全市括起一股高速纺热，甚至连近邻的常熟东张、何市等地也跟着热了起来。但市场经济不可能一直走高，总是有起有落的。自 2012 年下半年起，化纤市场大幅回落，美元持续走低，大部分拥有高速纺家庭企业纷纷关门歇业，到顾宝玉买那 3 台苏州巴马格高速加弹机时，高速纺运转的家庭企业减少一半以上。在这样的严竣形势下，你顾宝玉还在脑子发热上高速纺，不是将大把的钱往河里扔吗？所以会有不少人在议论，有好心的朋友在提醒他，让他悬崖勒马。

但顾宝玉知道，太仓市曾经一夜暴富的这些家庭企业，他们购买的是小型加弹机，是在刚开始有 POY 丝加弹时购买的。这些设备质量比较差，生产的低弹丝在 DTY 市场求大于供的时候是没问题的。现在市场情况已改变了，是供大于求的市场。只有设备高档，生产出来的产品质量才优良，才会有较强的市场竞争力。他的 3 台高速加弹机生产的低弹丝，也不是全部进入市场，其中三分之二是神花公司自己直接用的，而且产品生产出来后不需要包装，包装费也可节省。还有，在检验中剔除出来的 B 品丝，自己企业也能消化，织造时能综合利用。再说，原材料的价格变化异常，那些小型加弹厂对于低弹丝 DTY 报价不一，有的不实事求是，而是乱报价。顾宝玉觉得自己进行加弹后，其原料 POY 长丝向规模型大厂购买，特别是溶体纺的长丝，质量好，价格合理，不会造成在报价上的损失。这一环节抓住了，在价格上不损失就是经济效益。经过反复推敲，顾宝玉认为，建办加弹厂适合主厂神花公司的发展和需要，相信此举能有一定的经济效益。

当有人当面对顾宝玉说，"化纤市场形势如此低迷，已经陷入低谷，许多加弹厂亏本关门了，你为什么还上马加弹机"时，顾宝玉笑着对这位好心人讲了一个有趣的故事："在 20 世纪 80 年代里，农民实在没有收入，非常勤奋的老农民，家里养了一头母猪，靠母猪生了小猪卖给养大猪的农户，每年生两窝，赚些辛苦钱。有时市场行情不好，在放小猪时小猪卖不掉，辛苦了半年还亏了大本。一时间，养母猪的人家杀母猪。可是在这个时候，有人看见杀母猪的人家多的时候，他逆势而上，立即养母猪。当他养的小猪上市时，由于市场小猪少，价格上去了，他就能挣钱了。我们现在办企业，也要沉机观变，看准行情，并且要坚持，才能获得较好的利益。"

那人听了有所醒悟，连连点头说："看来你说的是对的。现在我们的普通百姓都是人云亦云，随大流，这样就会吃亏。大多数人忙了一生，到头来还是碌碌无为，原因就在于此。要想在激烈的市场经济中赚钱，看来要逆向思维，要出奇招。"

顾宝玉说："我的体会是，看问题要多个角度看，凡看准的事要一做到底，不要怕吃苦，怕失败，要有坚强的意志，要有信心和耐心。特别在开发新的产品方面要动脑筋，设备如何改进，工艺如何调整，必须选择最佳方案。一个人往往经过艰难跋涉，抵达离目标很近的时候，容易丧失意志，失去信心，其实光明就在前头，只要你再努力一把，就成功了。俗话说，办法总比困难多，有志者事竟成。抓主要矛盾，解决主要问题，再困难的问题也能迎刃而解。所以有人问，什么是最幸福的，我的答案是：'经过艰苦努力，看到了自己想做的事做成功了，终于取得了胜利的成果，那是最幸福的。'"

顾宝玉认为，工厂企业不管大小，必须都要有配套的生活设施。现在，位于白茆工业经济开发区的常熟市深业雅兰纺织品有限公司，工厂生活环境得到改善。三号车间建造结束，顾宝玉就全面利用周边所属地块，建造了一幢集体宿舍楼和员工食堂，按标准设计了6层结构的宿舍楼总计60间宿舍和二层结构的食堂，建筑面积共3122平方米，于2013年年底全部建造结束。每间宿舍有卫生间、空调等设施。公司招收的大多是外地员工，顾宝玉说，应该为他们创造良好的生活环境，这样他们在企业工作就能安心、舒心，才能为企业制造出好的产品。

常熟市深业雅兰纺织品有限公司加弹机自2013年5月开车以来，虽然市场竞争日益激烈，周边地区加弹形势普遍低迷，但由于产品质量优良，生产形势喜人，按150D计算，每月生产低弹丝350吨左右，配合神花针织有限公司生产出口产品，取得了较好的经济效益。

# 38．以人为本

30年的改革开放让中国经济快速崛起，也让中国的企业家群体不断壮大、不断成熟。在经济全球化的今天，中国的企业家们，既要面对来自外部的挑战，又要探寻符合本土国情特征、企业现状的经营、管理之路。

其实管理是门艺术，是一种在某些知识条件基础上，再主观发挥出来的艺术。在这门学问中，许多的知识是必要的，专业的知识更是不可少的。但仅靠专业知识也远远不够，还需要充入人生的经验或教训。只有那样，"死"的知识才会"活"起来，才会被灵活地运用。

有人说先学做事，再学做人，那是错了。人生是一个学习如何做人的过程，而学习如何做事，只是其中的一部分！企业管理无疑就是管理员工，管理员工无疑就是与人打交道。说得再透彻一点，就是如何为人处世！一家工厂，机器设备再先进，最终要靠人来操作，人可以创造社会财富，也可以浪费社会财富，人可以把企业搞得红红火火，也可以使企业冷冷清清，直到倒闭。所以一个企业家的为人处世很重要，它是人生中的一大学问，学得好了，好事自然来到，学得不透彻的，自然会经常碰壁！在企业管理方面，企业领导要懂得如何培养企业员工的归属感和忠诚度，打造一个精神和利益的共同体！虽然企业员工已经在职很久，那他的心是不是也在位呢？在职工的眼中，自己是不是已成为企业公司的一份子？如果是，他的归属感就很强的，就能达到一呼百应、令行禁止的效果，使企业成为一个坚强有力的整体。这就是所谓的"企业有效管理"达到这样的有效的管理，就能集中全体员工的聪明才智，调动一切可以调动的积极因素和力量。这是企业发展壮大的源泉。

如何提高企业员工的归属感和忠诚度，只有通过管理实践和人生体验才能获得，光靠书本知识是难以掌握的，好多时候要考虑到社会环境等多方面的因素。

像顾宝玉领导的这些企业，所有员工都是原来在生产队集体种田的农民转到企业做工的，吃大锅饭的思想比较严重。改制以前，企业为集体所有，管理难度大。职工自私自利，偷工减料，上班不出力。尤其是纺织企业，做工三班制，白天容易管理，晚上就相对薄弱，有的职工上晚班甚至钻在仓库角落里睡大觉。另外，公司的产品家家户户都用得上，有些贪小利的员工，下班偷产品是常事，他们会千方百计地把产品塞在衣服里、自行车和摩托车后面的箱子里，有的里应外合，在晚上利用夜色掩护把产品丢出围墙，有的把全羊毛线当作裤腰带缠在腰间拿出去，什么花样都有。顾宝玉去找他们谈话时，有的态度较好，表示要认真改正；有的嘴上接受，可过些时候老毛病又犯了，又在支坏招拿东西了。当然，这些现象在全厂职工中只是少数，但它影响极坏。

顾宝玉在当厂长的漫长日子里，虽然没有江南仪表厂厂长袁勤生"罚款是管理工作中的暴政""开除职工是厂长无能的表现"这样的认识高度和理论高度，但对于员工，也像袁勤生那样，从未罚过款，也从未开除过一名职工。问他为什么不对职工罚款，不开除落后职工？你听顾宝玉是如何回答的？他说："企业的员工都是本村的村民，本来工资也不高，你罚他们的款，不是要他们的命吗？开除他们，等于砸他们的饭碗，是将他们往死路上逼，我于心何忍呀？"说得多么实在，其实是于情不忍。

顾宝玉不采取罚款和开除等极端措施，是不是放任职工随意地违反厂规厂纪、损害企业利益呢？当然不是。他所采取的方法是正面教育，不管是在改制前还是改制后，都是有针对性地开展思想政治工作，不断地教育疏导，针对员工在思想上的各种矛盾、疑惑，通过宣传科学、正确的道理，解决员工的思想问题，帮助员工树立正确的世界观、人生观、价值观，使员工以积极的姿态投入工作和生活。

为适应新形势下的新情况，使企业思想政治工作卓有成效，顾宝玉不断地改进思想政治工作方法，讲究思想教育的艺术。针对干部职工反映的思想认识问题，他随时随地、不拘形式地和干部职工开展谈心活动，通过"谈心"这一有效方式，对干部职工进行说服和疏导，把大道理转化为小道理，把企业的硬制度转化软管理，做到循循善诱，启发觉悟，形成共识。要说这么多年来顾宝玉和哪些人谈过心，他说差不多全厂每一位干部职工都谈过话，而且是多次，有的可能达到上百次了。

他灵活多样地开展思想政治工作，丰富思想政治工作的表现形式，力求改变传统的单一教育模式，将本来"一本正经"板着脸的宣传教育，转化为在轻松愉快的环境气氛中陶冶情操、提高觉悟。寓教于学、寓教于做、寓教于乐。例如大力建设企业文化，开展各种丰富多彩的文体娱乐活动，组织职工外出旅游。这些年来，企业职工旅游的足迹，差不多踏遍江、浙、沪著名的景区景点。同时，不定期地聘请大专院校教授和宣传理论方面专家来厂为企业职工上课、做讲座，讲述国家发展形势，培养职工爱国、爱家乡、爱企业的主人翁思想。坚持定期的职工学习活动、骨干例会，针对职工中出现的思想问题，有的放矢地教育引导，对症下药解决问题。平时以表扬为主，年终总结表彰大会，大张旗鼓地表彰先进，树立榜样、标杆人物，采取精神鼓励和物质奖励相结合的方法，激励先进，启发和鞭策后进。

顾宝玉做思想工作的另一个特点是感情投入。他知道，感情的交流与沟通是开展思想政治工作的前提和基础，思想政治工作是做人的工作，而人又是有感情的，不论是思想认识的统一，还是政治觉悟的提高，都是以感情的交流、沟通、融合为基础的。所以他满腔真诚、以情感人地启发引导职工，以同宗同族、血缘相连，共同工作生活的乡情和手足情，关心、爱护、体贴职工。他经常换位思考，设身处地为职工想问题，帮助他们解决具体困难，把党和政府的温暖，企业的温暖送到职工家中，把工作做到职工心坎上，用真诚感动他们，使职工自觉向你敞开心扉、吐露心声。他不仅关心企业职工的生活，还把爱的阳光洒向周边乡村。支塘镇马坊村吴晓玲在山泾小学读二年级，可她家庭不幸，父亲去世，母亲病重，学习生活失去依靠，顾宝玉二话没说将小吴的学习生活费用包揽下来，直到她小学毕业。2007年，他向常熟市慈善基金会和古里镇慈善基金会分别捐助3万元。得知湖南张家界桑植县贺龙教育基金会资助贫困学生，他马上汇去2万元。前些时候支塘、白茆两个农民分别患上绝症，他又各捐1万元。

顾宝玉还以身作则，身体力行。俗话说，"正人先正己""其身正，不令则行；其身不正，有令不行"。作为一个厂长，一名企业主，以身作则，身体力行，是开展思想政治工作的首要条件，也是最有说服力的思想政治工作。凡是要求别人做到的，顾宝玉自己首先做到；凡是要求别人不做的，他自己首先不做。从当上企业厂长以来的50多年间，每天除了出差，都坚持早上7点半以前到厂上班。他十分注重身教、言教、律己、育人，作风正派，遵纪守法，使职工们能从他的言谈举止、工作作风中获得良好的教育和启迪。

当然，开展思想政治工作也包含着法制教育和纪律教育。那是在企业改制之前，一次，顾宝玉在批评一名职工的自私行为时，这名职工没有当面顶撞，却在背后说，"这厂又不是他顾宝玉的，是集体的"。意思是说，这个厂他也有份的。这话传到顾宝玉的耳里，顾宝玉把那个职工找去，对他说："这厂不是我的，是集体的，你其中也有一份，这不错。但如果每个职工都有你这样的想法，想拿什么就拿什么，这工厂还要不要办下去？难道集体的财产就可以随便地拿吗？厂有厂规，国有国法，如果你的行为再不收敛，就是村里、企业里不处理你，国家的法律也会对你不客气的。说得那个职工无言以对，连连说："对不起，顾书记、顾厂长，我错了，我错了！"

企业改制以后，企业主有辞退职工的权利。顾宝玉在和几个兄弟单位的老板闲谈中，他们普遍反映，改制后员工的思想观念一下子转变了，知道企业是私人老板的了，如不好好工作，老板有权辞退他。所以社会上有人说："今天工作不努力，明天努力找工作。"他们说，这一改革在管理员工上是一个极好的措施，民营企业主能行使绝对的权威，员工好管了，听话了，干活儿也认真了。但对于顾宝玉来说，辞退职工的权利有和无都一样，他都不会去使用。企业改制后，他在企业管理方面明显的变化，就是在经济责任制的制订上更细致、更规范。

工厂企业要生产好的产品才有市场，才能生存发展。发挥工人的劳动积极性，提高每个岗位的工作责任心，对一个企业来说极为重要。每道工序都马虎不得，只只螺丝都要上紧，才能多出产品，出好产品。由于以前几十年来农村实行的都是集体记工分结算，推广"大寨"的做法，自报互评工分，实行的是平均主义，造成责任不明确，出勤不出力。现在，顾宝玉按照改革思路，在职工报酬结算中彻底铲除大锅饭，认真执行多劳多得的分配原则，改用定额方法，全部采用记件制，对于各车间、部门的各项生产和工作，能量化的尽量量化，不能量化的如行政和后勤保障等工作，明确经济负责制，细化考核内容。对于原材料和产品装卸，也全部按实结算，多劳多得，奖勤罚懒。

常熟神花针织有限公司从改制起，计件结算制的实行已快20个年头了，现在这一制度做到长年基本稳定，年年略有调整。通过一系列改革，职工的积极性明显提高，各项工作都抢着干，职工之间的收入差距也拉开了。与此同时，企业根据市场和社会的要求，在政府的政策指导下，逐年提高职工工资，企业员工全部参加社会保险，福利待遇日益改善，员工队伍非常稳定，企业已进入良性循环的发展阶段，前景十分看好。

企业在发展过程中，设备管理和技术掌握至关重要。当初顾宝玉创办企业时，农村经常停电，根据企业的经济情况，开始先购买195柴油机，带10千瓦发电机。后来，改成495柴油机带30千瓦发电机和4120柴油机带50千瓦发电机，再后来发展到6136柴油机带+0千瓦发电机、6270柴油机带250千瓦发电机，最后用6300柴油机带500千瓦发电机。两台大功率的发电机，能满足全村的脱粒和灌溉用电。有了自购的发电机，全村不再停电，使全村老百姓得到了实惠。顾宝玉的企业是纺织企业，染色要用蒸汽，纺织车间要恒温湿度，才能提高产量和质量，所以蒸汽锅炉是企业的关键设备。自1975年购置第一座容量0.2吨的蒸汽锅炉起，逐步发展改造为2吨、4吨、6吨、10吨的蒸汽容量，不断按发展的需要而扩大。那些技术知识，顾宝玉是从干中学、学中干获得的。

在50多年的工作中，顾宝玉学到了一生中忘不了的经验和教训。他深有体会地说："过去经常讲360行，行行出状元。现在时代发展了，每个行业都可以细化为360行，那就是有12.96万行了。人的一生有效时间很有限，如果能学好、学懂、做好、做实一、二行就足够了，就是对社会的贡献，也就显示了自己的人生价值。改革开放已 30 多年了，国家的发展有目共睹。实践告诫我们，企业的发展要靠国家支持，才能成为大型企业或上市企业，同时，要有胸怀大志并有一定领导能力的人担当企业领导，才能搞好企业。我们是中国改革开放后的中小企业，领导者如不懂技术，不懂管理，不开发新的产品，也不研究领导艺术，要想在现代社会中生存是比较困难的。"

# 感悟篇·无怨无悔

人生经历五彩缤纷，人与人之间对同一事物感悟绝不相同，有人能感悟到生命的真谛，有人却浑然不知其事。人活着，绝不只是一个寿命数字的增加，经历是一种独有的财富，应该学会总结，学会品味，学会提炼，懂得人生的意义。

人应该如何活着？先贤已得出结论：德在人先，利居人后；静以修身，俭以养德；严以律己，宽厚待人。积德虽无人见，行善自有天知。

人世间，真正精致美满的生活不仅仅是锦衣玉食，应有尽有，却是粗茶淡饭，精神愉悦。幸福是用来感觉的，而不是用来比较的；生活是用来经营的，而不是用来计较的；感情是用来维系的，而不是用来考验的；信任是用来沉淀的，而不是用来挑战的。生活很多时候，就是一种体谅，一种理解，就是一种宽宏大度的胸怀。人生是一杯茶，满也好，少也好，浓也好，淡也好，热也好，冷也好，都各有各的味道。

踏踏实实做事，坦坦荡荡做人，才无怨无悔。

253

# 39．节俭家风

"节约便士，英镑自来"，这是英国女王伊丽莎白二世经常说的一句英国谚语。每天深夜，女王都要亲自熄灭白金汉宫小厅堂和走廊的灯。她每天刷牙，都坚持将皇家的牙膏挤到一点不剩。号称"车到山前必有路，有路必有丰田车"的日本丰田公司，在成本管理上从一点一滴做起，劳保手套破了要一只一只地换，办公纸用了正面还要用反面，厕所的水箱里放一块砖用来节水。一个贵为一国之尊，一个是世界著名的跨国公司，节约意识竟如此强烈，令人赞叹。

中华民族历来以节俭闻名于世。古人曰："俭，德之共也；侈，恶之大也。""历览前贤国与家，成由勤俭破由奢。"勤俭节约是国人的一种传统美德，小到一个人、一个家庭，大到一个国家、整个人类，要想生存，要想发展，都离不开勤俭节约这四个字。可以说，修身、齐家、治国都离不开勤俭节约。三国时期蜀汉丞相、杰出的政治家军事家诸葛亮，把"静以修身，俭以养德"作为"修身"之道。宋代著名理学家、思想家朱熹，将"一粥一饭，当思来之不易；半丝半缕，恒念物力维艰"当作"齐家"的训言；毛泽东主席以"厉行节约，勤俭建国"为"治国"的经验。中华人民共和国初期，有一首歌唱得好："勤俭是咱们的传家宝，社会主义建设离不了。不管是一寸钢，哎嗨一粒米，一尺布一分钱，咱们都要用得巧。好钢用在刀刃上，千日打柴不能一日烧。"

1987 年，顾宝玉岳父一家人合影

勤俭节约的美德如甘霖，能让贫穷的土地开出富裕的花；勤俭节约的美德似雨露，能让富有的土地结下智慧的果。在企业发展、个人致富的时候，顾宝玉不禁想起"油片和红烧肉"的一段往事，让他感慨万千。

油片又称油豆腐，是常熟农村的特色菜肴。这道菜是用压得比较干的老豆腐制成的。把嫩豆腐放在油里炸，待表皮炸黄、炸老后一切两段，这样形成一块长约5厘米、宽约2.5厘米、厚约1厘米的生油片，然后在切口这端白嫩的豆腐里嵌进鲜肉馅，放上酱油和红糖等佐料在锅里烹煮，就成了既肥嫩可口又味浓汁香的这道油片菜肴。常熟农村一般家庭过节或有来客，或者请来裁缝、木匠、泥水匠做专业技术活，都要做这道价廉物美的农家菜。来客一般都十分客气，只吃一些蔬菜，将油片和荤菜剩下。有些荤菜要到几天做完活儿，吃最后一顿饭时才吃掉。这固然是农村节俭风气使然，另外也是贫穷原因带来的无奈。

1976年4月初的一天，顾宝玉家斋祭祖宗过清明，顾宝玉叫爱人周妙芬请她爸妈过来吃晚饭。两位老人难得到女儿女婿家走动，所以顾宝玉特别重视。中午，顾宝玉在村中小店买了两瓶黄酒，因他知道岳父喜欢喝酒。其时顾宝玉早已是白茆纱厂厂长了，经常很晚回家，今天为了请两位尊敬的岳父岳母长辈吃晚饭，将一些事务事搁下准时下班。

席间，顾宝玉和两位亲人愉快交流，在陪着老丈人周兀良喝了一会儿酒后，一家人便开始吃米饭。顾宝玉为了表示对长辈的尊重和孝顺，夹了几片烧得浓酱重味和几只煎得蜡黄的蛋饺放在岳父碗中。周元良是个有礼数的人，只顾默默地吃饭，在他吃完米饭时，碗里还有一块

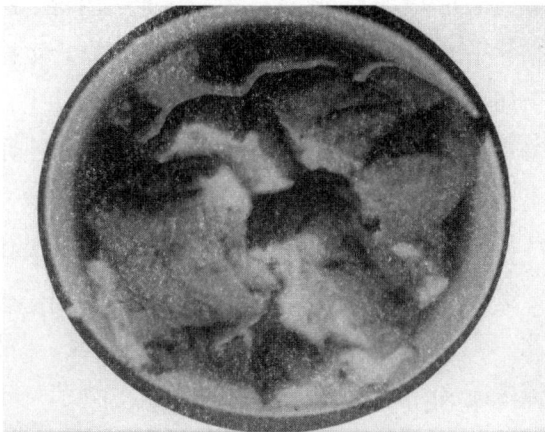

常熟乡村特色菜肴油片

常熟乡村特色菜肴油片舍不得吃，只见他把在油片上的几粒米粒轻轻地剥下来，然后一声不响地用筷子夹着油片重新放到油片碗里。顾宝玉看到后，讲了一句："伯伯（常熟白茆当地人叫岳父大人称伯伯），你太客气了，你们周家的门风就是特别客气。当时，周元良没有讲啥，只是说："不客气。"

过了几天，周元良家也过清明了，晚上周元良叫顾宝玉夫妇俩去他家吃晚饭。那天，当顾宝玉夫妇走到他家时，天快黑了。看到顾宝玉夫妇的到来，两位老人非常开心，讲了几句家常话后就开始吃晚饭。就餐时，周元良一个劲儿地往顾宝玉碗里夹菜，当顾宝玉碗里已放不下菜时，顾宝玉说："伯伯，好了，菜太多了。"可周元良还是把好的菜往女婿的碗里放，并说："我俚周家的门风是客气的，你们顾家是不客气的。"

顾宝玉一听，心里马上"噔"地一下："坏了，老丈人是在'报复'我呀！我讲他们周家门风客气，其实不是客气，是节俭，是……"顾宝玉想不出应该如何讲才对，脸露尴尬，无话可说，一个劲儿地吃菜，照单全收老丈人的这番情义。

顾宝玉知道，老人总是希望小辈吃得好，多吃点菜他会高兴的，他们自己宁可少吃，也让小辈多吃。当时顾宝玉感到，自己信口开河，讲错了话，在长辈前面不能随便乱讲，也不能开玩笑的。

其实，周元良是个非常聪明能干、节俭又勤快的人。年届花甲后，他让儿子当了家，自己在家里饲养母猪，母猪生了猪仔，出售后获得的钱大多交给儿子。他会做篾作手艺活儿，用竹子制作家用的筷、洗帚、碗架之类等小用具，隔三岔五到市场上去出售，卖掉后喝小酒的酒钱就不用向儿子伸手了。顾宝玉时常想，老丈人勤劳一生，他踏实做事、诚信待人的品德是自己学习的榜样，他身上体现了农村劳动人民纯朴的美德。老人还说，不要认为我女婿做了厂长，可以靠牌头、吹牛皮。顾宝玉当了那么多年的厂长，周元良从来没有到厂里来找女婿解决什么事，也从不找女婿麻烦，一贯支持女婿的工作。老人自己省吃俭用，还要照顾女儿、女婿一家。对此，顾宝玉心存感激，觉得老人知书达理，虽然没有文化，但很有素养。他，谦虚谨慎，从不张扬，是一个朴实、谦恭、守礼的人，赢得了四乡五邻的尊重。

还有一件事让顾宝玉记忆犹新，那就是关于"红烧肉"的故事。

那是20世纪70年代末春暖花开的一天，就顾宝玉家过节后不久，上海国棉六厂的两位师傅来他家旁边的小河里钓甲鱼。来人一个叫马掌宝，一个叫辛永成。他们在顾宝玉办白茆纱厂时，都在技术上对企业有过帮助。当时正是计划经济年代，白茆纱厂没有食堂，职工包括厂长上班都是自带饭菜。那天，他俩一早乘公共汽车从上海下来了，拥有报恩思想的顾宝玉就叫继母谭翠翠准备饭菜，他邀请马、辛二人去家里吃中饭。其时谭翠翠身体不太好，早上，顾宝玉让爱人周妙芬把过节时的一大碗红烧肉和其他菜安排

20世纪六七十年代稀罕的红烧肉

好后去上班，叫谭翠翠到时在锅里热一下。顾宝玉忙于工作，和两人打个招呼后中午没有回来陪他们吃饭。

到了晚上顾宝玉回家，谭翠翠马上对顾宝玉说："你那两个客人，吃罢饭回去了。他们呀怎么这样的？一点都不客气，把这一大碗红烧肉全部吃光，其他菜也吃得精光了……"

顾宝玉见她那么认真的神色，开始心里一惊，后来一听是这么回事，忙说："娘，我当是什么事？算了，没关系。他们呀，胃口大，不像我们农村里的人，舍不得吃。"

那时的顾宝玉，其实心里也很纳闷的。怎么几大碗菜都被他们俩人吃光了？特别是红烧肉，家里一年到头是难得烧的，不是过节庄稼人绝不会上街去买肉的。就是烧了红烧肉，大人舍不得吃，总是省给小孩吃，小孩吃了一块如果再吃第二块，就会被大人喝住："你怎么还要吃？"所以一碗红烧肉要吃好几天，放在饭锅上炖了又炖。顾宝玉想，看来他们是大城市的技术工人，一个月工资要比农民做一年挣的钱还要多，他们对于一碗红烧肉是无所谓的。再说这碗红烧肉已炖了几次，的确是非常好吃。他想到去上海装垃圾、茆河泥，一个橹垫到上海，来回不停地积肥料，挑垃圾挑到深更半夜，吃碗点心都吃不到。没有粮票，也没有钞票。这是农村户口与城市户口的差异，乡下人与城市人的差异，这差异实在太大了。乡下人真是下等人，不知是谁把我们中国人分了这样的等级，如国家不改革开放，我们乡下农民永远抬不起头来。

当初顾宝玉就想，只要有机会，我一定要办工厂，他们城里的工厂技

术师傅是人，我们农民也是人。相信自己不是笨蛋，只要不怕吃苦，努力学习研究，一定能掌握技术。所以20世纪60年代末，顾宝玉就积极主动地要求办窑厂，办起为民窑厂后，前后烧了四年砖瓦，赚了不少钱，造了大礼堂，购买了第一台手扶拖拉机。后来在极"左"思潮的干扰下，上面下了死命令一定要把窑厂关掉并拆除，让他十分伤心。然而正因为办了窑厂，有了大礼堂，在70年代初这大礼堂用来做厂房，才开始办纺纱厂，几十年来一步一个脚印地为改变落后的农村面貌而努力。

每当回想起这些事，顾宝玉总是夜不能寐，浮想联翩。

# 40．婚姻大事

婚姻不仅是个人、家庭的事，也是全社会的事。中国传统社会有两大特点，即民以食为天和国以家为本。因此，政府和社会特别关心两件事情，一是让每个人都有份职业即有口饭吃，二是让每个人都有个配偶、有个家室。老百姓有饭吃就不会闹事，有个家就不会出事。有话说，"男大当婚，女大当嫁"，一个人如果到了婚龄按时成家，则本人安份，大家放心。如果所有人都按时成家，则社会安定、天下太平。国是由家构成的，所以才叫作国家，国家既然建立在家庭的基础上，如果一个个家庭都成了亲，那岂不是"四海之内皆兄弟，普天之下一家人。"

有人说，婚姻是一种缘分，而缘分是可遇而不可求的。是的，茫茫人海中的两个人，之所以能相识相爱，产生爱情的火花，肯定有相互欣赏、相互吸引、同频共振的信息。用四句话可以高度概括即：是否心心相印，是否情投意合，是否相濡以沫，是否举案齐眉。其中，衡量这"四个是否"的一个关键，就是经济是否相当的问题，用农民的话来说，就是门当户对。一个富家女，找一个穷小子的概率极低。女方大多对男方看高三分，找一个家庭条件比自家好，文化学历比自己高的男人做终身伴侣。只有这样，才会体现自己的价值，才会觉得自己有了一个很好的人生依托。

上文说过，常熟市白茆镇在20世纪五六十年代，农民全年人均分配收入100元左右，男女老少衣着破烂，肚皮经常吃不饱。这段贫穷的时间光一直延续到 20 世纪 70 年代中后期，虽然温饱基本解决，但贫穷落后的面貌还是没有改变。村上一批女青年看到自己家乡脱贫没有希望，加上这里属水稻种植地区，田地又多，劳动强度大，每日与泥土打交道，做得实在太苦太累，而且收入基本没有，家里穷得叮当响，就想方设法嫁到高乡种棉花地区，有的嫁到更远的田少地区，也有的想方设法嫁到城市郊区。企图脱离苦海，跳出穷窝攀高枝。这样一来，本村姑娘远嫁他村，外村姑娘又不愿嫁过来，造成本村男青年找不上对象，以致光棍成群，家家父母干着急。

20 世纪 70 年代中期，顾宝玉曾与村领导一起排队摸底，发现全村 13 个生产队里，从 23 岁到 30 岁没有讨到老婆的男青年有近 50 名，主要原因不是这些青年相貌有缺陷，而是家庭经济条件实在太差，又没有像样的房子，都是旧平房，有的还是草房。山泾村第 10 生产队大龄男青年就有一个加强班，共 14 个人没找到对象，最大的已经 30 岁了。

外村有部分不知情的女青年被介绍到山泾村找对象，成功率极低。有一顺口溜反映了当时的情况——

感悟篇·无怨无悔

> 姑娘兴致勃勃踏进门，
> 抬头看水泥桁条山树棍，
> 心里咯噔脸阴沉，
> 翻瓜子吃了二三升，
> 跑出门口就不肯。

"翻瓜子吃了二三升"，意思是男方家热情好客，当时用翻瓜子（即南瓜籽）招待客人是最高档的，除非是高贵客人才炒翻瓜子。但热情归热情，你家徒四壁，如何留得住姑娘呢？"不肯"？就是"拜拜"了！

直到村里办了纺纱厂后，工厂招收女青年到纱厂里做纺织女工，可以离开农田做工人，不须早出晚归下地晒太阳受苦受累了。这样，村里的姑娘不再心向外村去找理想男家。当山泾村的名声越来越大，工业先进村，工业明星村等荣誉接踵而来时，外村相貌出众的姑娘也开始向往山泾村了，精心挑选山泾村的小伙子，她们醉翁之意不在酒，嫁进山泾村后，可以鲤鱼跳龙门，穿得干干净净漂漂亮亮进厂做工人了。于是山泾村的大龄男青年的婚姻问题一个一个地迎刃而解。

有个上海女青年，插队到祖国边疆地区后，听到常熟白茆山泾村办起了纺纱厂，为了摆脱远离父母的乡愁和边疆地区恶劣的生活环境，千方百计通过多种关系下嫁到山泾村，不久被安排在纱厂工作。其时，在白茆纱厂工作的外乡和外村的女青年真不少呢！其中包括有来自太仓、张家港的姑娘。这些外村姑娘，大多提出要进工厂做工，每当"红娘"表达这些姑娘的意愿时，顾宝玉哪有拒绝的，总是乐呵呵地说"可以！"

20世纪60年代至70年代，常熟一带的农村青年结婚较早，一般十七八岁就有人牵线搭桥，20来岁结婚。山泾村有一大龄青年叫李雪平，那年已经26岁了，还没有找到对象，他的父母急得团团转。村妇女主任徐静华来找顾宝玉，说支塘镇马坊村的蔡金花愿意嫁给李雪平，但对方提出嫁到山泾村后，一定要进厂。尽管李雪平和他的父母都说嫁过来后进厂没问题，但那蔡金花心里还是不踏实，一定要村支部书记直接去表态才肯嫁过来。

顾宝玉说："我已经在村里的大会上说过，凡是嫁到本村的姑娘，都可以进厂。我说话是算数的，况且这事是经过村党支部商量定的，这点你也知道的。"

徐静华说："是呀，这事我是知道的，再说你说的话哪有推翻的？可这个姑娘就是心有疑虑，非得让你亲口和她说了，她才答应李雪平的婚事。"

"好吧！今晚我就和你去。"

那天晚上，风高月黑，顾宝玉和徐静华一同前往马坊村。山泾村到马坊村有三里多路，路又不好走，他俩拎了一盏四面用玻璃做的，中间放上用墨水瓶做的火油灯的四角灯，小心翼翼摸黑前往。

他们走了近一个小时来到蔡金花家，蔡金花见了很是感动，对顾宝玉说："我是嘴上说说的呀，没想到你这位书记兼厂长真的亲自到我家里来了，真过意不去。"蔡金花的父母也是感动万分，赶忙往缸饔里掏南瓜子，要以最高的规格——炒瓜子来招待客人，徐静华想拦都拦不住。

在蔡金花家里，顾宝玉一边嗑着香脆的瓜子，一边向蔡金花一家人郑重表态："山泾村的工业企业在不断发展，金花如能确定嫁给我村李雪平的话，我顾宝玉以人格担保，一定能进厂做工。"蔡金花的父母听了笑逐颜开，说："顾书记，没问题的，金花一定嫁过来，嫁给李雪平。"

事情有了圆满结果，可以径直回村向李雪平报喜了。顾宝玉和徐静华就高高兴兴地告别离去。这晚，天黑得两手不见五指，回来的路上，四角灯抵挡不住越刮越猛的西北风，几次被吹灭，后来干脆不去点了，两人摸黑前行。走在渠道上，顾宝玉两次跌倒在深深的渠道里，浑身都是泥水，弄得狼狈不堪。但是解决了一个大龄青年的终生大事，顾宝玉的心里还是非常愉悦的。

还有一次是春节刚过，天下起了雪，开始是稀疏的，后来越来越大，越来越密。一会儿工夫漫天皆白，万物尽被白色掩盖，就连那细细的树枝和窄窄的竹叶上也裹上了白雪。这天下午，顾宝玉刚忙完一项工作，村里的小张来到他的办公室，说："顾书记，我的一个女朋友原来和我好好的，不知为什么突然变卦了，你能否帮我去说说情？"

顾宝玉是了解小张的，家里十分穷困，先前有人帮他介绍对象都没成功，为此，顾宝玉曾专门召集有关人士进行研究，要为他解决对象。前几天妇女主任徐静华和他说，小张已有对象了，是紫霞村的李明，这个李明是个共青团员，能歌善舞，参加过文娱宣传队，白茆山歌唱得顶呱呱。顾宝玉听了非常高兴，说，"看来我们可以吃他的喜糖了"。未想到，没过一周，这个李明却变卦了。

"为什么对方要改变初衷，这是怎么回事呀？"

小张沉着脸说："我也不知道，她只是让人传话说，不和我谈了。"

"你不要着急，我和徐静华主任马上去找小李，听听她的想法。你放心好了。"顾宝玉说。

顾宝玉叫来了徐静华，两人立即动身。天还在下着鹅毛大雪，纷纷扬扬满天飘舞，行走在路上看不清路与沟，走了约两个小时才走到白茆公社四大队（紫霞村）。李明父亲李桂生见大名鼎鼎的白茆纱厂厂长顾宝玉冒着大雪亲自登门，十分激动，赶忙让他的爱人烧茶水。这时候李明不在家，顾宝玉对李桂生夫妇说："你们不要忙了，我们主要是为你女儿的事来的，坐一会儿就走。前些时候你女儿和我村小张不是谈得好好的，怎么现在有变化了？"

李桂生说："现在的年轻人，就是想法多……"

"究竟是什么原因呢？"徐静华说。

"其实也没什么大的原因。前天有人来对我女儿说，小张家里穷，现在还是平房，听说有不少债务，所以她有想法了，说嫁到小张家后要帮着还债，日子过不好的。我们对她说了，你这样反悔不好，可她就是不听呀！"

顾宝玉："噢，原来是这么回事，我还想是有什么大的事情呢？"

这时候，李明回来了，见了顾宝玉他们，显得有些不安和尴尬。顾宝玉好像早就认识似的，热情地说："李明，我知道你是一个上进青年，多才多艺，还是个活跃分子，我们村里需要你这样的人才。我也是个山歌手呀，哈哈，到时候我们一起唱山歌，比一比歌喉……"

顾宝玉一番话，马上将尴尬、紧张的气氛缓和了下来。

李明笑着说："顾厂长，你过奖了，我怎么能和你比，你是常熟有名的山歌王，是我们年轻人崇拜的偶像呀！"

顾宝玉说："不，不，后生可畏呀！小李，今天我们来，主要是为了你和我们村小张的事来的。刚才你父亲和我们说了，我觉得那些都是小事。小张目前家里确实有一点债务，那是他父亲前些时候养猪，由于市场的原因受到了一点损失。其实那算不了什么，现在猪的市场行情好多了，小张父亲可能今年就会打翻身仗。另外，小张在厂当了工人，有固定的经济收入，父子俩要不了多时就会把债还清的。至于房子嘛，我们山泾村是市里确定的农村现代化示范村，目前正在搞规划，要不了多时，全村的房屋要集中起来，统一规划，私建公助，家家户户住洋楼别墅了。至于个别村民有困难的，村里会适当资助，我们决不让一户家庭、一个村民落伍。其实呀找对象，我认为主要看对方的人品、才能，这是最重要的，我们村的小张我是看他长大的，虽然家里困难了一点，但人绝对诚实厚道，也很能干。"

李明说："是的，关键是人。顾书记、顾厂长，你说得太对了。特别听了你介绍村里的发展情况，确实深受鼓舞，看来我们的顾虑和担心是多余的。"

锣鼓听音，说话听声。李明与小张之间原来有些误会，她现在已答应婚事了。顾宝玉朝徐静华看看，徐静华会意地笑笑。

顾宝玉说："好呀，我们心中有数。说完，准备离去。可李桂生夫妇说什么也不让顾宝玉他俩走，说这么一个大雪天，你们专程而来，必须吃了便饭再走，否则就是看不起我们了。"没办法，顾宝玉和徐静华留下来吃中饭。不一会儿，毛豆子炖蛋，香菇炒青菜、雪菜冬瓜汤等搬上桌，顾宝玉连呼"太客气了！"

吃罢饭，顾宝玉离开李家时，李桂生握住了顾宝玉的手说："顾书记，你对小张说，李明的事就这么定了，不会再有什么变化了，叫他放心。"

"好，好！"顾宝玉高兴地说。

这时候，雪停天晴，天空湛蓝湛蓝的，空气特别新鲜。走在路上，顾宝玉感觉有些寒冷，但心里却是热乎乎的。他觉得，人的一生，婚姻是终身大事，有话说，"当官不为民做主，不如回家卖红薯"。自己是一个农村干部、共产党员，老百姓有困难，我们应该有责任给予帮助解决。

顾宝玉说，"在改革开放前的漫长岁月里，农村与城市的差距越拉越大，主要是户口的等级制所致，造就了农民低人一等。如果你是有城市居民户口的青年，哪怕你是残疾或者再贫穷，也能找上对象。在计划经济的年代，农村物质贫乏，不少生活必须品，居民有，农民却没有。农民出门，用大米换粮票的权利都没有，要审批的。我曾几次到城市去办事，都要自带大米，否则到饭店吃不到饭。农村各种物资没有分配，只能自立，而且有些干部官僚主义瞎指挥，造成对社会极大的损失，妨碍了社会的发展。一个地方的农村领导，应该树立为农民服务的思想，在其位、谋其政，与时俱进，尽职尽责。虽然一些困难户是自然形成的，但我们的干部也有一定的责任，应该为他们解决实际困难，特别是人生一世的婚姻大事。每个人，每个干部，都应将心比心。由于历史的种种原因，我们周围的几个村，有不少像我们一样年龄的人成为光棍，他们在年轻力壮的时候，房子破旧，经济贫穷，一辈子没有对象，没有结婚。现在已年老，成为孤家寡人。这些现象，我都历历在目，这完全是我们农村的悲哀。如果我们的干部能解决好他们的小家，也就做好了社会的大家，才能建设和安定好我们的国家。"

# 41．理解万岁

一个人活在世上就要与人交往，特别是经常办事的人，与人交往的概率更多，交往中有顺畅，也有磕磕碰碰的，重要的是相互理解，善解人意，不能求全责备。生活中经常会发生许多令人们无法解释的事情，那就更需要加深理解，不必过多要求别人理解自己，只要自己能够多多理解别人就万岁了。予人方便，就是待己仁厚。人心是相互的，你让别人一步，别人才会敬你一尺。人心如路，越计较越狭窄；越宽容越宽阔。宽容，貌似是让别人，实际是给自己的心开拓道路。

以阶级斗争为纲的年代里，只要家庭出身好，就有可能被培养当干部。在这批人中，不少人没有文化，工作能力很低，在最基层的生产队，瞎指挥者为数不少，村民敢怒不敢言，却以消极怠工对抗。有句顺口溜描写大轰隆干活、消极怠工的情景——

出工像蚂蟥，

干活像站岗，

累了蹲茅房，

收工像黄狼。

一本账上记分，

一杆秤上分粮！

一块地里干活，

一年到头空空。

20世纪70年代中期，顾宝玉正在努力办纺纱厂，那些艰辛的故事上文已详细介绍，这里不再赘述。那年农历腊月廿四夜，上海两位师傅来到白茆山泾村帮助指导安装纺纱配套设备，上午安装结束后，中午吃了饭后回上海。临走时，一位师傅问顾宝玉这里有没有鲜鱼，他们想买几斤鲜鱼回去。那时候水产品相当紧缺，市场上根本无货，顾宝玉也没有卖鱼的关系户，城市户口过年过节发放鱼券，农民是没有的。那几年，顾宝玉一家人很少有吃鱼的机会。

山泾村顾家湾旁有一条河叫"沈塔泾"，租给渔业大队养囤鱼，渔业大队把其他地方养的鱼存放在沈塔泾里，春节期间供应给城镇居民，城镇居民凭鱼券购鱼。到了年终，渔业大队给第三生产队（顾家湾）每人供应四斤鱼作补偿。

这天是腊月廿四夜，刚好渔业大队在用渔网拖鱼，顾宝玉为了感谓寸上海师傅来指导技术，中午回去和渔业大队大队长万凤生商量，说他自家有三口人，能分到12斤鱼，能否将分他的那部分先提出来，因为上海师傅要乘车回上海了，他要将鱼送给上海师傅。万凤生点头同意，顾宝玉同时也和生产队里的几个队委会人员说明情况，大家都表示理解。

万凤生给顾宝玉挑了4条白鲢鱼，一称，刚好是12斤，不多也不少。临走时，顾宝玉对生产队里的几位在场人员说："如你们把鱼分发给所有社员后，有多余的话，给我一点点就行，让我家里人也尝个鲜。如刚好分光就算了。"

顾宝玉的要求在情理之中，没有人提出异议，一切顺理成章。

顾宝玉把4条白鲢鱼送给两位上海师傅。上海师傅很客气，要付鱼钱。顾宝玉说，"今天刚巧渔业大队在他们生产队捕鱼，是渔业大队分给我家的，怎么能收你们的线呢？"两位师傅见顾厂长执意不收，也就作罢。

两人由顾宝玉相送来到白茆公共汽车站，愉快地登上汽车，再三道谢。顾宝玉向他们挥手告别，心里也很高兴，今天也算是对他们的辛勤付出进行了回报。

从白茆公共汽车站回到厂里后，顾宝玉就去车间干活。傍晚时分，有人来对顾宝玉说，"你们生产队的唐队长下午从白茆上市回来，知道你先拿了4条鱼，马上破口大骂，说你顾宝玉自作主张预先拿鱼，是谁给的权利，难道当了厂长就有特权吗？有人对他说，'宝玉是为了大队办厂，送给上海师傅才预先拿鱼的，他拿的是自己家的名分，不是什么特权呀！'可这唐队长就是不讲理，说：'大队有13个生产队，那厂又不是我生产队办的'。那人对他说：'那我俚生产队的水泵、机器为什么借大队呢？大队也有13个生产队呀！'"唐队长是早上到白茆上市的，直到下午才回家，他是一

感悟篇·无怨无悔

个直性子人，俗称"火炮筒"，心里存不了半点东西。后来听了多数人的话，才知道自己理亏，骂得不对。"火炮筒"把火药放光了，也就哑了，不说话了。

晚上，顾宝玉带着一肚子委屈回家，看到家里的水盆里放有三条小浪基鱼，感觉有些意外。周妙芬告诉他，是妇女队长给的。妇女队长说，顾厂长为了集体办厂，自家放弃不吃，我们不能昧了良心，应该有福大家享。大家都有鱼吃，也要让顾厂长一家尝个鲜，所以她把鱼拿来了。可是顾宝玉心里有气，拿起那三条浪基鱼直奔生产队仓库场，见分鱼的人还在，丢下鱼回头就走。心里想：不吃鱼是无所谓的，只要肚皮吃饱就行。

当时白茆纱厂已经投产，但在前进路上困难重重，设备不配套，技术有难度，资金周转有困难。但他坚信，只要工厂生产正常，就一定会有经济效益。真像电影《列宁在1918》中列宁的卫士瓦西里所说："面包会有的，牛奶会有的，一切都会好起来的……"但是，由于长期受"左"的思想路线严重干扰和束缚，广大农民成天在与土地打交道，根本不知道工厂是啥样子。不少人只图吃饱穿暖，当干部的只要求村民老老实实干活就认为是好社员了，根本不希望你有开拓创新的精神。如果你想这想那，还认为你是想出风头，想当头儿呢！冷嘲热讽，恶意打击，无奇不有。有的热衷于革命稻、革命）、年年搞样板，种双季稻，三熟）。百姓们跟着受苦受难，白天晚上连轴干，从启明星干到黄昏星，然而这些干部不去体恤百姓，还这样说道："秋前做得皮包骨，秋后重生肉"，直是一派胡言。

在初办工厂的那几年里，不少外地师傅前来技术指导，或者帮忙干活儿，到吃饭的时候，顾宝玉就把他们领回家。山泾村离白茆镇很远，而且镇上农副产品集市交易只有早上短暂时间，其余时间都是空荡荡的。因此，顾宝玉家里用来招待客人的菜肴就只能自力更生解决了。自留田里的蔬菜供应是不成问题的，可是老是蔬菜也不行呀！人家是前来帮助、支援的客人，总要端上一点荤菜给客人。于是顾宝玉爱人周妙芬就动起脑筋养鸡养鸭，用家禽生出来的鸡蛋鸭蛋来招待客人。

那年，周妙芬除了在家里养几只鸡外，还养了6只鸭子。她在厂里十分忙碌，既上班干活，还帮助顾宝玉管理工厂。顾宝玉家离工厂不远，五百来米，走十多分钟即到。周妙芬聪明贤惠，勤劳能干，经常在下班路上去河边摸螺蛳，鸭子吃了周妙芬的螺蛳长皮又长肉，天天生蛋，每天6个鸭蛋，周妙芬平时用来招待客人，有剩余的鸭蛋就自己加工做皮蛋、咸鸭蛋，丰富了桌上的菜肴。

周妙芬养的鸭子可乖哩！只要周妙芬站在家口一呼："溜溜溜溜……"这些鸭子便摇着尾巴飞快地跑到她身边。真所谓是一呼百应，乖巧顺从。难怪有人当上了"鸭司令"就威风十足，只要嘴里吹起口哨，或者扬起手中的竹竿，那些数不清的鸭子就摇头摆尾乖乖地蜂拥而来，嘴里还欢快地唱着歌呢！

可是有一天，周妙芬下班后回到家，站在老地方再三呼鸭子："溜溜溜溜……溜溜溜溜……"乖巧顺从的鸭子就是不出现。周妙芬心中纳闷儿，走到田头寻找，猛然发现一只只可爱的鸭子僵直地躺在那里，永远地闭上了眼睛，再也听不到它们的叫唤声了。原来，有人在他们家的自留地边下了毒，生怕鸭子吃坏他家的庄稼，不知情的鸭子吃了撒在地上浸透农药的谷子，结果都一命乌呼了，6只鲜活、可爱的鸭子全部归天。

这么不打招呼就在邻家地边撒毒，太缺德了吧！周妙芬号啕大哭起来，这断了她的"蛋"路，况且她和这些鸭子已结下了深厚的情谊。

天黑后顾宝玉回到家，周妙芬还在哭泣。顾宝玉问清事由后安慰爱人说："算了，鸭子已死了，明年可以再养。也不能全怪人家，人家也不是有意针对我家的，其他人家也有鸭子死的。"顾宝玉嘴上这么说，心里也在嘀咕：要是邻居家事前提醒一下就好了，或者叫人家把鸭子关起来，这样既不会伤害他们的庄稼，也不会毒死鸭子，不是两全其美，岂不更好？

上述这两件事，40年后的今天顾宝玉还历历在目。它的起因是农村贫穷，如果经济富裕到一定程度，上海师傅不会让顾宝玉买鱼，顾宝玉也不去生产队预提鲜鱼，唐队长也不说那么过头的话。如果经济富裕了，周妙芬也不会为了几只鸭子号啕大哭。同时这两件事也告诉我们，改变落后的农村面貌不容易，发展乡镇工业的道路是艰苦的，需要有人舍得放弃个人利益。另外，在处理问题上，要换位思考，要理解、谅解对方。如果那位毒死鸭子的人，多想想顾宝玉为山泾村做的贡献，多想想周妙芬招待客人为的是谁，少计较一点个人得失，或者善意地提醒周妙芬看管好鸭子，就不会出现那种伤人心的事了。真是进一步悬崖绝壁，退一步海阔天空。

回想起这些往事时，顾宝玉觉得自己在鲜鱼这件事上不够冷静，有失持重。唐队长已对他的错话有所悔悟了，可他还把"补偿"给他家的三条浪基鱼忿然丢在仓库场上，显得缺少应有的涵养。理想的是，应该去和唐队长沟通，说明为何预提的原因，进一步取得他的理解。这在事实上给了唐队长一个赔不是的机会，两人就会和好如初。可自己没有这样做，却在本来已快熄灭的火焰上浇了油，这样就可能使火焰再度燃烧。

顾宝玉说："在几十年的工作、生活经历中，我深深体会到，要妥善地处理人和事，应当坚持如下原则：坚持心胸豁达、心理平衡的原则。对人或事的不理解，往往缘于自己的心理不平衡，若心如止水、心理平衡，就不会有无法理解的事情，更不会有无法理解的人。只要把心放宽，豁达大度，才会发现一切暂时不能理解的问题都不成问题。心胸宽阔才能做到具体问题具体分析，找到解决办法。坚持心地善良、心底无私的原则。所！谓不理解的东西，往往都是与自己的切身利益相关的人或事，若能抛开私心杂念，跳出三界外，站在旁观者的立场上，对许多人或事就能理解得更加透彻。某些人在许多场合说话是言不由衷的，对那些善意的谎言要给予充分的理解。坚持心情愉快、心平气和的原则。因为情绪影响思维，冲动是魔鬼，若在怒发冲冠时往往会做出不理智的行为，更无法理解任何人或事。只有当心情愉快时，做到心平气和，才有可能理解准确并判断清楚身边接触的所有人或遇到的各种事情。坚持心到佛知、心安理得的原则。许多时候遇到的许多人或所做出的许多事情，即便你理解对方了也未必能得到对方的理解或认同，这就需要自己在理解的基础上更加理解，只要自己是真诚友好的，就不必挑剔对方的态度或行为，要相信自己的一片好心总会得到对方的理解，哪怕是对方暂时没有理解，只要自己做到了，也就心安理得了。所以我由衷地说，理解万岁！"

# 42. 重在教育

每个人大多经历过三任老师的教育。第一任老师是爸爸妈妈，即家庭教育，它是人生的第一所学校。孩子出生后从小到大，几乎三分之二的时间生活在家庭中，朝朝暮暮都在接受着父母的教育，这对一个人的生活习惯、道德品行、谈吐举止等都会起到影响和示范作用。这种终身性的教育往往反映了一个家庭的家风，家风的好坏往往要延续几代人。第二任老师是学校的老师，即学校教育。有人说，教师的力量可以很小，小到对孩子一生产生不了任何影响，但教师的力量也可以很大，大到孩子在探索世界的过程中教师是他们的引路人，在最关键的时候依靠教师的一臂之力改变人生。1996年，国际21世纪教育委员会向联合国教科文组织曾提交了一份名为《教育——财富蕴藏其中》报告，其中核心的思想是，学校教育应使受教育者"学会认知""学会做事""学会共同生活"和"学会生存"。这一思想很快被全球各国所认可，并被称为学校教育的四大支柱。学校教育不仅教你掌握文化科学知识，还教你懂得如何做人。第三任老师是社会大学校，即社会教育。社会教育通常认为由文化馆、图书馆、博物馆、纪念馆等社会教育机构来完成，其实不然，真正的社会教育是所在单位的教育和社会风气、周边环境对一个人的影响，良好的社会风气和周围环境，会促使一个人健康成长。

孟子的父亲早逝，母亲带着小小年纪的孟子过着清贫的生活，母子俩住在城外一个墓地旁的破房子里。孟子经常看见有人出殡，便学人家哭丧。母亲一看这样下去对孟子的成长十分不利，于是赶快搬家！把家搬到远离墓地的集市上。幼小的孟子便天天模仿人家剁肉，学人家讨价还价。孟母一咬牙又搬家，搬到了一所学堂旁。这下孟子的言行变得像学生一样彬彬有礼，孟母终于达到了搬家的目的。这就是家喻户晓的"孟母三迁"的故事。可以说，如果没有孟母的三次搬家，我们今天就看不到彪炳史册的"亚圣"了。所以说环境造就人。"在南为桔，在北为枳。"一个人处在什么样的环境中，他就会潜移默化变成一个什么样的人。

顾宝玉说，"解放初期，我们国家缺少教育，国民的文化素质很低，要想快速发展经济，改变贫穷落后面貌显得捉襟见肘。现在不同了，国家实施科教兴国战略，把科技和教育放在经济社会发展的重要位置。在普及初中、高中和建设重点大学的同时，进一步扩大教育规模，构建现代国民教育体系和终身教育体系。统筹城乡教育，把农村教育摆在重中之重的位置。如今，农民的孩子也进了大学，走出国门都能讲几句英语，不少人还

老三届插队知青于1989年在深业针织有限公司合影

是研究生，博士生，整个国民素质起了前所未有的变化。所以说，我们的国家有希望，民族有希望，实现中华民族伟大复兴的中国梦指日可待。回想起改革开放前，我们农村特别贫困，吃的粮食和穿的衣服都成重大问题，很少有人能进学校读书，因而农村的人不管走到哪里，一眼就能看出是乡下人，不仅皮肤黝黑、衣服褴褛，而且举止谈吐粗俗。改革开放后，市场放开了，允许农民兴办工业企业，能用科学的方法种田，一时间我们农村看到了希望，农民也能挣钱了。但是由于农民观念落后，思想淳朴，文化水准低，见识浅薄，容易上当受骗，这在很大程度上影响了乡村企业的发展。有句话叫作'乡乖不及市呆'，意思是说，乡下再聪明的人，也不如城市的呆子。"

顾宝玉说这些话是有所指的。

1987年，白茆纱厂利用棉纺设备进行改造，成功纺制毛纺的腈纶开司米。其时处于计划经济时代，全国只有大庆石化总厂和上海金山石化总厂才有腈纶膨体原料，是国家计划分配物资。由于市场上紧缺同类产品，9纶开司米826细毛线能用手工编织羊毛衫，也能用针织手摇横机织成羊毛衫，加上腈纶原料色彩又鲜艳，人们穿着后舒适漂亮，庆丰呢绒厂是用金山石化腈纶厂的废腈纶丝和国有毛纺厂的回花腈纶原料纺制成826腈纶开司米的，价格比市场同类产品便宜，所以腈纶开司米受到市场追捧，生产的全毛和混纺麦尔登呢、粗花呢等产品占领了上海市场，企业生意蒸蒸日上。

一天，庆丰呢绒厂负责销售的陆科长在上海碰到一位湖北武汉魏姓的客户，这个老魏口气很大，一下订购 20 吨腈纶开司米，要求陆科长在一个月内全部供货。这人特地到庆丰呢绒厂签订购货合同，和陆科长商定价格：染色的 826 腈纶开司米，每吨包括运费在内 21000 元。这一价格略高于市场价，顾宝玉表示同意。老魏知道庆丰呢绒厂有 2 吨载重量的卡车，他每次让陆科长发运 2 吨腈纶开司米，合计 10 次运完。在货款结算方法上，采取老魏先付 1 吨腈纶开司米的货款，庆丰呢绒厂用卡车把 2 吨腈纶开司米运到武汉指定地点，待老魏验收合格后付 2 吨货的货款。粗看起来老魏是每次预付 1 吨货的货款，但从庆丰呢绒厂的角度看，在企业运送货物时，是老魏欠下 1 吨腈纶开司米的货款。

顾宝玉看到这个姓魏的的客户举止不雅，动机不良，对陆科长说，"我看这张合同不能执行，不要签字"。

陆科长说："合同写明白是这样的结算方法，为什么要怀疑人家呢？"

顾宝玉说："你听说过吗？社会上流传这样的俗话：'天上九头鸟，地下湖北佬'，当然不可这样一概而论，但它也告诫我们多加注意，万事小心谨慎为妙。"顾宝玉觉得这个老魏不可靠，不同意完成这份合同。

"有问题，我负责。"倔强的陆科长坚持他的观点。

顾宝玉想，如果出了问题，你陆科长怎么个负责法？我们工资一年也差不多 2000 多元，1 吨的货款相等于你 10 年的工资。我们是集体企业，要为集体负责，要尽量减少不必要的损失。顾宝玉再去开导他，陆科长还是坚持他的意见。为了不伤害这位部下的积极性，顾宝玉犹豫了一下，勉强同意了。

两天后，按照老魏指定的颜色，庆丰呢绒厂将这批腈纶开司米染好色，装上汽车直运湖北武汉。顾宝玉担心出事，派了两个司机出车，又办理了一份 1 吨腈纶开司米货款的汇票，吩咐陆科长乘火车前往，等到卡车将货送达，把卡车停在停车场，要看到了老魏的汇票才能卸车，千万不能马虎。如果这个老魏没有汇票，你就将手中的 1 吨货款的汇票交给他，把车上的货全部拉回来，这样双方互不欠账，只是浪费了一点汽油和人工是无所谓的。如果老魏给你2吨腈纶开司米货款的汇票，你也将这份1吨腈纶开司米货款的汇票给他，这样就两清了，不和他做交易了。陆科长点点头走了。

第二天中午，陆科长打来电话，说货车已到武汉。顾宝玉问："你拿到汇款单了没有？有没有把车停在停车场上？"

陆科长在电话那头说："汽车停在老魏公司的仓库里，现在已经在卸货，没问题的。老魏说，他下午就去办理汇款手续。"

"陆科长，你怎么不听我的话呢？你这样做是要出事的。你把车停在停车场上，货在你的手中，就有主动权。你现在把车停在老魏的仓库里，而且已经卸货了，主动权就不在你的手里了，只能任人宰割了，你等着吃好果子吧！"顾宝玉脸气得发青，差点儿将电话机的话筒也摔了。

"不会，不会的，顾厂长你放心，我们说得好好的。"陆科长安慰顾厂长。

顾宝玉忐忑不安地等待消息。等到傍晚，陆科长打来电话说，老魏说公司账上一时没钱，款过几天再办。顾宝玉说："陆科长呀，你不听我的话，现在恐怕已经出问题了。你现在唯一的办法，是死死地盯住他，催促他把钱汇出……"

"好，好……"

两天后，陆科长打来电话，拉着哭腔说："顾厂长，这个老魏好坏，是个坏蛋，说我们的产品质量有问题，不能给我们付款。"

"你现在知道他是坏蛋，已经晚了。小陆呀，我如何说你才好呢？既然他说货的质量有问题，那你让他把货退回给我们……"

"现在，人也找不到呀…！"

第二天，顾宝玉急派两人前往武汉处理此事，其中一人是外请的律师。两人到达武汉后，首先到仓库看货。可仓库里已经空空如也，2吨腈纶开司米不知去向。他们和陆科长一起去找人，却是手机关机，人影也找不到。去工商行政管理部门去询问老魏的公司，回答说早在一年前就注销了。这个老魏的名字也是假名，是一次有预谋的诈骗事件。这样来回折腾了几次，浪费了时间又损失了货物。

陆科长回到厂里后，呆呆地站在顾宝玉面前，说不出半句话来。

在20世纪80年代，21000元钱不是个小数目，你陆科长如何担当呢？

就算去拆你家的老屋，也不值几个钱呀！顾宝玉想，自己在这件事上也有责任，一是发现了问题端倪却未能及时下决心制止，看着它一步步走向错误的深渊的。二是用人不当，陆科长无知而又任性，是不适合担任销售科长的。企业为了鼓励销售员积极性，规定销售员推销产品有少量的提成，他无非是为了那点小小的资金，坚持不放弃这个"大客户"，而因小失大的。以后，顾宝玉经常宣传这件被骗事件，让全厂职工尤其是供销员记住这一深刻教训。

顾宝玉说，当乡镇企业轰轰烈烈办起来以后，社会上一些招摇撞骗的人，借物资紧缺而乡镇企业又急需要的心态，不择手段地诈骗钱财。我们的传统老话讲得非常正确："害人之心不可有，防人之心不可无。"

他还举了一个例子：有一年，企业在生产上缺少100吨涤纶长丝，业务员小明经人介绍，说吴江王江泾丝绸市场有货，每吨涤纶长丝25000元，讲好可购买2吨。应该说，这个价格适中，是可以成交的。

这天，小明带了企业财务给的华东三省一市汇票，兴致勃勃地驾了一辆汽车前往吴江提货。临走时，顾宝玉对他说，一定要看好货，把货装上车以后，再在汇票上填写真实数字，才可以把汇票给他们。小明点点头，说知道了。

下班时分，小明回来时，顾宝玉见小明的汽车里没有货物，问："货怎么没有提到呀？"

"今天他们没有货了，要到明天才有。"小明说。

"那汇票呢？"顾宝玉担心小明将汇票出手。

"我给了他们，他们说明天把货送来。"

"你怎么能轻易地将汇票给他们呢？"

"他们说，我不给汇票，就是我没有诚意。所以我在汇票上填了2吨涤纶长丝的货款5万元的数字后，将汇票给了他们，这难道有错吗？"

"你错了，被人家骗了！不信你看吧，他们会将2吨涤纶长丝送过来？"

当晚，顾宝玉就叫人和小明一起去吴江王江泾丝绸市场，寻找小明与之联系的那个门市部。此时门市部已经打烊，只能在第二天又去。去后到那个门市部找人，可当事人没了，问门市部的其他人，都说不知道有此事。后来又去吴江找了几次，找遍整个丝绸市场都没有找到人。

5万元钱，就这样白白地送给了人家，让顾宝玉欲哭无泪。这可是5万元，企业要花多少精力，生产多少产品才能赚得回来。那是集体的钱，是职工们的汗水钱呀！

以上两件事，与其说陆科长和业务员小明是老实、淳朴，还不如说是他们不高的综合素质所致。他们文化低，视野窄，经验少。他们在接受"三任老师"的教育过程中，其中有一任或者二任老师的教育还不合格，至少是没有取得好成绩。两人的法制观念薄弱，经营基本知识欠缺，工作责任感不强。他们的思想意识中可能存在着吃大锅饭思想，不知道创办企业的艰难，自己也根本没有奋斗目标。他们没有足够的社会实践，缺少社会经验。体验社会生活，进行社会实践，属于社会教育这一范畴，应当说，他们社会教育这门功课没有毕业。

顾宝玉说，"由此可以看出教育的重要性。教育应该是一个国家的百年大计，是培养人才和增强民族创新能力的基础，它关系到国家、民族发展的根本。今天的教育，就是明天的科技，后天的经济。如今，我国国民受教育程度偏低，教育失衡现象严重，城乡之间、东西部之间差距很大。我觉得特别是要发展职业教育和各种技能培训。我国不但需要一大批科学家、工程师，而且需要大量的高技能人才和数以亿计的高素质劳动者。没有一支高素质的劳动大军，再先进的科学技术和机器设备也很难转化为现实生产力。没有高素质的专业经营管理人才，有了再先进的产品也是白搭，企业还照样会亏本、会倒闭。因此，必须进一步完善国民教育体系，合理配置教育资源，实行教育合理分流。这样，才能最大程度地满足社会成员多样化的求学愿望，才能适应经济社会发展对多层次人才和劳动力的需求，也才能有利于构建和谐社会。"

# 43．诚信是金

孔子说："人而无信，不知其可。"人若不讲信用，在社会上就无立足之地，什么事情也做不成。诚信是中华民族的传统美德，没有诚信的人是难以让人接受的，诚信就如同一盏生活中的明灯指引我们前行的路。诚信是一种美德，是一种修养，是人人必备的根本品质。

客户给生产厂家下发要货单，俗称"落订单""下单"落订单或者下单，其实是一种双方合约，一种双方签订的生产销售合同，其中包括数量、质量、价格、交货期等。在经济活动中，生产厂家希望订单源源不断，这样就能够有计划地安排生产，不会造成企业开开停停，三天打鱼，两天晒网。在市场经济中，企业要在激烈的竞争中生存、发展，就必须不断开发新产品推向市场，或者是客户的来样要求组织生产，与客户共同开发产品。这要求企业与客户双方相互配合，只有配合得好，才能做到双方有益。

改革开放后，乡镇工业发展到一定规模，便外向发展，承接外贸产品的生产任务。这时候，便出现了专做中介生意的"业务经理"。这些"业务经理"都是经过正规学校的学习，毕业后分配在国家外派机构工作，或者在各级政府的外贸机构工作服务，换句话说，是国家培养了他们，使他们走上国际化的业务道路。按理说，此时我们国家的国门刚打开，这些人大有用武之地，是他们大显身手为国家效力的最佳时机。可是这些人的头脑过于活络，忘了一个人做人的根本，动起了小脑筋，专做挖社会主义墙脚的勾当。他们以自己掌握的业务知识和在工作认识的国外客户为本钱而跳槽下海，用不正当的手段坑害生产企业，满足自己的私欲，导致不少国有、集体企业关门打烊。这些人损害了国家、集体利益，肥了自己，使不少企业处于艰难之中。

20世纪90年代中期，有个姓王的"业务经理"，不知从哪里得到消息，合资常熟深业针织有限公司引进德国的先进针织经编机，并且知道这里开发了许多带毛圈的毛巾系列的床上用品。他身边有国外客户的订单，那天，王先生来到合资常熟深业针织有限公司，说有国外客户需要你们的床上用品，叫公司先打小样。顾宝玉他们当然给予全力支持。样品做出来后，得到了客户的认可。这一单子先后总共做了21只色样和十几只大样，为了争取客户，也为国家创外汇，对于打样的费用，合资常熟深业针织有限公司分文未收。按例说，每只样收费起码400元，21只色样和十几只大样的打样费用12000元左右。可是顾宝玉考虑到这个王先生是周围地区都认识的业务经理，一心希望他"落订单"能落到常熟深业针织公司，所以关照下属，不要收取他的打样费，给予全力配合。

可是事与愿违，小样打出去后，顾宝玉他们今天盼、明天盼，结果一张订单都没有"落"到常熟深业针织公司，这让他们非常纳闷，也非常气愤。时隔三个月后，王先生突然来到常熟深业针织公司，与生产部经理商谈，要求帮助他做3张订单的产品。此时的常熟深业针织公司生产业务非常忙碌，王先生的产品实在不便安排，生产部经理只能回绝。

王先生见生产部不能安排，就去找顾宝玉，对顾宝玉说："顾厂长，我实在有难事了，请求你们一定要帮忙，如果我完不成这3张单子，对方要索赔货款的。"

顾宝玉说："知道了，我们吃了饭再说。"其实，顾宝玉已经了解了他，为什么他在这里打了那么多样品，一张订单都没落下来？他把订单都落在其他几个小厂去了。由于把价格压得很低，这些小厂无法做出来，要做就是做亏本生意。愿意做的，质量也不理想，所以他又来找常熟深业针织公司了。天下哪有这样的捷径可走，人聪明过头了就是愚蠢，没有诚信的人只能失去朋友。

王先生在常熟深业针织公司吃过中饭后，心想顾厂长会和他坐下来商谈业务单子的事，不料顾宝玉板着脸对他说："王先生，你可以走了。"

"不，我想再坐一会儿，和你……"

未等王先生把话说完，顾宝玉又下了逐客令："中饭请你吃了，我们之间的事就此结束了。你没有我们，生意做得不错；我们没有你，企业也照样生存发展下去。你这些单子我们为什么不做，一是我们近来任务实在太忙，二来你心中也是有数的，做生意应有点生意道德，讲求一点信用，不能这样唯利是图。请走吧！"王先生知道没戏了，一脸尴尬夹着尾巴灰溜溜地走了。

顾宝玉说，这些人自私自利，思想狭隘，专贪小便宜，国家培养了他们，花了那么多本钱，他们却只顾自己赚钱，不顾别人死活，把价格降得你难以承受。他们自以为给企业"落订单"是他们的本事，企业是靠他们来养活的，他们挣钱是应该的。按照他们的做法，不就是在叫企业关门吗？做生意应该恪守经营道德，守住法律底线和道德底线，不能利欲熏心，见利忘义！最起码的道理是双赢，企业与经营者才能保持良好的合作关系。市场经济激发了人的欲望，使人的积极性充分得以展示，这就需要法治的规范和引导。所谓的道德底线就是诚信经营。印度"国家的父亲"甘地曾说，没有原则的政治，没有牺牲的崇拜，没有人性的科学，没有道德的商业，没有是非的知识，没有良知的快乐，没有劳动的富裕7种事，可以毁灭人类。像王先生那样，就是没有道德的商业。遏止没有道德的商业行为，是全社会的共同责任。

还有一件事，也让顾宝玉非常气愤——

时在企业改制以后，有一个算账精明的钱姓客户，来到常熟神花针织有限公司谈生意。在商量产品价格时，钱先生问得很仔细，问每台机器每天多少产量，看车人每天的工资，用电多少，损耗多少，染色费多少，缝制人工费多少……常熟神花针织有限公司的业务人员如实告诉他，然后正常报价。可这个钱先生一揣摩，说："扣除原料费、电费、设备折旧、工资成本、税金，你们报的价太高了，赚得也太多了，可以大大降下来。"

顾宝玉在旁听得实在不耐烦了，向钱先生解释："你不能每天按24小时开足设备计算，你这算账的方法是'地主老财与阿凡提'的算账。你要知道，机器不是一年到头365天每天24小时都运转的，一年到头不可能天天开足。如果说天天有订单，还有国家规定的休息日，还有机器坏了要维修要保养。你要的是成品，可我们在生产中还有许多次品布。按你这样精明算账，认为我们赚得很多，还不如你自己去买几台机器，自己开个厂不就行了吗？"

钱先生一时语塞，说不出话来，只是说："我呀，也是随便算算。"

顾宝玉又说："我希望你能理解工厂，理解办实业的困难。要换位思考，与企业一起算账，合作互助开发才能共赢。我们的报价，绝不会信口开河，不是你来就给你高价，别人来就给低价。你可以货比三家，价比三家的。"

"对不起老总，我接受你批评，我的算账是只算了单方面，没有全面考虑。"

其实，这位钱先生已经到多家企业看产品、问价格，然后来到常熟神花针织有限公司。他也知道常熟神花针织有限公司生产的产品质量可靠，至于价格嘛，能降就降，降下来的都他的呀！后来钱先生和他们谈得很好，做成了一笔出口的订单，国外客户非常满意。以后订单不断，获得了双赢的结局。

不少人认为，诚信只是道德方面的问题，可是在市场经济社会，道德和利益往往是相邻而居的。不管是一个人还是一个企业，重视道德，讲究诚信，往往可以在经济上得到丰厚的收益；反之，不但会在道德上遭至谴责，受到法律的严惩，更难以在经济上获得长久的利益。

2003年，常熟神花针织有限公司接到日本洋华堂公司一张10万条印花毛巾被的订单，产品质量要求特别高，要求质地结构严密不松垮，对折平整误差不超过3厘米，而且每件产品全部检验。为了取得客户信任，顾宝玉调整原料，改用高质量的涤纶丝，另外改进工艺，终于达到了客户的要求标准。后来，由于常熟神花针织有限公司提供的产品质量稳定，一直保持在较高的水平上，日本洋华堂公司给了常熟神花针织有限公司免检的特殊待遇。12个年头过去了，日本洋华堂公司给常熟神花针织有限公司的业务单子持续不断。

2010年3月的一天，美国希路德公司（SNT）向常熟神花针织有限公司下达了一张300万条厨房印花餐垫的订单，要求在三个月内完成。这是常熟神花针织有限公司客户自开发该产品后接到的数量最大的一张订单，一个月必须平均完成100万条，难度十分大。

这一产品看起来简单，但里面有一层薄薄的海绵，生产工艺复杂。顾宝玉马上组织生产技术人员研究攻关，一方面科学调度生产，腾出设备，抽调人员组织生产，另外从无锡买来了火焰复合机和胶水复合机两台专用设备，保证了产品质量。由于该产品蓬松、体积大，顾宝玉还专门安排了两辆卡车负责运输，保证了这一300万条厨房印花餐垫订单的如期履单。对此，美国希路德公司上海代表处的代表十分满意，马上又给常熟神花针织有限公司200万条的订单。

美国希路德公司是美国著名的百货销售商，专供美国各地沃尔玛超市，由于顾宝玉讲求信誉，每批次的产品都是按质按时完成，深得美国希路德公司的信赖。其总裁JE茚茚和总经理DBK曾先后两次来到常熟神花针织有限公司考察，对常熟神花针织有限公司表示感谢。4年多来，美国希路德公司和常熟神花针织有限公司一直保持着密切的业务交往，常熟神花针织有限公司已为该公司生产厨房印花餐垫两千多万条，销售额占全厂近20%。

# 44．谨记嘱咐

出生于白茆山泾村的江育仁，中文百度有较为详细的介绍。他是中国现代中医儿科学术界的著名专家，堪称"儿科泰斗"。他从事中医儿科医疗、教学、科研工作70年。对小儿脾胃病及急性热病等有深刻的研究，尤擅长于小儿麻疹、流行性乙型脑炎、哮喘、疳证、反复呼吸道感染、癫痫等疾病的诊治。他经过大量的临床实践，提出了在现代儿科学术发展史上有重大影响的"脾健不在补贵在运""流行性乙型脑炎从热痰风论治""小儿疳证分疳气、疳积、干疳证治""反复呼吸道感染不在邪多而在正虚"等具有创新意义的学术观点。著有《中医儿科诊疗学》《中医儿科临床手册》，主编了《中医儿科学》《实用中医儿科学》等12部论著和教材，发表学术论文70多篇。曾多次出席中国科学技术协会全国代表大会，受到党和国家领导人的亲切接见。

江育仁又名江俊生，1916年11月20日生于白茆山泾村，早年就读于乡村学校和私塾学堂，并非出身于医学世家。他的父亲江风如，以种田为生，中华人民共和国成立前，家庭生活条件在村里处于中等水平。那么，江俊生是如何学医，走上行医道路的呢？

原来，江俊生在14岁那年患了一场大病，乡医诊断为伤寒症。虽一开始就求医服药，病情却日益加重，家里人曾三次登门邀请当地一个名医出诊求治，而那位名医不知什么原因终未请到。那时，江俊生病势沉重，神志已欠清晰，陷入昏昏沉沉的状态，全家焦虑万分。后来幸而请到支塘镇一位专看伤寒的医生，那位医生没有半点架子，除了精心诊治外，还非常周到地嘱咐江俊生家人如何煎药、服药、护理。不久，江俊生的病情逐渐好转，化险为夷，全家人对那位医生感激不尽。江俊生经过那次大病以后，下定了学医的决心。他的父亲看他天资聪明也同意了，但要求他必须当一个好医生，并再三告诫他，光有看病的本事还称不上好医生，还必须具有与病人痛痒密切相关的"割股之心"才称得上一个良医。江俊生牢记在心，提出今后学医一定要拜为他治好伤寒的那位医生为师。可惜的是，到江俊生学医的那年，他梦寐以求的老师已不幸病逝了，后经亲友介绍，江俊生在 17 岁那年投到了常熟儒医李馨山先生的门下。

李馨山是晚清末科秀才，擅长内、妇、儿科，是常熟名医王似山（两弹元勋王淦昌的父亲）的高足。李师授徒有一套严格的学律，对学生提出三条约法：书本不熟不得临诊，书法不工不准写方，不修礼貌不能出诊。江俊生在李馨山家念药书写字，受到了严格的教育和训导，不久跟着先生去病家看病，为先生写处方，几年后中医知识基础扎实。

江俊生出师后，萌于老师的盛名，就诊者日渐增多，但初入杏林，阅历不深，缺乏实际经验，在诊治变幻多端的小儿科疾病时多次发生医疗纠纷，加之旧社会"同行必妒"，声誉逐渐低落，于是他下决心取得开业招牌，毅然奔赴上海中国医学院再求深造，并追随上海儿科名医徐小圃先生学习儿科专业，改名江育仁。

1938 年，江育仁从上海中国医学院毕业，回到家乡常熟白茆镇再次开业行医。当时，儿科丶、痘、惊、疳等疾病横行，他应用从徐小圃先生学到的临床经验，多次治愈了拖延长久、难以治愈的重病，一时声名鹊起。病家有到他家里看病的，也有请他出诊的。他有请必到，摇了小船带学生一起到病人家看病。

江育仁思想进步，解放初期积极投入社会工作，1950 年参与组织白茆乡第一个联合诊所任主任。1954 年年底，他应招去南京工作，是江苏省中医院和江苏省中医进修学校建设初期的元老之一。1955 年开始，江育仁与南京儿童医院、南京传染病院、原南京医学院附院儿科等协作，开展对小儿麻疹、流行性乙型脑炎、疳证、哮喘、反复呼吸道感染、癫痫等疾病的深入研究，取得了许多突破性成就。写下了《中医儿科诊疗学》《中医儿科学》《实用中医儿科学》《中医儿科诊

江育仁赠予的字幅

疗学》《中医儿科临床手册》等20余部医学巨著和全国高等中医药院校教材。他曾以总结的《591例麻疹肺炎的分型分证及治疗规律的探讨》一文，于1964年参加卫生部在北京召开的麻疹肺炎经验交流座谈会。会议决定以该文为主要参考资料，由江育仁和中医研究院西苑医院王伯岳共同执笔，制订了《中医治疗麻疹合并肺炎临床分型诊治草案》，于1965年在《中医杂志》上公开发表，成为全国各地开展麻疹肺炎防治工作的指导性文件。1990年，江育仁被国务院确定为国家级著名老中医学术继承人导师，1991年被英国剑桥国际传记中心录入《世界名人辞典》。享受国务院颁发的政府特殊津贴。

　　1993年秋，江育仁老先生拖儿带女回到了阔别近40年的家乡。当初风华正茂的年轻人，现已78岁的高龄，鬓发花白，却精神抖擞。他马不停蹄串东家、走西邻，探望老乡亲、老邻居、老朋友，别家乡这么久，物非人非，不禁感慨万千。

　　其时，顾宝玉不仅是常熟市庆丰纺织总厂厂长和合资常熟深业针织有限公司董事长、总经理，而且担任山泾村党支部书记。从1990年开始，他正在规划山泾村的发展，决心尽快改变旧面貌，实现各级政府所提倡的建设成为农村现代化示范村。对于江育仁老先生，顾宝玉懂事后就知道他的名字，但从未没见面。他是1954年去南京的，那时顾宝玉只有9岁，虽然同是山泾村人，可不在一个自然村。其间江老先生的太太曾回到村里探亲，顾宝玉仅和他的太太见过面。他只知道江育仁在南京中医院担任领导工作，是有名的老领导、老教授，未想到他在事业上取得了辉煌的成就，对国家对社会的贡献竟然如此巨大，不禁肃然起敬。

　　在热情洋溢的气氛中，顾宝玉向江育仁夫妇汇报山泾村的发展规划，江育仁听得非常认真，不时地插话，他夸奖顾宝玉做得好、做得对。他知道顾宝玉在村里办起了常熟市第一家村级纺纱厂，又办了其他企业，经过20多年的发展，现在已初具规模，对此非常赞赏，说顾宝玉不但是村里能干的领导者，而且还是一个成功的企业家，所以他把在南京家中特地写的"泽被桑梓"字匾赠送给顾宝玉，以表达对顾宝玉的敬意。

　　顾宝玉自己觉得受之有愧，忙对江老先生说："我只是做了一点点应该做的事，各方面的知识很是贫乏，能力也有限，有时候真的心有余而力不足,就说村里的规划建设,还只是刚刚起步,比起你做的事,我们很惭愧。"

"不不! 不能这么说,我们岗位不同,你很是了不起了,心和村民们贴得这么紧,一心一意为全村百姓做事。我不仅在接触的人中知道这些情况,而且我已经深深地感受到了,你口碑奖碑兼具,不容易呀! 如果我们山泾村多一两个像你这样的人,村里的发展还要快,如果全国乡村中都有你顾宝玉,那么我们国家就会很快迈进小康社会。"

"过奖,过奖! "顾宝玉说,脸也红了起来。

江老先生和他的家人回南京了,可顾宝玉在心中一直牵挂眷恋着他。觉得这位老先生出身农民家庭,祖辈都是农民,却胸有大志,专心致志于事业,锲而不舍地在儿科这一园地里辛勤耕耘,终于培育出参天大树,成为让人仰慕的"儿科泰斗"。他是常熟的骄傲,是山泾村的骄傲。自己虽然做了一些事,但和江老先生是不可比拟的。从江老先生的身上可以得出这样的结论,要成就事业,不仅要有坚忍不拔的毅力,还要有一颗立志报国的赤子之心。

一天,顾宝玉的老朋友、白茆镇党委办公室主任丁建新来到山泾村,顾宝玉请教丁建新: "江老先生送我这幅字匾是什么含义? 我只知道大概意思是服务故乡吧? "

丁建新是高校的文科高材生,他给顾宝玉解释道: "古代,人们喜欢在住宅周围栽植桑树和梓树,后来人们就用'桑梓'代称家乡。'泽'就是恩泽、恩惠。'被'通'披',覆盖的意思。这'泽被桑梓',就是说你的恩惠覆盖了家乡的父老乡亲,让全村村民受益,这是对你工作的高度评价和夸奖。"

顾宝玉说: "喔唷! 江老先生这个字匾意义太大了,他对我过奖了。我做这些事是应该的。因为我们山泾村祖祖辈辈以种田为生,是在水网地区,一年两熟,日子过得非常艰难。当我逐渐长大有些懂事时,就知道年年有灾害,水灾虫灾不断,十年九荒。解放后,在党和政府的领导下,年年兴修水利,开河作渠,建排灌站,防洪闸,虽然水涝灾害在减少,但种田仍然用原始办法耕作,特别是极'左'路线指导下的多次运动,严重阻碍了生产力的提高,影响了农民的社会主义积极性,我们农村的落后面貌一直难以改变。老百姓讲,我们农民农民,真正是弄条命。作为一个上进青年，后来又加入了中国共产党，觉得有责任改变村民们的穷困生活，于是便想办法办工业。自从被村民们推上村党支部书记这一岗位时，我更加明确了前进方向，那就是要把山泾村建成常熟的先进村，让村民们看到社会主义的光明前景，过上文明富裕的幸福生活。江老先生回村探亲时，我们现代化示范村的建设才刚刚开始，还没有取得多大成绩，真是惭愧呀！"

丁建新说："你也太谦虚了，你这些年来的成绩有目共睹，江老先生是对你工作业绩的肯定。另外，也是对你工作充满了期待。山泾村从 196+ 年就偷偷地开始建办村级工业企业，办的是纺织服装系列企业，全村青年农民都到工厂做工挣钱，逐步改变贫穷面貌。所以，出生于山泾村的江老先生，虽然身在南京，却心系着家乡，听到了家乡飞快的发展变化，他也是高兴万分的，他用'泽被桑梓'字篇，来表达了他对家乡变化的赞美，也是给我们这一代人勤奋努力的高度评价。"

丁建新的一番话，说得很到位，让顾宝玉深深地感到，必须加倍努力，以更优异成绩来报答江老先生。

进入 21 世纪后，江育仁虽已高寿，但仍思念着家乡。2001 年年初，他叫女儿特地回到家乡，将他亲手写的一幅题为《互勉》的字匾送给顾宝玉。顾宝玉接过这幅字匾细细阅读，但见字里行间充满了老先生对生活对事业的深刻感悟，是老先生对自己一生的概括和总结，不禁眼泪直流，感慨万千。他是用对自己人生的总结，在勉励自己呀！

这幅匾是这么写的——

互　　　勉

业患不能精，行患不能成。

静以修身，简以明志。

知之为知之，不知为不知，斯为真知。

求知要知难而进，遇险而越。

"严"字当头，"博"字开路。

学贵成潜，知其常才能达其变。

新的科学实践，总是弥补过去的不足。

读书乱不好，但读书杂有好处。

学古人，但不迷信古人。

书赠宝玉世侄惠存

八十五叟　江育仁　于庚辰暑月

　　顾宝玉对江老先生的女儿说，"你回去告诉你父亲，他的《互勉》我收到了，谢谢老先生对后辈的关心和勉励。是呀，学业靠勤奋，德行靠思考、靠一读书。我一定好好学习，细细品味，不忘他的教诲，在新的形势下跟上时代步伐，肩负起社会责任，为建设好家乡贡献力量。"

　　在江老先生特地让女儿给顾宝玉送匾的第二年，也就是 2003 年元月 12 日，江育仁老先生病逝。由于老先生关照丧事从简，没有通知家乡亲朋好友，顾宝玉虽然没有前往南京和老人见最后一面，但他陷入了极其悲痛之中。老先生在世 87 年，他的一生是勤奋好学的一生，艰苦奋斗的一生，敬业育人的一生，为人民为社会服务的一生。他是自己的恩师呀，他的教诲让自己终身受益。

　　现在，江老先生的《互勉》的字匾，高高悬挂在顾宝玉家的大厅里，每天晨练前，顾宝玉总要仰望着镜框中的字句诵读三遍，以表示对江老先生的尊敬和怀念。其中"业患不能精，行患不能成"等警句将伴随其一生。

# 45．相濡以沫

　　西汉有个大才子叫司马相如，早年家境贫困并不得志，父母双亡后寄住在好友县令王吉家里。卓文君是汉代临邛大富豪卓王孙的掌上明珠。17 岁的卓文君美若天仙，更兼善琴，贯通棋画，文采非凡。卓王孙与王吉多有往来。那天司马相如来访，王县令在宴请时邀卓王孙作陪。后来卓王孙为附庸风雅，巴结县令，请司马相如来家做客。席间，免不了作赋奏乐。司马相如得知卓王孙之女文君美貌非凡，更兼文采，于是奏了一首《凤求凰》。卓文君也久慕司马相如之才，躲在帘后偷听，琴中求偶之意如何听不出？两个人互相爱慕。但受到卓王孙的强烈阻挠，两人只好私奔。后来卓文君和司马相如回到成都，由于生活窘迫，卓文君把自己的头饰当了，开了一家酒铺，自己亲自当炉卖酒。消息传到其父耳中，卓王孙为顾忌情面，只好将新婚、爱女接回临邛。但他们仍安于清贫，自谋生计，在街市上开了一家酒店。卓文君临街卖酒，司马相如帮助夫人洗涤酒器，"文君当炉""相如涤器"的成语由此而来。

我们的主人公顾宝玉与周妙芬结合时，虽然没有司马相如和卓文君那样艰难，但结合后，两人心心相印，相敬如宾，不逊于司马相如和卓文君。

顾宝玉说："人生要走几步曲，童年时代学文化懂知识，青年时代学知识学技术，青壮年时代为社会做事做贡献，步入老年时代主要任务传帮带，有教育下一代的责任。人的家庭出身无法选择，成长中所走道路有选择的权利，包括选择配偶。新社会婚姻自由，但每个人选择配偶的标准不同，有人偏重长相，有人偏重品德，当然，长相和品德兼具是最理想的了，但像鱼和熊掌不可兼得一样，天下很少有这样的美事。我和周妙芬的结合是自由恋爱，相互看重的是思想进步，工作上进。结婚后，生活中常会遇到一些不如意的事，关键的是相互包容、体谅。俗话说：'忍一时风平浪静，退一步海阔天空。'夫妻相处之道也是如此，不管什么时候，都要包容对方的缺点，体谅对方的难处。这样才能化干戈为玉帛，让夫妻之间的感情更牢固，爱情更加持久。"

顾宝玉从农业中学回家种田后，因从小生活在艰苦的环境中，早就有抱负为社会做事，白天在生产队干活儿赚工分，队长安排什么活儿都努力去干，从不计较得失，晚上积极开展有益的社会活动。在他的带领下，民建小学逐步形成了一个青年晚上活动的场所。

顾宝玉和周妙芬经常在一起参加社会活动，从相识到相知，从相知到相爱。

上文说过，周妙芬家在第二生产队，和顾宝玉是邻队。周妙芬小顾宝玉一岁，也在农业中学读书，比顾宝玉低一届，学习成绩优秀，性格开朗，能歌善舞，是学校的活跃分子。在学校时，周妙芬的表现已经引起了顾宝玉的注意。周妙芬是读到农中二年级学校停办后回家务农的，和顾宝玉一样，思想进步，聪明能干，工作认真负责，吃苦耐劳，从不计较个人得失，农活儿样样精通。不久，她加入共青团，后又加入共产党，曾被公社团委评为"一级农业技术能手"和"先进共青团员"。

顾宝玉对周妙芬进一步了解后，一天做出一个大胆举动，在公社共青团员会议结束后的回家路上，主动向周妙芬提出建立恋爱关系，周妙芬默默地点了点头，说完羞着脸跑开了，这让顾宝玉高兴万分，拔腿紧追。

这恐怕是顾宝玉一生中最高兴的一天，原来只是默默地暗恋，一直不敢表达爱意，生怕周妙芬一口回绝没了面子，现在感到自己这一生中已找到了终身相伴的知己，能不喜出望外、分外高兴呀？

改革开放后，农村有句谚语："社会主义新农村，不抄弄堂傻活"。男女青年没有结婚便发生关系，或者风情万种了，有的还怀孕生子。可是20世纪60年代末的这群上进青年，革命热情高，思想比较单纯，嘴上说反对封建主义，行动上很保守，加上组织措施严厉，如没结婚发生男女关系就要开会批判，所以很少有人轻举妄动。顾宝玉虽然和周妙芬建立了恋爱关系，但很少见面，从没有过越轨举动。直到1970年元旦，顾宝玉才和周妙芬完婚。

按理说，结婚是人生中的大事，婚礼应该隆重而热烈，可那时候极"左"思潮泛滥，上面严厉规定结婚只能办三桌酒，超过三桌就会在社员大会上点名批评，超额严重的要组织专门会议批判。顾宝玉和周妙芬都是青年干部，理应带头移风易俗，婚事新办简办，所以没有人做思想动员工作就非常节俭

1968年4月顾宝玉与周妙芬在，泾村顾家湾顾宝玉老宅

地按规定办了三桌酒，什么仪式也没有。结婚第二天，两人就扛着农具下地干活了，充分体现了思想革命化和行动战斗化。

结婚后半个月的元月15日，白茆公社人武部通知顾宝玉，让他背了被子前往常熟县人武部报到，参加民兵教员培训。紧接着，公社人武部在白茆中学培训各生产队民兵排长，开展国防教育，进行军事训练，作为"学成回来"的民兵教员顾宝玉，直接去了白茆中学，对集中在那里的民兵排

长进行严格训练。培训结束后,顾宝玉兼任共青团白茆公社委员会副书记,回到了窑厂工作,一头扎在窑厂和青年工作的忙碌事务中。此时,顾宝玉继母谭翠翠身体不佳,不方便做饭烧菜,在生产队务农的周妙芬,收工回家后便勤快地为全家烧饭做家务,与谭翠翠相处融洽,婆媳关系胜过母女关系。她的勤劳和贤惠,受到邻居们的一致称赞。

顾宝玉和周妙芬结婚一年半后,父亲顾祖喫就和顾宝玉分家了。其时顾宝玉的弟弟顾良宝当兵去了,妹妹顾秀和与父母亲一起住。常熟一带的乡村有个不成文的规矩,子女多的人家,老大结婚后就要分家,说是"早分家早客气"。有的独生子女家庭,父母等到儿子结婚后也要分家,目的是让子女自立。改革开放前,一般普通家庭没有什么可分的,只是分一些粮食、柴草而已,分家是让小两口儿自己做饭吃。

顾宝玉分家时,他正在常熟参加共青团干部培训班培训,回到家才知道家里分家了。是父亲把生产队队长叫到家里主持分家的。生产队队长粗粗地看了下顾祖喫家的全部家当,按照人口计算,简单地把缸、罐、米、柴等生活用具和农具等分了一下。如果按农村传统习惯,分家要请娘舅来主持公道的,但那时在计划经济年代,家家都是穷得叮当响,什么家产都没有。顾祖期主动将一个碗橱分给顾宝玉,这是他自己和木匠一起做的。顾宝玉回家看见后,立即把碗橱搬到父母那里,说让二老使用。因为他想到,弟弟顾良宝去部队当兵还没结婚,回来要成家的,这个碗橱留给弟弟使用。顾宝玉坚信以自己和周妙芬的能力,可以逐步解决所有困难的,只要勤奋努力,过个穷日子是没有问题的。

那年顾宝玉和周妙芬结婚时,顾宝玉25岁,周妙芬24岁,在农村已算是个大龄青年了。到1972年年初,两人结婚已经两周年了,可周妙芬还没有怀孕,周妙芬的母亲心急了,急着抱外孙。

临近春节的一天,村里的沈阿姨对周母说:"我有个董浜亲戚,前些时候来说过,他们邻居家有个小孩子准备领养给人家,你想不想去看看?想去看的话,我陪你去。"

周母一听可高兴啦,说:"好呀,谢谢沈阿姨。"

第二天,周母便和沈阿姨赶到了董浜。

原来,沈阿姨亲戚的隔壁邻居家有三姐妹,最大的姐姐10岁,最小的弟弟 4 岁，由于家境贫困，其父母早就嚷着要把 6 岁的老二领养给人家。这个老二从懂事起，知道自己要领养给人家的，在家觉得低人一等，闷闷不乐的，同时也比较乖巧。

这天，沈阿姨领了周母来到这户人家，向主人介绍了顾宝玉家的一些情况。当时顾宝玉已在山泾村当为民窑厂厂长，其父母对顾厂长略知一二，所以欣然同意。周母见这个小女孩长得标致，又很机灵，心里十分喜欢，当天就把这个 6 岁的女孩抱了回来。

顾宝玉和周妙芬见这个小女孩非常标致，一对水灵灵的大眼特别惹人喜欢。沈阿姨让她对顾宝玉、周妙芬叫爸爸妈妈，小女孩起初难为情，后来竟然大方地叫了一声："爸爸，妈妈！"让顾宝玉夫妇乐开了怀。

沈阿姨说："你们应该给她起个新名字？"

顾宝玉想了一会儿，说："就叫顾薇雅吧？薇，紫薇，一朵美丽的小花；雅，高尚不俗。"

"好，这名字好！"大家一片叫好。

过了春节，顾薇雅 7 岁了，顾宝玉送她上学读书。夫妇俩将她视为亲生女儿，百般呵护，精心培养。1980 年顾薇雅初中毕业后进了纱厂工作。1986 年，白茆纱厂在常熟招商城开了一个门市部，顾宝玉让她去常熟招商城负责纱厂的门市部工作。

1980 年那年，顾薇雅初中还未毕业，一天，顾宝玉正忙着纱厂的事，周妙芬在车间试纺新的涤粘 32 支中长纤维产品，顾宝玉的大姐顾大宝来了，对弟弟说，为了减轻她家庭负担，也是为了照顾弟弟和弟媳，想让她的二儿子周卫兴过继过来。

其时，顾宝玉和周妙芬还没有生孩子。为了孩子的事，周妙芬曾到医院检查，没有查出结果。让顾宝玉去检查，顾宝玉说，"亲生和领养都一样，有时候亲生的还没有领养的孝顺，我不去检查了，没亲生的无所谓，现在薇雅不是好好的吗？到时候我们给她招女婿，一样可以续香火。如果说老来有依靠，还不如依靠社会的发展，到时候人们的生活水平会提高，社会福利也有保障，养儿防老的问题也能解决。我们这一代应该多为社会做事，做好事，对社会多做贡献才是我们年轻人的责任"。

也许这话传到了大姐顾大宝的耳中，顾大宝才动起了这样的脑筋。另外，顾大宝家也有实际情况：她生有两个儿子、一个女儿，如果两个儿子都留在家中，要造两幢房子给两个儿子成家，经济上承受不起。顾宝玉是顾大宝从小带大的，顾大宝知道弟弟的人品，让周卫兴到舅舅家来，舅舅不会亏待外甥的。几年后，周卫兴与顾薇雅成家，这不是两全其美的好事？

那时候，顾宝玉的继母谭翠翠已经过世。顾大宝说将周卫兴过继给弟弟、弟媳，顾宝玉和周妙芬都高兴地表示同意，顾宝玉的父亲顾祖明和顾宝玉的岳父、岳母都赞成，这是皆大欢喜的事，就这样定下来了。

顾大宝把周卫兴托付给弟弟，让弟弟帮助安排工作。那时顾宝玉早就是厂长了。然而，当时有个规定，凡进大队办的工厂当工人，都要经过大队党支部批准，并且必须是本村村民。由于周卫兴的户口没有迁到山泾村，大队党支部没有同意周卫兴进厂。当时顾宝玉既是纱厂厂长，又是大队党支部副书记，他要维护大队党支部的权威，所以无条件服从党支部决定。

那怎么办呢？既是外甥，又是儿子，还是未来的女婿，顾宝玉怎能亏待他呀？于是他找到了太仓沙溪的一位朋友李惠忠，这位李惠忠在家乡开了一家五金厂，生意十分兴隆。顾宝玉对他说："我有个外甥想学门技术，你能否帮助找个师傅？"

李惠忠说："好呀，就找我吧，跟我学钣金工手艺。"

顾宝玉高兴极了，说："拜你为师，那是最理想的事了。"

不久，按照当地的传统规矩，顾宝玉挑了鱼肉、水果红盘前往李惠忠家，李惠忠铺了红地毯迎接徒弟，接受周卫兴的叩拜。

周卫兴在李惠忠的五金厂跟随李惠忠一学四年。出师后回到家，那时候，他的户口已迁至山泾村顾宝玉家中，已有资格进白茆纱厂工作了，顾宝玉才安排周卫兴进厂，不久去学习汽车驾驶。后来，周卫兴负责企业的车队，当起了庆丰纺织总厂的车队长。企业转制后，他担任常熟神花针织有限公司分管技术设备方面的副总经理。

1985年，顾宝玉爱人周妙芬到医院检查，说她已怀有孩子。这让顾宝玉又惊又喜。转而一想麻烦了，因为周妙芬已经40虚岁，担心生孩子有困难。医生说这没问题的，可以剖腹产。到第二年春天，周妙芬临产了，按医嘱马上住进白茆卫生院做手术。当她进手术室时，周妙芬的母亲在手术室门口急得瑟瑟发抖，那时还很少有剖腹产的，周妙芬的母亲生周妙芬时，年龄也已31岁了，高龄产妇生孩子，这痛苦她是体会过的，所以她非常担心女儿有事。其实医疗技术在飞速发展，剖腹产已不算回事了，周妙芬很顺利地产下一个大胖儿子。顾宝玉欣喜万分，算是圆满地完成了一个人的责任和义务。

这个男孩就是顾宇洲。他从小聪明伶俐。后来，顾宝玉把他培养成为大学生。

2007年，顾宇洲从南京航空航天大学毕业后，回到父亲的企业——常熟神花针织有限公司工作，负责对外贸易。由于他工作认真负责，开拓进取，表现出较强的组织能力和经营管理才能，不久担任常熟神花针织有限公司的副总经理，最近，顾宝玉又将他提升到总经理的岗位上。

周卫兴是于1987年与顾薇雅结婚的，1988年生下儿子顾鸣鹤。2009年，顾鸣鹤于从江苏电子信息学院毕业，初时回到祖父的企业工作，后来他离开长辈的呵护"独闯江湖"做茶叶生意，代理湖南安化县的黑茶，生意做得红红火火。最近，他又在开发体育用品项目，很有经营头脑。人们都说，顾鸣鹤很像他的祖父顾宝玉，思想开拓，能说会道，是个做生意的好材料，今后肯定会干出一番事业的。

2010年，顾鸣鹤和邢维霞结婚。如今，顾宝玉已有了5岁的玄孙顾佳轩了。

顾宇洲于2009年与浦卫结婚，现在他们的女儿顾鸣涵已经6岁，聪明伶俐的顾鸣涵如今进大班上学了。

顾宝玉的孙子顾鸣鹤今年虚岁28岁，儿子顾宇洲虚岁30岁，相比之下相差仅两岁；玄孙子顾佳轩也比孙女顾鸣涵小1岁，许多朋友都不理解。有人对顾宝玉说："叔叔与内侄怎么仅差两岁？你顾宝玉是共产党干部，怎么可以这样呢？"言外之意是，你顾宝玉养二胎，明目张胆违反国家的计划生育政策，还枉你是个有脸有面的人物。

顾宝玉开玩笑地说："我儿子是小老婆生的。"

有个客户经理对顾宝玉的话信以为真，想来想去不理解，此时国家的计划生育政策这么严厉，要想做个"超生游击队"也很难，便对顾宝玉的一个下属说："老顾企业家真是有魄力，改革开放后，有本事能生小儿子，佩服！"

"你呀，怎么能相信他的话？他和你开玩笑呀。我们的顾厂长，是一个遵纪守法的共产党员。"顾宝玉的那个下属把顾宝玉的情况细细道来，这位客户经理不好意思地说："啊！我上当了……"

计划生育是我国的一项基本国策，违反计划生育，不是儿戏的事，是要受到重罚的。2015年10月29日，党的十八届五中全会提出，全面实施一对夫妇可生育两个孩子的政策，这是实施了36年的计划生育政策的重大调整，如果这一政策提前几年实施，就没有那个客户经理的"上当"笑话了。

顾宝玉和周妙芬在工作上相互支持，配合默契。

在创建多家工厂的过程中，周妙芬胸襟开阔，宽容大度，从不计较个人得失。其时正是最艰苦的年代，尽管家中穷困，但她宁愿自己省吃俭用，也要把家里最好的东西拿出来招待来厂指导工作的老师傅，即使受点委屈也没有怨言。顾宝玉在工作中时常会碰到不少困难和烦心事，周妙芬总是积极想办法，帮助出主意。在产品开发上，她积极参与其中，特别是开发全毛精纺和在棉纺设备上纺毛型腈纶开司米，周妙芬几乎天天在车间研制，发现问题就和顾宝玉一起研究分析，促使新产品的开发获得成功。她设计开发的几款粗花呢面料产品，市场销路都非常好，受到消费者的青睐，有几款还获得新产品奖。

在管理企业中，顾宝玉对各部门、车间的工作要求严格，对职工也不讲情面，这样难免会得罪一些人。周妙芬配合丈夫做耐心细致的解释和说服工作，统一干部职工的思想，起到了缓和矛盾，团结干部职工的作用。顾宝玉遇上一些不顺畅的事，她又会深入第一线了解情况，帮助丈夫排忧解难。特别是企业转制前，她明确地告诉大家，顾宝玉办厂的目的不是为了个人，是为了集体，为了改变我们农村的穷面貌。有时她在晚上到有分歧或者闹矛盾的当事人家中，与当事人的老伴一起做当事人的思想工作，消除误解和隔阂，促使工厂骨干团结一致。她在车间同事那里听到一些好的意见和建议，就会及时转告给丈夫，提醒丈夫要多注意哪些事，避免出现问题。

企业能顺利健康发展，产品市场占有率能不断提高，经济效益能日益提高，和周妙芬的"贤内助"作用有着密切的关系。

1990 年，顾宝玉担任村党支部书记后，在规划建设现代化示范村时，情况错综复杂，有的事情难以预料，周妙芬和丈夫一起做疏导工作，动员说服村民们服从村里的安排，促使《现代化建设方案》得以实施。村里如果哪家农户发生了不幸事件，或者哪个村民患了重病，她总是第一时间以丈夫的名义前去慰问。有一次 8 组一户村民由于与邻居发生纠葛，一气之下喝农药自尽，周妙芬闻讯后迅速前往做工作，避免出现更坏的后果，并且帮助他们解决生活困难。那时企业已经改制，周妙芬与顾宝玉商量后，把 8 组这户村民的子女安排到企业工作。企业员工夫妻间发生矛盾了，周妙芬知道后总是和妇女主任一起进行调解，做耐心细致的思想工作，缓和他们之间的矛盾，还促使不少破镜的家庭得以重圆。

在山泾村，不管哪个人提起"周阿姨"，无不翘起大拇指说："周阿姨人好，心善良，又能干。"现在山泾村的妇女都向周妙芬看齐，勤劳贤惠，勤俭持家，家庭和睦的文明新风在全村荡漾。真是"村中出个好嫂嫂，全村姑娘都学好"。

从 20 世纪 80 年代初开始，顾宝玉每年都要组织企业员工外出旅游。

那是 2005 年春的一天，常熟神花针织有限公司全体员工前往浙江乌镇一日游。景区中，有位湖北的书法家李述林先生为游客书写名字帖，顾宝玉在旁看了一会儿，感觉这位老先生才思敏捷，不管谁提出什么样的名字，都可在一两分钟内挥毫题上一首漂亮的藏头诗。顾宝玉好奇地前去一试，提出自己的名字，老先生对他端详片刻，马上挥毫：

> 顾览群山眼界明，
>
> 宝剑锋芒睿思清，
>
> 玉洁仁怀存雅度，
>
> 顺展稳练任遨行。

太好了！说他眼界开阔，思路清晰目光远大，对人仁慈有风度，事业在不断扩大。这话似乎是对他的客观评价，顾宝玉赶忙对老先生表示感谓寸。

时隔几个月后，周妙芬带了第二批员工去乌镇旅游。顾宝玉关照周妙芬：你也去让李述林先生写个名字帖。所以，周妙芬来到乌镇后，特地找到了这位老先生。老先生对周妙芬端详了一会儿，挥毫题下这么四句话：

周全谨细品端庄，
妙手勤俭满庭芳，
芬香一路春风面，
意坚如梅乐而康。

说周妙芬心细人品端庄，待人热情，勤俭持家。"'意坚如梅'是何意呀？"周妙芬问。老先生回答："有话说，君子如马，秀如兰，清如莲，坚如竹，志如梅。那就是，品格高尚的君子忠诚矫健如骏马，高洁峻秀如兰花，清濯不染如莲荷，坚韧不拔如修竹，志向清远如雪梅。"

就是说周妙芬志向清远呀！"老先生你把我说得太好了。"周妙芬说。

"没有呀，你就是这样的人。"

顾宝玉十分惊奇，事先与李述林老先生从未谋面，可他能在短时间中勾勒出他俩的性格和品德，不仅贴切，而且又具文学性，字又写得如行云流水，笔势雄健洒脱，娟秀多姿，清新飘逸。所以顾宝玉非常满意，觉得总结了他俩一生做事的作风，特地让人制作了两个镜框，把两幅字贴悬挂于大厅，以作慰勉。

《易经》中讲："积善之家，必有余庆。"顾宝玉夫妇，忠诚于事业，对社会充满爱心，一生行善积德，功德无量，必有福报，所以他的事业蒸蒸日上，家庭美满幸福，子孙都有出息。可以肯定，他们的后代还有大福报。

如今的顾宝玉仍然是那样的勤勉。他早上7点来到企业，晚上5点以后才离去，只要不外出，天天如此。他基本上没有节假日，连每年的春节也忘不了到企业，企业是他的家，是他生活的全部。他除了处理企业的重大事项、接待重要的来客外，每天忘不了上网，关心国家大事，关注轻纺等市场的相关信息，这是他几十年来养成的习惯。用"老骥伏枥，志在千里"这句话来描述他，不为过。

　　他，对明天始终怀着美好的憧憬，眼睛紧盯着国内外科学技术的最新发展，心中在不停盘算着如何引进先进技术，如何开发市场短缺产品，如何发展重要客户……胸中的创业火焰仍然是那么旺盛，那么生生不息。

　　他呀！依然是三四十岁的心态，怀有一颗年轻的心，踌躇满志，鹏程万里！

# 记事年表

1934年农历十月，顾宝玉父亲顾祖期与母亲顾五笑成亲。

1938年农历二月，顾宝玉姐姐顾大保出生。

1939年农历十二月，顾宝玉大哥顾雪昌出生。

1945年3月12日（农历正月廿八），顾宝玉出生。

1947年农历四月，顾宝玉母亲顾五笑病逝，终年31岁。

1947年农历六月，2周岁的顾宝玉寄养到娘舅顾同生家。

1949年农历一月二十六日，37岁的顾祖明续娶31岁的谭翠翠。

1950年1月，5周岁的顾宝玉回到山泾村家中。

1952年5月，顾宝玉的同父异母的弟弟顾良宝出生。

1953年12月，顾宝玉进私塾读书。

1956年1月，顾宝玉的同父异母的妹妹顾秀和出生。

1956年9月，顾宝玉进民建小学读书。

1957年1月，顾宝玉辍学，仅读到5年级。

1958年9月，顾宝玉进白茆农业中学读书，半耕半读。

1961年7月，白茆农业中学停办，顾宝玉回到生产队务农。

1964年3月，顾宝玉加入中国共产党。

1964年7月，作为歌手的顾宝玉，参加白茆乡第三次举行的万人山歌会。

1965年7月，顾宝玉参加白茆文化站组建的白茆山歌队。

1965年12月，顾宝玉担任白茆公社二大队民兵营副教导员、团支部副书记。

1966年3月，顾宝玉担任白茆山泾村团支部书记，兼文艺宣传队队长。

1968 年 10 月 18 日，顾宝玉建办白茆公社第二生产大队为民窑厂并担任厂长。

1969 年 5 月，顾宝玉担任白茆公社团委副书记，兼任白茆公社毛泽东思想文艺宣传队队长。

1970 年 1 月 1 日，顾宝玉和周妙芬喜结良缘。

1972 年 1 月，顾宝玉、周妙芬夫妇领养 6 岁的女儿顾薇雅。

1972 年 4 月，白茆公社二大队为民窑厂停办，顾宝玉因病回到生产队种蘑菇。

1973 年 3 月，顾宝玉来到大队分管大队的副业生产。

1973 年 6 月，顾宝玉为大队置办梳棉机（钢丝车），为村民加工棉条。

1974 年 12 月中旬，顾宝玉赴河南新乡购置粗纱机。

1975 年 8 月，江苏省文化厅在全省举行独唱、重唱、独奏调演，顾宝玉和姚妙琴一曲《首首山歌党教我》获得满堂彩，捧回优秀表演奖奖杯。

1975 年 10 月 12 日，白茆公社第二大队纺纱厂纺出第一根纱，顾宝玉任纱厂厂长，其时的纱厂仅 400 纱锭。

1977 年 6 月，顾宝玉继母谭翠翠病逝，终年 60 岁。

1978 年 3 月，顾宝玉出席常熟县工业学大庆、财贸学大庆学大寨先进代表大会。

1979 年 10 月，顾宝玉担任大队党支部副书记。

1980 年年初，白茆二大队纺纱厂装配成 10 台钢丝车，13 台细纱车，2 台粗纱机，形成了 2 条色纺生产流水线，共 5000 纱锭。

1980 年 1 月，顾宝玉被常熟县委、县革委授予先进生产（工作）者称号。

1980 年 3 月，顾宝玉外甥周卫兴过继到顾宝玉家。

1982 年 12 月，顾宝玉被常熟县委评为优秀共产党员。

1983 年 1 月，顾宝玉建办石灰厂，并担任厂长。

1983 年 10 月 8 日，常熟县白茆公社第二大队纺纱厂改名为常熟县白茆纱厂。

1983 年 12 月，顾宝玉被常熟县委评为优秀共产党员。

1984 年元旦，顾宝玉开始建办常熟市庆丰呢绒厂，当年 7 月建成并担任厂长。

1984 年 2 月，顾宝玉被常熟市政府授予"常熟市劳动模范"称号。

1984 年 8 月，顾宝玉出席中共常熟市第六次代表大会。

1985 年 3 月，顾宝玉被常熟市委、市政府授予首批"常熟市乡镇工业企业家"荣誉称号。

1985 年 12 月，顾宝玉与上海市南翔染厂联合创办上海市南翔染厂白茆联营厂并兼任厂长，1986 年 7 月 8 日染厂投产。

1986 年 2 月，顾宝玉儿子顾宇洲出生。

1987 年 2 月，顾宝玉被常熟市委、市政府授予"常熟市工业企业家"（第二批）荣誉称号。

1987 年 3 月，顾宝玉当选常熟市第八届人民代表大会代表。

1987 年 11 月，顾宝玉继子周卫兴与顾宝玉养女顾薇雅结婚。

1987 年 7 月，顾宝玉为村里建办新新腈纺厂并兼任厂长。该厂于 1988 年 12 月投产。

1988 年 2 月，顾宝玉荣获"常熟市 1987 年度工业企业优秀厂长"光荣称号。

1988 年 4 月，周卫兴、顾薇雅的儿子（顾宝玉孙子）顾鸣鹤出生。

1988 年 7 月 13 日（农历），顾宝玉父亲顾祖娒病逝，终年 73 岁。

1988 年 12 月，白茆山泾村荣获"常熟市工业明星村"称号。

1989 年元旦前夕，常熟市新新腈纺厂建成投产。

1989 年 2 月，顾宝玉被常熟市委、市政府授予"常熟市乡镇工业企业家"（第三批）荣誉称号。

1989 年 11 月 2 日，常熟市经委批准建立"常熟市庆丰纺织总厂"，顾宝玉任常熟市庆丰纺织总厂厂长。

1989 年 11 月 26 日，常熟市外经委批准建立"合资常熟深业针织有限公司"，顾宝玉任董事长兼总经理。

1989 年，顾宝玉被常熟市职改办公室授予纺织工程师职称；荣获"常熟市优秀厂长（经理）"称号。

1978—1990 年，顾宝玉连年被评为白茆镇优秀共产党员。

1990 年 1 月，顾宝玉被评为 1989 年度常熟市工业企业优秀厂长。

1990 年 3 月，顾宝玉当选常熟市第九届人代会代表。

1990 年 7 月，顾宝玉参加中共常熟市委组织部召开的先进党组织代表座谈会。

1990 年 10 月 8 日，合资常熟深业针织有限公司开业投产。是月，顾宝玉出席在北京举办的第二届中国国际纺织机械产品展览会。

1990 年 12 月 28 日，顾宝玉担任山泾村党支部书记。

1991 年 3 月，顾宝玉被常熟市委、市政府授予"常熟市工业企业家"称号。

1992 年 1 月，顾宝玉被常熟市委、市政府被评为 1990 年度常熟市工业优秀厂长。

1992 年 2 月，白茆山泾村荣获"常熟市工业明星村"称号。

1993 年 3 月，顾宝玉当选常熟市第十届人代会代表。

1993 年 4 月，常熟市庆丰纺织总厂被评为常熟市"工业明星企业"。

1993 年 9 月 8 日，中共常熟市委农村工作部组织专家论证山泾村现代化设计方案。

1994 年—1995 年，顾宝玉被常熟市委评为优秀共产党员。

1994 年 8 月，总投资一百多万元的新建白茆山泾小学胜利落成。

1994 年 9 月 27 日，中共常熟市委农工部组织专家在山泾村召开山泾村农村现代化规划的论证会议，对《山泾村农村现代化建设总体规划方案》进行专题讨论。

1995 年 1 月 25 日，常熟市政府批准《山泾村农村现代化建设总体规案》。

1995 年 4 月，顾宝玉参加全国农村改革试验区第十期干部培训班；作为白茆镇农工商总公司副总经理的顾宝玉，在 1994 年度考核中被中共常熟市委评为优秀。

1995 年 10 月 1 日，山泾村建成白茆镇第一个电话村。

1996 年 3 月，白茆山泾村公墓"青松园墓"建成；作为白茆镇农工商总公司副总经理的顾宝玉，在 1995 年度考核中被中共常熟市委评为优秀。

1996 年 4 月，白茆山泾村荣获常熟市"1995 年度村镇建设先进集体"荣誉。

1996 年 7 月，顾宝玉获"常熟优秀共产党员"荣誉称号。

1996 年 12 月，白茆山泾村荣获"常熟市工业先进村"称号；常熟市庆丰纺织总厂4个分厂分别改制。

1997年6月，顾宝玉获"苏州市农村现代化建设带头人"荣誉称号。

1998年1月，顾宝玉当选苏州市人大代表；阔幅割绒无纹印花毛巾获常熟市科技进步二等奖。

1998年5月18日，经白茆镇改制企业领导小组批准，合资常熟深业针织有限公司转制给顾宝玉，成立常熟神花针织有限公司，顾宝玉任董事长兼总经理。

1998年7月，周卫兴担任常熟神花针织有限公司副总经理。

1998年12月，白茆山泾村荣获"苏州市安全文明村"称号；阔幅割绒无纹印花毛巾获常熟市科技进步二等奖。

1999年1月11日，顾宝玉辞去山泾村党支部书记职务。

1999年12月，白茆山泾村荣获"江苏省创建文明村镇工作先进村""苏州市农业现代化建设示范村"称号。

2000年年初，常熟神花针织有限公司开始利用超细纤维，开发洁净抹布。

2000年5月1日，顾宝玉从辽宁抚顺购回6台经编机和3台整经机，至此，常熟神花针织有限公司拥有12台进口经编机。

2000年7月下旬，顾宝玉随上海国际经贸考察团在加拿大参观考察。

2000年9月，顾宝玉来到土尔其参加国际纺织产品博览会。

2001年2月，顾宝玉被常熟市委、市政府授予"2000年度外向型经济工作先进个人"荣誉称号。

2001年8月，顾宝玉随古里针织商会一起赴内蒙考察。

2002年6月5日，顾宝玉被苏州市人事局评为纺织高级工程师。

2003年4月，顾宝玉参加以王建锋为团长常熟市经贸代表团赴台湾考察。

2003年12月，神花牌经编朦胧印花毛巾被被评为"苏州名牌产品"。

2005年4月28日，顾宝玉从白茆镇农工商总公司副总经理岗位上光荣退休。

2006年11月，顾宝玉在白茆经济开发区购置土地20亩，创建常熟市深业雅兰纺织品有限公司。

2006 年 12 月，白茆山泾村荣获"第三届中国十佳小康村"荣誉称号。

2007 年 6 月，常熟神花针织有限公司开发超细纤维毛巾新产品。

2007 年 10 月，顾宝玉参加在北京举办的中国国际纺织机械产品博览会。

2008 年 12 月，常熟市深业雅兰纺织品有限公司的两幢车间在白茆经济开发区竣工。

2009 年 7 月，常熟神花针织有限公司被评为"江苏省民营科技企业"。

2011 年 3 月，耗资一千多万元的常熟神花针织有限公司污水处理工程经常熟市环保局验收。

2011 年 8 月，顾宝玉随国家经贸考察团访问美国。

2011 年 10 月，常熟神花针织有限公司党支部成立；顾宝玉随常熟市古里镇针织商会赴南非考察学习。

2013 年 4 月，常熟市深业雅兰纺织品有限公司三号车间在白茆经济开发区竣工，开始安装加弹机设备，一个月后投产。

2015 年，常熟神花针织有限公司拥有 24 台经编机、10 台大圆机，年生产能力达到 3000 吨。

# 后　记

2015 年 7 月 18 日，笔者手机上突然出现一条短信："陈老师，最近有空吗，想请你帮个忙……！"

也就是从这天起，到 2016 年 7 月的整整一年里，笔者徜徉于本书主人公顾宝玉 25550 天（70 年）的漫长岁月，陶醉于他的丰富经历和生动故事中。

在笔者完成《忠诚》时，忽然想起了《钢铁是怎样炼成的》这部世界名著。这是前苏联作家尼古拉·奥斯特洛夫斯基所著的一部长篇小说，书中描写了一个车站食堂杂差保尔·柯察金，经过炮火洗礼和百般磨难，成长为"钢铁战士"。

保尔·柯察金的童年过着苦难的生活，后来为拯救陷入敌手的老布尔什维克朱赫来遭逮捕，在狱中他坚贞不屈，出狱后参军，在柯托夫斯基骑兵旅和布琼尼骑兵团中转战疆场，浴血奋战，身负重伤后以惊人的忍耐力使医生们深为敬佩。保尔·柯察金出院后离开部队，无论做什么工作，均表现出坚持真理和不怕艰险的大无畏精神。残酷的战争、艰苦的劳动、繁重的工作使保尔·柯察金病倒了。他双目失明，全身瘫痪，但以惊人的毅力从事文学创作，最终获得成功。

保尔·柯察金的感人故事，让笔者联系到本书主人公顾宝玉，虽然他不能等同于保尔·柯察金，因为所处的时代、环境和从事的工作、事业都不同，但有一点是相同的，那就是都付出了极大的艰苦努力，都历经磨炼。别看如今的顾宝玉德高望重、风风光光，在他身后有千万资产，但他和保尔·柯察金一样，也经历了"炮火"，的锤炼。有磨难才会成熟，有耕耘才有收获。凡是成功的事业，都是"炼"出来的，世界上没有坐享其成的事。

顾宝玉出身贫寒，岁丧母，7岁放牛，困难年中曾吃草根、啃树皮，小学未毕业就辍学，后来通过努力才读了农中。他是唱着白茆山歌一路走来，在苦水里泡大，在泥潭里摔打大的。17岁起跟着哥哥去常熟护城河里茆河泥，曾先后200多次和村里的大叔、大伯一起，来到波涛汹涌的上海苏州河彻夜茆黑泥。春节期间大家都忙着走亲访友，可他挑着畚箕穿梭于里弄小巷掏垃圾筒，被上海阿拉骂"小瘪三"。他驶船不蹲船，拉着纤绳行走在漫漫纤道上，逢桥过桥，逢河过河……他是白茆公社首批命名的"一级农业技术能手"。

1968年，年仅23岁的顾宝玉带头建办窑厂。烧窑是世上顶级的苦力活儿，装窑时顾宝玉让四个老者分别在船上、岸上装担和卸担，而他在中间挑起每担200多斤重的50块砖坯，连续60个来回才将船上3000块砖坯全部挑完。封窑后从窑顶灌水，从河里爬到40米高的窑顶，一担接着一担，几个人三天三夜连轴战，每次灌水顾宝玉冲锋在前。出砖时窑内灰尘飞舞，温度高达50多摄氏度，他又是第一个冲进去，爬到温度最高的顶上搬砖，待到钻出窑门，满脸乌黑溜秋，只能看到他两只转悠的眼睛。

1974年开始办纱厂，大雪天启程河南新乡购置粗纱机，抵达目的地后看到的是一堆锈铁。他让村里派行家前去察看，在接人时却在火车上与人失散。重逢后前去验证，才知道这堆锈机器是1919年英国制造的勃洛克斯，比中国共产党诞生的时间还要早，但是为了以工辅农，致富百姓，还是决定用一台崭新的拖拉机将它置换。他一方面通知村里派船到安徽蚌埠，另一方面自己押车将机器运送过去……整整30天在外，其间故事多多，惊险连连。

粗纱机终于运回来了，但前道后道不相配，主机配件残缺不全，顾宝玉用村里的那辆东方红28中型拖拉机，冒着炎炎烈日又连续三次去新乡，采购到必要的零配件后便光着上身备了湿毛巾日夜赶路，25码的车速，四天四夜才能回到家。渴了喝灌在茄筒里的冷开水，饿了啃几口干硬的馍馍、窝窝头。在河南商丘，面对着猪血、肠子、大葱等杂炫的"糊糊"，他实在咽不下去，只能愧对自己的肚子了。白天，地面温度又超过50摄氏度，饿着肚子赶路，那辛苦程度可想而知。

设备拼凑齐全后，上海师傅利用星期天来到山泾村帮助安装机器，中午时分不管家中有菜没菜，顾宝玉只管把客人领回家，这可难为了夫人周妙芬。周妙芬为了招待客人，在家中养了6只鸭子，可是邻家撒药谷，鸭子"死光光"，让周妙芬伤心不已。为了讨好来村进行技术指导的上海师傅，顾宝玉在生产队预拿4条鲢鱼，却遭生产队队长骂街。有个村民为了达到让年迈母亲进厂的目的，竟然将顾宝玉一件崭新西装撕破……这些细微事，真真切切地反映了那个时代的生活，也让我们看到顾宝玉干事业的艰难。

顾宝玉他们连续奋战11个昼夜进行设备调试，就是纺不出一寸纱。一筹莫展之际，常熟国棉厂老厂长汪天贤带了一名高级工程师前来支援，毕竟是拼凑起来的古老设备，要纺出像样的纱线难度很大。老厂长戴着深度老花镜仔细观察，在两只大算盘上反复计算速比。夜已经很深了，顾宝玉想去村里的食品小店买两条雪片糕慰劳客人，可是村里的小店关门了，叫了好长时间就是叫不开，最后让两位贵客和大家一样，白白饿了一个整夜。到了天亮时分，这台旧机器终于纺出了第一根纱线。大家欢腾雀跃，庆贺来之不易的胜利。

这些情节，笔者是流着泪写成的。

当时有句话叫作"你有本事就去赚老外的钱"。不仅仅是这句话的刺激，还有顾宝玉看准了国家外向发展的经济大趋势，而且还可享受到优惠政策，因而他毅然走上了创办中外合资企业的道路。可这条路并非笔直平坦，遭遇到的曲折难以想象。

首先，你一个土生土长的"泥腿子"如何与"老外"搭上腔呢？后来通过朋友介绍，在上海闵行经济技术开发区开了眼界，决定引进德国先进的高速经编机。可是，究竟能和哪个老外合作？找到一个常熟籍"老外"，还是顾宝玉早就认识的老朋友，可这个老朋友没有外汇投资，也不承担责任，一见面便提出要好处费，让顾宝玉退缩了。后来，才找到了深业生华联（香港）有限公司这一合作对象。

常熟市外经委发文批准了顾宝玉建办合资企业，可省外经委对此有异议。省外经委过关后，在办理外汇指标时又碰上了难题。市里领导帮助介绍了一家银行，可这家银行不认账，还说"没有钞票办啥厂"让顾宝玉深深地体会到对方压根儿看不起你这个"泥腿子"。合资企业办起来后，棉纱供应成了最大的拦路虎，顾宝玉又赶赴新疆……

从白茆公社第二生产大队为民窑厂、白茆纱/、白茆公社山泾石灰厂、常熟市庆丰呢绒厂、上海市南翔染厂白茆联营厂、常熟市新新腈纺厂、合资深业针织有限公司、常熟市庆丰纺织总厂、合资常熟深业针织有限公司，到常熟神花针织有限公司和常熟市深业雅兰纺织品有限公司，顾宝玉一共办了11家企业。这11家企业中，绝大部分企业都是在计划经济年代里建办的，整个社会环境不赞成不允许你办企业，更多的是不理解你这样起劲儿地、挖空心思地办企业。因而时时处处受冷遇，遭排斥，出差只能睡浴室，连村里食品小店营业员也不把你当回事，遇到挫折时还会受嘲笑："癞蛤蟆想吃天鹅肉，不知天高地厚！"

"他，图的是什么呢？"局外人可能不会理解。

但是，一个有志者应该有所担当。大到"天下兴亡，匹夫有责"，小到作为一个农村最基层的干部，就要为当方百姓谋幸福。不是有句话叫作"当官不为民做主，不如回家卖红薯"吗？顾宝玉虽然不是什么官，到后来也只是一个"九品村官"，可他土生土长于白茆山泾村，对全村每家每户知根知底，对这里的田田沟沟、一桥一河、一草一木，都有着深厚感情，割不断理还乱的乡情，让他时时刻刻牵挂着全村村民。他亲眼目睹了乡村的贫穷落后和祖辈父辈生活的艰难，从小立志改变家乡面貌。

大丈夫应以天下为责。在他认为，一个企业家，或者是一个农村基层干部，肩负着社会责任，应该坚定理想信念，确立公仆意识，增强群众观念，时时处处为社会的发展、百姓的利益着想，有所作为，有所贡献。

你看他，乡亲们建房需要砖瓦等建筑时，他冲破重重阻力办窑厂、建石灰厂。建办石灰厂，还为了安排村里的男劳动力进厂（纱厂只能安排妇女做工）、白茆纱厂、庆丰呢绒厂、上海市南翔染厂白茆联营厂、新新腈纺厂等企业的创办，壮大了集体经济，富裕了全村百姓。中外合资企业的诞生，让山泾村的集体经济一下跃入常熟全市村级经济前列。

你看他，时刻将村民的冷暖放心上，乐为大龄青年做"红娘"。张三需要他出场"说媒"，他就顶风冒雪前往邻村，李四需要他表态，他便表示一定让新娘进工厂。只要不违反损害集体利益这一原则的事，他都一概满足，目的只有一个，那就是让全村村民过上幸福生活。

你看他，锲而不舍地钻研技术，向书本、向同行老师傅、向实践学习，一步一个脚印地跨进现代纺织工业的自由王国。他在山泾村办了那么多的轻纺企业，从棉纺到毛纺，从纺到织、到印染，他没有请专家前来掌舵，而是由他"自学成才"，当起了名副其实的总工程师。难怪常熟纺织界的技术权威、常熟国棉厂老厂长汪天贤在一次全厂大会上对全体职工说："你们应该好好学习技术。白茆有个小青年本来对纺织一窍不通，他靠的就是一股拼劲儿，《棉纺织技术》和《棉纺织计算》两本书读了几十遍，有些计算公式能倒背如流，现在已掌握了纺纱设备全套工艺技术。要是他进我们国棉厂，就是生产技术科长的最佳人选。"汪厂长说的"白茆小青年"，当然就是顾宝玉了。1989年，顾宝玉被常熟市职改办公室授予纺织工程师职称，在全市纺织行业中引起了不小震动，不久他又拥有副高级职称，这在常熟乡镇企业家中是绝无仅有的。

在他当上村"一把手"后，更是对全村的发展倾注全部心血。他以工业经济为依托，大兴土木建桥筑路，为农村现代化打下坚实基础；高瞻远瞩推进农业机械化，推广农业优良品种，扩大规模经营，提高农业生产效率；舍得投入建办山泾小学，制订奖励措施，鼓励和支持本村孩子升学、学有所成；建造公墓和烈士陵园，让先辈、先烈的英灵有很好归宿；率先建成自来水村和电话村，让百姓过上现代文明生活；按照"园区经济、新型村庄、绿色生态"的思路，建设现代化示范村，造福全村百姓……

这一桩桩、一件件，都反映出顾宝玉的责任和担当。

就是在企业转制以后，顾宝玉虽然不再担任"村官"，但仍然关心着村民们的生活，不忘社会事业的发展，不忘百姓的精神需求，持续地为开发红豆山庄旅游事业添砖加瓦。

当然，顾宝玉并非完人，也有缺点和不完美之处，但他忠于党、忠于人民的高尚品德，为当地人民所传颂、所敬重。奖杯口碑兼备，这是对顾宝玉人生的高度概括。"忠诚"两字，是对他50多年企业家生涯和一名基层领导干部的深刻提炼。《忠诚》这部长篇报告文学，只是记述了顾宝玉70年生活的一鳞半爪，但愿它能触及到其精彩部分，表现其思想精髓。如果是这样的话，那么《忠诚》一书的出版，定会给人以某种启迪，特别是对年轻人的成长会有帮助的。

啊——忠诚，
人性中最宝贵的品质。
它是对生活的无畏坚守，
它是对誓言的坚定守候，
它是对信念的执着追寻，
它是对理想的不懈求索。